現代中国研究叢書

民族復興の制度構想

靳諾、劉偉［編］
松本大輔［監訳］
劉琳［訳］

樹立社

目　次

序　論 ……………………………………………………………………… 7
　1．中国の特色ある社会主義制度の時代的課題　8
　2．中国の特色ある社会主義制度の戦略的要求　11
　3．中国の特色ある社会主義制度の根本原則　13

第1章　党の指導制度体系と科学的執政・民主的執政・法治執政 …………………………………………… 17
　1．党の指導制度体系の基礎と前提　18
　2．党の指導制度体系の核心と根本　27
　3．党の指導制度体系を堅持・整備する鍵と保障　37

第2章　人民主体の制度体系と社会主義民主政治 … 47
　1．人民主体の制度体系が直面する情勢と挑戦　48
　2．人民代表大会制度の堅持・整備　54
　3．中国共産党の指導による多党合作と政治協商制度　58
　4．民族区域自治制度の堅持・整備　62
　5．末端大衆自治制度の整備　66

第3章　中国の特色ある社会主義法治体系の堅持と法治中国の建設 ……………………………… 71
　1．新時代における法治中国の建設をめぐる情勢と挑戦　72
　2．中国の特色ある社会主義法治体系の堅持・整備　75
　3．中国の特色ある社会主義法治体系を堅持・整備する基本任務　78
　4．中国の特色ある社会主義法治体系を堅持・整備する措置　82

第4章　中国の特色ある社会主義行政体制の堅持・整備 …………… 89

1. 中国の特色ある社会主義行政体制をめぐる新時代の情勢と挑戦　90
2. 新時代における中国の特色ある社会主義行政体制を堅持する目標と任務　95
3. 新時代における中国の特色ある社会主義行政体制を堅持・整備する措置　101

第5章　社会主義基本経済制度と質の高い経済発展 …………… 115

1. 社会主義経済制度理論の継承と発展　116
2. 社会主義基本経済制度が直面する挑戦　123
3. 社会主義基本経済制度を堅持・整備する目標と任務　133
4. 社会主義の基本経済制度を堅持・整備する措置　139

第6章　社会主義先進文化制度と全人民共通の思想基盤 …………… 149

1. 社会主義先進文化制度の建設が直面する情勢と挑戦　150
2. 社会主義先進文化制度が繁栄・発展する上での要求　154
3. イデオロギー分野におけるマルクス主義の指導的地位　158
4. 社会主義の核心的価値観がリードする文化制度の建設　164
5. 制度建設による文化体制の改革　171

第7章　人民の素晴らしい生活の需要を満たすために …… 181

1．雇用促進のメカニズムの健全化　182
2．生涯学習のための教育システム　185
3．全国民を対象とした社会保障システムの整備　189
4．人民の健康水準を高める制度の強化　193

第8章　共同建設、共同ガバナンス、共有：社会ガバナンス現代化の推進 …… 199

1．活力と秩序：社会ガバナンス制度建設のテーマ　200
2．社会ガバナンスの科学理念と基本原則　206
3．新時代における社会ガバナンスの活動計画　211

第9章　エコ文明制度体系の整備、人間と自然との調和・共生の促進 …… 225

1．エコ文明制度体系の戦略的意義　226
2．なぜエコ文明制度体系を整備しなければならないのか　230
3．エコ文明制度体系を堅持・整備する目的とは　233
4．エコ文明制度体系のための政治保障　249

第10章　人民軍隊に対する党の絶対的指導制度の貫徹 …… 257

1．新時代における人民軍隊に対する党の絶対的な指導制度の堅持・整備とその重大な意義　258

2．人民軍隊に対する党の絶対的な指導制度が求めるもの　263
3．人民軍隊に対する党の絶対的な指導制度の優位性を戦闘の勝利とするには　270

第11章　「一国二制度」と祖国の平和統一 …………… 279

1．「一国二制度」への科学的認識　280
2．「一国二制度」を香港・澳門の統治に貫徹する　282
3．特別行政区における党中央の管理統治権　288
4．祖国の平和統一プロセス　294

第12章　独立自主の平和外交政策の堅持と人類運命共同体の構築 …………… 303

1．外交体系と外交能力の現代化　304
2．全方位外交の整備　306
3．協力・ウィンウィンによる開放システムの建設　312
4．グローバルガバナンス体系への積極的な参加　316

第13章　党と国家の監督体系 …………… 327

1．党の自己革命を推進する重要な保障　328
2．党と国家の監督制度の健全化　330
3．権力の配置と運営を制約するメカニズムの整備　338
4．「腐敗させない、腐敗できない、腐敗したくない」メカニズムの構築　346

序論

中国の特色ある社会主義制度の堅持と整備、国家のガバナンス体系とその能力の現代化の推進は中国共産党と国家の繁栄と発達、国家の長期安定、人民の幸福と福祉に関わる重要な課題である。党の第19期中央委員会第4回全体会議では、党が人民を指導して、中国の特色ある社会主義の実践に向けた模索をする中で国家制度の建設とガバナンスの成果、経験の蓄積、原則の形成について全面的な総括がなされた。そこでは中国の特色ある社会主義体制の堅持と整備、国家のガバナンス体系とその能力の現代化を推進する重大な意義、総体の要求と実践的道筋が系統立って述べられた。これらは習近平による新時代の中国の特色ある社会主義思想が成し遂げた大きな成果とされた。

　党の第19期中央委員会第4回全体会議で採択された『中国の特色ある社会主義制度の堅持と整備、国家ガバナンスのシステムとガバナンス能力の現代化の推進における若干の重大な問題に関する中共中央の決定』（以下『決定』と略称する）は国家のガバナンス体系とその能力について、何を堅持・強化させ、何を整備・発展させるのか、という重大な政治的な問いに対する全面的な回答である。これはマルクス主義の綱領的な文献であり、マルクス主義の政治宣言書ともいうべきものである。

1．中国の特色ある社会主義制度の時代的課題

　「社会主義社会をいかに統治するか」は、中国共産党にとってまったく新しい時代的課題である。そのため、その探求の経験はとりわけ得難い。中国共産党は新民主主義革命を指導する歴史過程の中で将来的にいかなる国家のガバナンス体系を構築すべきか、という問題に対して多くの有益な思考をめぐらせてきた。新中国が成立してからも、この問題は絶えず探求され続けている。厳しい紆余曲折はあったものの、国家のガバナンス体系とその能力の方面では豊富な経験が蓄積され、大きな成果をあげている。

特に改革開放以来、わが党の団結した人民への領導は中国の特色ある社会主義を切り開いており、中国の特色ある社会主義制度と国家のガバナンス体系は絶えず整備され、現代中国に未曾有の活力を与えている。

社会主義制度の堅持と整備は、重要な時代の節目にある。より成熟し確立されたシステムの形成から見れば、中国の社会主義実践はすでに全過程の半ばを過ぎたといえよう。

前半の過程の主な歴史的課題は、社会主義基本制度の確立とこれを基礎とした改革の推進にあり、現在その基礎は十分にそなわっている。残る後半の過程の主な歴史的課題は、中国の特色ある社会主義制度の整備と発展にある。それは党と国家事業の発展のため、人民の幸福と福祉のため、社会の調和と安定のため、国の長期的安定のための、完全・安定かつ効果的な制度体系の提供である。

こうした戦略的思考に基づき、第18回党大会以降、わが党は制度の確立を最優先事項に位置付けて「小康社会（ややゆとりのある社会）の全面的達成には、より大きな政治決断と叡智を発揮し、時宜を逸することなく重要分野の改革を深化させ、科学発展を妨げる一切の思想観念と体制・仕組みを断固排除し、完全に系統化され、科学規範をそなえ、運用にあたって有効な制度体系を構築し、各方面の制度をさらに成熟・定着させなくてはならない」[1]ことを強調している。

具体的には、改革の全面的深化を推し進め、党による指導の体制・仕組みの健全化、人民の所有権制度の建設のいっそうの強化、憲法の部分的改正、社会主義協商民主の広範かつ多層な制度化の推進、党と国家機構の改革の深化、経済制度の改革の深化、司法体制の全面改革の深化、エコ文明体制の改革の深化、国防と軍隊の改革の深化、国家監察制度の確立などといった全面的な改革の深化を推進させることである。

中国の特色ある社会主義制度を日増しに成熟・定型させ、また中国の特色ある社会主義法治体系の不断の整備は、党と国家事業の歴史的成就を後

押しし、発生する歴史的な変革に重大な作用を発揮している。

　社会主義制度の堅持と整備は改革の緊迫した使命である。改革開放の継続的な発展を経た現在でも初歩的な段階にある中国の特色ある社会主義制度の成熟と完成は急務となっている。第18回党大会以来、われわれは全面的な深化と改革の総目標として、中国の特色ある社会主義制度の整備と発展、国家のガバナンス体系とその能力の現代化の推進を掲げてきた。

　改革の全面深化とは社会全体の変革であり、これは生産力ばかりではなく生産関係とも関連している。さらには経済基盤にも、その上部構造にも関わる社会システムの変革である。社会の基本矛盾の総体を生産力と生産関係の矛盾した動き、経済基礎と上部構造の矛盾した動きとの結合ととらえ、これを観察することではじめて社会の基本様相と発展方向を十分に把握できる。

　習近平は「社会の基本的矛盾は進行の一途をたどっており、これに応じた生産関係の調整と上部構造の整備を継続的にしなくてはならない…改革開放の達成の路半ばといえる。これは史的唯物論の態度である」[2]と指示している。われわれは生産関係と生産力、上部構造と経済基盤の適応を継続して推進し、中国の特色ある社会主義制度を絶えず整備・発展させ、中国の特色ある社会主義の事業を絶えず前進させなければならない。

　新中国の70年の発展を経て、われわれはマルクス主義の基本原則と中国の現実を意識的に結びつけて党による国政、社会主義の建設、人間社会発展の規律を絶えず深く探求してきた。悠久の歴史を有する東方の大国に、数億の人民が国家の主人公であることを保障した新たなタイプの国家体制を確立することで、中国の特色ある社会主義制度を顕著な優位性と強い生命力をそなえた制度としてきた。「急速な経済発展と長期にわたる社会の安定」という、二つの奇跡の創造を保障するのと同時に、発展途上国の現代化に対して新たな選択肢を提供しているように、人類のよりよい社会制度の建設に中国の知恵と案は大きく貢献している。

2．中国の特色ある社会主義制度の戦略的要求

　中国の特色ある社会主義制度の堅持と整備は危機と挑戦への対処であり、主導権を勝ち取る上の有力な保障となる。現在、世界は100年に一度の未曾有の大きな変局を迎えている。国際情勢は複雑かつ不安定であり、改革・発展・安定、内政・外交・国防、さらには党・国・軍の各方面の統治の任務はこれまで以上に過酷で、われわれが直面する危機と挑戦はかつてないほど峻厳である。中国の「並行型」現代化は「圧縮型発展」であるために、危機社会にあらわれる兆候を多かれ少なかれ人々は感じ取っているが、それだけでは十分ではなく冷静な理性的思考と深遠な理論的分析が必須となる。

　中国の特色ある社会主義制度の堅持と整備は、「二つの百周年」の奮闘目標を実現するための重大な任務である。わが国の経済社会の発展への要求、人民の熱烈な期待、今日の世界で日増しに激しくなる国際競争、国家の長期安定の要求に比べると、わが国は国家のガバナンス体系とその能力の面でなお少なからず早急に改善すべき点がある。特に中国の特色ある社会主義制度は、さらなる成熟、定型という要求に達してはおらず、引いては一部の体制・仕組みは健全ではなく、機能を発揮していないために、社会主義の現代化構築の順調な推進を一定度で制約してしまっている。したがって各分野からの国家のガバナンス体系とその能力の現代化の推進が必須である。

　「国家のガバナンス体系とその能力の現代化を推進するには、時代の変化に応じて、実践の発展の要請に適さない体制・仕組み、法律・法規を改革し、また絶えず新しい体制・仕組み、法律・法規を構築し、各方面の制度をさらに科学的に、さらに完全なものにし、党、国家、社会における各事務管理の制度化、規範化、手順化を実現することが必要である。ガバナンス能力の向上をより重視し、制度と法律に基づいて実務を行う意識を高

め、制度と法律によって国家を管理することに優れ、各方面の制度の優れた点を国家管理の効果に昇華し、党の科学的な執政、民主的な執政、法に基づく執政のレベルを向上させなければならない」[3]。

　「二つの百周年」の歴史的分岐路に立ち、深刻で複雑な社会の転換に直面している現在、われわれは社会発展の法則を自覚的に把握し、国家のガバナンス体系とその能力の現代化を加速させることで、さらに成熟し、定型した中国の特色ある社会主義制度の形成に努めなくてはならない。

　新たな情勢・役割・要求に臨むにあたり、中国の特色ある社会主義制度の堅持と整備、国家のガバナンス体系とその能力について、現代化の推進する体系的な総括および理論の抽出、そして完全で革新的な発展方向、業務の要求の提案が必要となる。

　中国の特色ある社会主義制度の堅持と整備は、新時代の改革と開放を推し進める基本要求である。長年にわたる努力を通じて、重要な分野と要となる部分の改革の成果はめざましい。主要な領域の基礎制度体系が形成され、国家のガバナンス体系とその能力の現代化を推進する堅実な基礎が築かれている。

　しかし現実に目を向けると、これらの改革措置はなお未完成であり、引いてはその実施にはかなりの時間を要するものもある。さらに重要なのは、過去に比べて新時代の改革が多くの面で直面しているのが、より深い次元での体制・仕組みの問題である。改革のトップレベルの設計への要求はさらに高まり、改革の系統性・全体性・共創性への要求もより強くなっている。それに応じた体系の建章立制を構築する任務はさらに重い。したがって新時代における全面的な改革の深化の計画は、中国の特色ある社会主義制度の堅持と整備を必須とし、国家のガバナンス体系とその能力の現代化を主軸に推進しなくてはならない。わが国の発展の要求と時代の潮流を深く把握しつつ、制度およびガバナンス能力の構築を重要な位置に据え、引き続き各領域・各方面の体制・仕組みの改革の深化を継続させることで、

各方面の制度をより成熟・定着するように推進し、国家のガバナンス体系とその能力の現代化を推進する必要がある。

3．中国の特色ある社会主義制度の根本原則

　中国の特色ある社会主義制度を堅持・整備するためには、正しい根本原則を堅持する必要がある。すなわち党の指導の堅持、人民主体、法に基づく国家統治という三者の有機的統一、さらに根本制度、基本制度、重要制度という三者の調和的構築の堅持、「三歩走（三段階の発展戦略）」[訳注1]の総体目標と「二つの段階」[訳注2]の戦略配置の統一の堅持である。この三つの根本原則は、中国の特色ある社会主義制度の堅持・整備、国家のガバナンス体系とその能力の現代化を推進するための正確な方向を確保し、わが国の国家制度と国家のガバナンス体系の生命力と優位性を永続させる上で、重大かつ深遠な指導意義を持っている。

　党の指導の堅持、人民主体、法に基づく国家統治の三者を有機的に統一する。党の指導の堅持と人民主体、法に基づく国家統治という三者の有機的統一の堅持は中国の特色ある社会主義国家制度、国家のガバナンス体系のすべてに貫徹し、すべてをカバーし、すべてを導く根本指導の指針である。

　根本制度、基本制度、重要制度の三者の調和的構築を堅持する。『決定』は「基礎を固め、長所を高め、短所を補い、弱点の克服に力を注ぎ、完備に系統化され、科学規範をそなえ、運用にあたって有効な制度体系を構築

訳注1)「三歩走（三段階の発展戦略）」：現代化の基本的実現に向けて鄧小平が提起した戦略目標。1981年〜1990年の第一段階では国民総生産（GNP）を2倍に増やして衣食が満ち足りた状態とし、1991年〜2000年までの第二段階ではGNPをさらに2倍として「小康社会」を実現し、21世紀半ばまでの第三段階ではGNPを4倍として、中等先進国の水準とするのを主な内容としている。

訳注2)「二つの段階」：2020年から今世紀半ばまでを二段階に分け、その第一段階（2020年〜2035年）では小康社会の全面的な達成の基礎上に、さらに15年をかけて「社会主義の現代化」を実現し、第二段階（2035年〜今世紀半ば）では「社会主義の現代化」の基礎上に、さらに15年間を費やして「富強・民主・文明・和諧・美麗」という「社会主義の現代化強国」をつくり上げることを戦略目標としている。

し、中国の特色ある社会主義制度を支える根本制度、基本制度、重要制度の堅持と整備を最優先としなくてはならない」と指摘している。

　基礎を固め、長所を高め、短所を補い、弱点の克服を強調するのはわが国の国家のガバナンス体系とその能力が総体的に優れ、独自の強みがあり、わが国の国情と発展の要求に適しているからである。それと同時に、わが国の国家のガバナンス体系とその能力の面では、まだ多くの不足と早急に改善すべき点があることを直視しなくてはならない。

　いわゆる基礎固めとは、わが国の社会主義国家制度と国家のガバナンス体系の中に含まれる、深い中華文化の基礎を指すだけではない。階級基礎および大衆基礎を党による政権運営によって強固にして、党と人民大衆とを血肉の如く結びつける政権運営の基礎、人民大衆の基礎の永遠なる維持が含まれる。

　同時に、資本主義が生み出してきた制度文明を含む有益な文明の成果を真摯に学び、また独立自主の革新・創造という民族精神の独立性・自主性の基礎を堅持しなくてはならない。

　長所を高めるというのは、わが国の国家制度と国家のガバナンス体系における13分野の顕著な優位性の認識を含むだけでない。長期にわたって形成された歴史の伝承を把握し、党と人民がわが国の国家制度建設と国家統治の中で歩んできた道程と、そこで蓄積された経験と形成された原則を把握することであり、さらにわが党が国家運営の多くの面でつくり上げてきた有効な統治の優位性の継承・発展をも含む。

　システムの完備、科学規範、運用が効果的な制度体系の構築を重視し、中国の特色ある社会主義を支える根本制度、基本制度、重要制度の堅持と整備を際立たせてきたのは、新中国の建国70年、改革開放40年余りが過ぎ、特に第18回党大会以来のたゆまぬ探索と実践を経て、わが党がわが国家の国体、政体、根本政治制度、基本政治制度、基本経済制度およびそのほか各方面の重要な制度を創造性をもって徐々に確立し定着させ、中国

の特色ある社会主義制度を絶えず整備し続けてきたからである。中国の特色ある社会主義を支える根本制度、基本制度、重要制度の堅持・整備は、国家制度と国家統治を優れたものとする根本の任務である。

『決定』は中国の特色ある社会主義制度体系の13方面を科学的に論述し、中国の特色ある社会主義制度を支える根本制度、基本制度、重要制度を深く論述する。すなわち党の指導制度体系、人民を主体とした制度体系、中国の特色ある社会主義の法治体系、中国の特色ある社会主義の行政体制、社会主義の基本経済制度、社会主義先進文化の繁栄・発展のための制度、都市と農村を統括する生活保障制度、共同建設・共同統治・共有の社会統治制度、エコ文明制度体系、人民軍隊に対する党の絶対指導制度、「一国二制度」の制度体系、独立自主の平和外交政策、党と国家による監督体系といった13分野の制度をカバーし、新時代の中国の特色ある社会主義制度体系の基本内容を描き出している。

「三歩走」の総体目標と「二つの段階」の戦略配置を統一堅持する。制度のさらなる成熟と定着が動態的なプロセスであるように、ガバナンス能力の現代化も動態的なプロセスである。国家制度と国家のガバナンス体系の建設目標は、実践の発展と共に時代に沿って進化しなければならない。中国の特色ある社会主義制度の堅持・整備、国家のガバナンス体系とその能力の現代化の総合目標とは以下のようなものである。

2020年頃までに各方面の制度のよりいっそうの成熟化、定型化において著しい成果を得ること、2035年頃までに各方面の制度の整備をさらに進めて国家のガバナンス体系とその能力の現代化を基本実現させること、そして2050年頃までに国家のガバナンス体系とその能力の現代化を全面的に実現させ、中国の特色ある社会主義制度をいっそう強固とし、その優位性を十二分に展開することである。

「三歩走」の総体目標とは、国家制度と国家のガバナンス体系の確立を展開するという全体目標に向けての全面配置である。「三歩走」の総体目

標と社会主義現代化強国建設の「二つの段階」の戦略計画は、いずれも新時代の中国の特色ある社会主義の事業発展の戦略計画を構成し、新時代の社会主義現代化国家の全面建設と中華民族の偉大な復興の実現のための壮大な制度的青写真を示している。

註
1) 中共中央文献研究室．十八大以来重要文献選編：上．北京：中央文献出版社，2014：14.
2) 習近平．堅持歴史唯物主義不断開闢当代中国馬克思主義発展新境界．求是，2020（2）.
3) 習近平．習近平 国政運営を語る（日本語版）：第1巻．北京：外文出版社，2014：101.

第1章

党の指導制度体系と科学的執政・民主的執政・法治執政

党の第19期中央委員会第4回全体会議で審議・可決された『決定』は、新時代の国家ガバナンスの現代化を推進する上で遵守すべき制度の方向性を13方面の「堅持と整備」で明らかとし、国家ガバナンスの現代化のための行動指針と位置付ける。「党の指導制度体系を堅持・整備し、党の科学的執政・民主的執政・法治執政のレベル向上」を第一に置き、その重要性の高さを際立たせて明示する。

1．党の指導制度体系の基礎と前提

『決定』は、「初心を忘れず、使命を銘記する」ことを制度で定着させ、これを党による指導制度体系の堅持・整備の第一の措置としている。中国共産党は終始「初心と使命」を追求し、「初心を忘れず、使命を銘記する」ことをこれまで以上に重視している。と同時に、『決定』は人民のための執政、人民による執政を重要な制度として打ち出すことで、「初心を忘れず、使命を銘記する」という党の人民への思いを体現し、国政運営の理論思想と方針戦略における重大な革新を実現している。「初心を忘れず、使命を銘記する」ための制度の確立は、人民のための執政、人民による執政の各制度の健全化および党の指導制度体系を堅持・完備する基礎と前提を構成している。

(1)「初心を忘れず、使命を銘記する」ための制度の確立

初心を忘れないでいてこそ、理想を実現できる。第19回党大会の報告の冒頭では「中国共産党員の初心と使命は、中国人民の幸せを追求し、中華民族の復興を追求することにほかならない」[1]と明言された。党はその創立よりこのかた初心と使命を常に胸に刻み、常にこれを実践してきた。

1)「初心を忘れず、使命を銘記する」ための制度の確立の必要性

「前に進み、これまで歩んできた道を忘れてはならない。どれほどに遠くまで行っても、どれほどに輝かしい未来へ行っても、これまで歩んできた過去を忘れてはならないし、なぜはじめたのかも忘れてはならない」[2]。「初心を忘れず、使命を銘記する」には「歩んできた道」と「なに故に出発するのか」を心に刻むことが必要である。

党規約の遵守は、党の性質と目的を厳守する核心の重要な意義である。『中国共産党規約』は党の根本大法であり、党のすべての活動は党規約にしたがい、これを貫徹させなければならない。党規約の「総綱」の箇所は党の性格を、「中国共産党は中国プロレタリアートの前衛部隊であるのと同時に中国人民と中華民族の前衛部隊であり、中国の特色ある社会主義事業の指導核心であり、中国の先進的な生産力の発展要求、中国先進文化の発展方向および中国の最も広範な人民の根本利益を代表するものである」[3]と明確に規定する。人民への誠心誠意の奉仕は中国共産党の根本的な目的である。初心や使命はどこから生まれるだろうか。その由来をたどると党規約における党の性格と目的の規定にある。「初心を忘れず、使命を銘記する」制度の確立とは党規約の遵守であり、党の性格と目的を厳守する核心の重要な意義である。

これは理想・信念の「マスタースイッチ」を堅牢とする肝心の行為である。「理想・信念は共産党員の精神における「カルシウム」であり、理想・信念が確固としてしっかりしていれば骨は硬くなるが、理想・信念がなく、あるいは理想・信念が確固としていなければ精神における「カルシウム不足」となり、「骨軟化症」にかかってしまうのである」[4]。理想・信念は共産党員の精気であり、党の初心と使命を集中的に体現している。党の執政の思想基盤を突き固めるには確固たる理想・信念が鍵となる。

新時代の中国共産党の歴史的使命を実現する内的要求。「中華民族の偉大な復興の実現は近代以降、中華民族が抱き続けてきた最も偉大な夢であ

る」[5]。偉大な夢の実現には、偉大な闘争を行い、偉大なプロジェクトを建設し、偉大な事業を推進しなければならない。これは習近平を核心とする党中央が、党と国家の発展の全局面に立って新時代の中国の現実からつくり上げた科学戦略計画であり、全党の新時代における発展のあり方に方向性と原則となる指針を提供している。第19回党大会では県・処級以上の指導幹部を重点対象に、全党実施の「初心を忘れず、使命を銘記する」テーマ教育が打ち出された。習近平は、テーマ教育の実施は「党中央が偉大な闘争、偉大なプロジェクト、偉大な事業、偉大な夢を総括してつくり出した重大な施策である」[6]と明確に指摘する。初心を忘れず、使命を銘記する制度の確立は、新時代の中国共産党の歴史的使命を実現する内的要求である。偉大な闘争、偉大なプロジェクト、偉大な事業、偉大な夢を統括するには全党が本質を忘れずに、伝統を受け継ぐだけでなく今に足場を固めて未来に向かわなくてはならない。

2）党員に求められる政治品格

『決定』は、「初心を忘れず、使命を銘記することを党建設強化の永遠の課題に、全党員・幹部の終身課題に位置付け、長期的・効果的なメカニズムを形成し、党員・幹部の忠実でクリーンで責任感のある政治品格のたゆまぬ鍛錬」[7]を強調している。党の長期にわたる実践と探求の中で形成された優れた伝統を堅持し、それを具体的な制度に昇華し、完璧な制度によって党員と幹部とが初心と使命を守るよう制限あるいは奮い立たせなくてはならない。

党内の政治生活制度を完備する。第18回党大会以降、習近平を核心とする党中央は党内の政治生活の厳粛、党内の政治生態の再構築、一連の制度の設立、一連の文書の発行、一連のテーマ教育の実施に並々ならぬ力を注ぎ、党内の政治気風を明らかに改善した。活動態度の改善、群衆と密接に結びつく8項目の規定を制定し、党の群衆路線教育の実践活動、「三厳

三実」[8] 特別教育、「両学一做」[9] 学習教育、「初心を忘れず、使命を銘記する」テーマ教育の展開から『中国共産党巡視活動条例』、『中国共産党廉潔自律準則』、『新情勢下の党内政治生活に関する若干の準則』、『中国共産党紀律処分条例』、『中国共産党問責条例』などを公布したが、これらはいずれも党内の政治生活の制度化、規範化、法制化を反映している。

理論学習と実践制度を完備する。「マルクス主義の基本理論を学ぶことは、共産党員の必修科目」[10] であり、中国共産党は「学習によって歴史を創造し、さらに学習によって未来へと進まなければならない」[11] とあるように、これは歴史と現実が証明する正しい道である。マルクス主義はプロレタリアートと全人類の解放に関する科学的理論であり、実践の基礎の上に科学性と革命性の統一を実現している。ひとたび党が成立するとマルクス主義による指導の堅持をその旗印とし、明確に掲げた。人民を指導して新民主主義革命を進めるにしても、社会主義の建設・改革開放を推し進めるにしても、中国共産党員は理論学習を非常に重視している。初心を忘れず、使命を銘記するには、理論学習と実践制度を充実し、理論学習と実践において初心と使命を再確認する必要がある。古典的なマルクス主義作家の重要な論述を学ばせ、党が実践において形成してきた中国化マルクス主義理論の成果、特に習近平による新時代の中国の特色ある社会主義思想の学習を常態化させ、マルクス主義の立場、観点、方法の自覚的な運用を活動の指針とし、そして実践の中で経験を総括し、科学的な世界観と方法論へと昇華させる。

党史、新中国史、改革開放史の教育制度を整備する。『決定』は「党史、新中国史、改革開放史の教育の強化」[12] を提案する。歴史を学ぶことは人を賢明とする。党史、新中国史、改革開放史は豊富な教育資源を内包しており、歴史をもって現在の鑑とし、国務を助ける人物の育成という重要な使命を担っている。中国共産党の100年近くにわたる艱難辛苦の歴史、新中国の70年の茨の道を切り開いた歴史、改革開放の40年余りの雄壮闊

達の歴史を理解してこそ、なぜ中国共産党が可能としたのか、なぜマルクス主義が素晴らしいのか、なぜ中国の特色ある社会主義がよいのかをさらに理解でき、中国共産党による指導の支持を自覚し、マルクス主義による指導を確かなものとし、中国の特色ある社会主義の道を歩むことを堅持できる。初心を忘れず、使命を銘記するためには党史、新中国史、改革開放史の教育制度を整備し、「歴史を知って党を愛し、歴史を知って国を愛すことを成し遂げ、常に党を憂う心を抱き、党の責任を果たし、党を強くする志を持つことを成し遂げなくてはいけない」[13]。

3）党が時代の先頭に立つことの意味

初心を忘れず、使命を銘記する制度を確立する目的は「党が終始時代の先頭に立ち、人民による心からの支持の確保」[14]にある。この実現は時代の情勢に対する研究判断、人民の声に対するタイムリーな応答、指導思想に対する全面的な堅持、各事業の発展と革新と不可分にある。

時代の発展の趨勢、発展の法則、人民の願望を的確に把握する。現在世界の多極化、経済のグローバル化、社会の情報化、文化の多様化が深く発展し、進むべき道にはチャンスと挑戦が並存している。中国共産党は将来性を強化し、洞察力を高め、時代発展の動向を的確に把握し、情勢変化の法則を見極め、一切を実情から出発し、実事求是（事実に基づき真実を求めること）の方針政策を制定し、すべてを根源にまで追求して遡らせなくてはならない。人民の要望に耳を傾け、人民の意見と声をタイムリーに反映し、人民に奉仕する実践においては初心を忘れず、使命を担い、格差を探し出し、実行目標をつかまなくてはいけない。

党の基本理論・基本路線・基本方策を全面貫徹する。第19回党大会では、「全党の同志は必ず党の基本理論・基本路線・基本方策を全面的に貫徹し、党と人民の事業の発展をよりよく導いておかなければならない」[15]と提案され、『決定』は「党の基本理論・基本路線・基本方策を全面的に

貫徹する」[16]ことを改めて強調し、党の基本理論・基本路線・基本方策の重要性が表明された。「執政が長期になればなるほど、マルクス主義政党の本質を失ってはならず」[17]とあるように、マルクス主義政党の最も鮮明な本質とはマルクス主義の指導の堅持である。「わが党の初心と使命は、マルクス主義の科学的理論に基づくものである」[18]と述べられるように、マルクス主義の中国化の理論成果もマルクス主義の科学理論に基づくものであって、いささかも揺らぐことなく堅持しなければならない。社会主義初級段階における党の基本路線は、党と国家の進むべき方向、目標任務を規定し、国家と社会を正しい道に則って前進させるものである。第19回党大会は、新時代における中国の特色ある社会主義の堅持と発展の基本方策を打ち出しているが、これは国政運営の重大な方針原則であり、全面的に貫徹されなければならない。

　党の理論革新、実践革新、制度革新を継続的に推進する。習近平は中国の改革開放の成果と経験を「われわれは終始、解放思想、実事求是、与時俱進、求真務実を堅持し、マルクス主義の指導的立場を揺るぐことなく堅持し、科学社会主義の基本原則を揺るぐことなく堅持し、勇敢に理論の革新、実践の革新、制度の革新、文化の革新といった各方面の革新を推進し、中国の特色ある社会主義に実践の特色、理論の特色、民族の特色、時代の特色を絶えず付与し続ける」[19]と総括している。革新は民族の魂であり、国を繁栄・発達の尽きることない原動力であり、政党の永遠の生命力の源泉でもある。時代と共に絶えず革新してこそ、時代の発展の潮流に乗り、党を永遠に時代の最先端へと走らせることができる。初心を忘れず、使命を銘記することは党の理論の革新、実践の革新、制度の革新を持続的に推進させるのであり、理論の革新は時代における問題の真の回答・解決となり、実践の革新は時代における発展の真の検証・促進となり、制度の革新は時代におけるガバナンスの真の規範・指導となる。

(2) 人民のための執政・人民による執政と諸制度

　党と人民群衆との関係の問題は党の死活存亡に関わる。人民のための執政、人民による執政の各制度の健全化は党の民主的執政の重要な体現であり、党の指導制度体系を堅持・整備する基盤と前提である。

1) 人民のための執政と人民による執政に関する諸制度の必要性

　どのような人のためなのか、これはある政党やある政権の性格をうらなう試金石である。人民のための執政と人民による執政は、中国共産党の執政の本質を深遠かつ正確に回答している。

　中国共産党の執政の本質的な要求を体現する。中国労働者階級、中国人民、中華民族の前衛部隊として、党は中国労働者階級のために、中国人民のために、中華民族のために奉仕しなければならない。人民のための執政と人民による執政は、中国共産党が執政する本質的要求である。党が公のために結党した上は、民のために執政を行うことを堅持し、人民を率いて素晴らしい生活を創造し、人民によって歴史の偉業を創造するには、人民のための執政と人民による執政の各制度を健全としなければならない。

　党の執政の大衆的基盤を絶えず打ち固める根本の方法。大衆との密接なつながりは党の最大の政治的優勢であり、大衆との遊離は党の執政後の最大危機である。大衆的基盤をしっかりと築かなければ、党は執政の資格を容易に失うであろう。党の執政の大衆的基盤を打ち固めるその根本は、人民を中心とする発展思想の堅持であり、人民のための執政と人民による執政の各制度を健全にすることは、党の執政の地位をより強固とする。

　党の指導力と人民主体の力を発揮する必勝法。人民は歴史の創造者であり、党と国家の前途の運命を決定する根本的な力である。党は一貫して人民の主体的地位を堅持し、人民の利益を至上に位置付けている。党の指導を堅持し、党の指導力を発揮してこそ、人民主体の力が実現できるのであり、人民主体の力を十分に発揮し、党の正確な主張が大衆の自覚的な行動

へと変わってこそ、党の指導効果のよりよい検証が可能となり、党の指導はより堅持・整備なものとなる。人民のための執政と人民による執政の各制度の健全化は両者を統一する必勝法である。

2）党員・幹部と大衆とをつなげる制度の整備

　党員・幹部と大衆とを結びつける制度は、人民のための執政と人民による執政の各制度の中で最も根本で、最重要の制度である。

　党の大衆路線を貫徹する。大衆路線は党の根本的な活動路線であり、党規約には「党は、自らの活動においては大衆路線を実行し、すべてを大衆のために、すべてを大衆に依拠し、大衆の中から大衆の中へ行く」[20]と規定されている。第18回党大会以来、習近平を核心とする党中央は人民を心にかけ、大衆路線を国政運営のすべての実践に貫徹させ、優れた党風によって政風と民風をリードし、実際の行動によって人民大衆の擁護と支持を勝ち取った。第19回党大会では「人民中心の堅持」を習近平による新時代の中国の特色ある社会主義思想の重要な構成部分とし、「人民中心の堅持」も新時代の中国の特色ある社会主義を堅持・発展させる基本方策を構成している。大衆路線の堅持は党の優れた伝統と政治の基盤であり、新時代の中国の特色ある社会主義事業の偉大な遠征の道程でもいっそう全面的に貫徹されるべきである。

　発展の中で民生の保障と改善を堅持する。「新時代の遠征の道程において全党の同志は必ず人民が最も関心を持ち、最も直接的、最も現実的な利益問題をつかみ、人民大衆の関心事を自らの大事とすることを堅持し、人民大衆の関心事から民生の利益を大いに考え、人民の憂いを大いに解消し、ゆとりある育児・ゆとりある教育・ゆとりある所得・ゆとりある医療・ゆとりある福祉・ゆとりある住居・ゆとりある弱者救済の面で絶えず新たな進展を遂げ、絶えず社会の公平・正義を促進し、絶えず人間の全面的な発展を促進し、全人民の共同富裕とする」[21]。党員・幹部が大衆とつながる

制度を完備するためには、発展の中で民生の保障と改善を堅持し、人民大衆の意向が強く反映されている突出した問題を適時に解決し、人々の憂慮を取り除き、難題を解くことを真に実現しなければならない。

3）大衆に奉仕する群団活動体系の健全化

群団活動は党に欠かせない活動であり、広範な大衆を動員・組織するための万能の宝である。群団組織に対する党の指導を堅持し、群団組織の重要な作用を発揮し、数億の人民が社会主義現代化建設へ参与する積極性を引き出す必要がある。

群団活動に対する党の指導を強化する。党章は「党は必ず労働組合、共産主義青年団、婦人連合会などの群団組織に対する指導を強化し、それらに政治性、先進性、大衆性を維持・増強させ、十分に役割を発揮させなければならない」[22]と規定している。第18回党大会以降、労働組合、共産主義青年団、婦人連合会などの群団組織は党の指導の下、自らと大衆とが密接につながる優位性を発揮し、それぞれの戦線で人民大衆を積極的に団結させたことで党の群団事業は良好な効果を収めた。新しい時代には、群団活動に対する党の指導を引き続き強化し、人民大衆を党の周囲に最大限に団結させる必要がある。

中国の特色ある社会主義群団の発展の道を揺るぐことなく歩む。「中国の特色ある社会主義群団の発展の道は、党の群団活動の長期にわたる奮闘の歴史経験の科学的総括である。この道は中国共産党が大衆活動を展開し、党の事業の偉大な創造を推進し、党が大衆を率いて共同の夢を実現する歴史選択であり、群団組織が時代と共に進歩し、発展・拡大のためには必ず通らなければならない道である」[23]。各群団は党の指導を自覚的に受け入れ、大衆に奉仕するという根本的な職能を心に刻み、党と国家の発展の大局から「五位一体」の全体配置[24]をしっかりと計画の中心とし、「四つの全面」の戦略配置[25]を協調推進し、外交活動と祖国統一の大業を囲繞し、

サービス機関と大衆の結びつきを団結し、法律と規則に基づいて活動を展開し、中国の特色ある社会主義群団の著しい発展を促進しなくてはならない。

　群団組織の架け橋と紐帯作用を発揮させる。群団組織は党・政府と人民大衆とを結びつける架け橋であり絆である。思想的・政治的指導を強化し、群団活動が新しい時代にあらわれた状況・問題を真摯に研究し、活動方法を改善し、群団組織が実情での困難を解決するのを助け、群団組織に密接に依拠し、大衆の中で党の各方針・政策を宣伝し、党の理論と政策とが実践の中で徹底して実行されるのを促進しなくてはならない。

2．党の指導制度体系の核心と根本

　党中央の権威と集中・統一指導の諸制度を固く守ることを整備し、党の全面的な指導制度を健全とし、政治原則から党の指導制度体系の根本方針の堅持・整備を規定することは、党の指導制度体系の核心と根本である。

(1) 党中央の権威と集中・統一指導に関する諸制度の堅持

　中国共産党が絶え間なく発展・成熟し、一つ一つ勝利を収めるには、全党が上から下まで党中央の権威と集中・統一指導を固く守ることが極めて重要な理由となる。

1) 党中央の権威と集中・統一指導に関する諸制度の必要性
　中国共産党は執政党であり、中国の特色ある社会主義事業の強固な指導の核心である。党中央の権威と集中・統一指導を断固として守ることは、中国共産党の執政地位を堅守し、中国の特色ある社会主義事業を推進する根本の保証である。
　党の歴史・理論・実践の論理を統一的に要求する。歴史的論理から見る

と、中国の革命・建設・改革事業は党の指導と不可分である。理論的論理から見ると、人民大衆は歴史の創造者であり、社会史の主体であり、党は終始初心にしたがって、人民をしっかりと拠りどころに団結して人民を率いて歴史を創造してきた。実践的論理から見ると、「われわれの大きな党、われわれの大きな国をうまく統治するには、党の団結と集中・統一を保証することが極めて重要であり、党中央の権威を擁護することが極めて重要である」[26]。党の指導は歴史・理論・実践の論理の統一であり、党中央の権威と集中・統一指導を断固として擁護することは、この過程の体現と要求である。党中央の権威と集中・統一指導のための諸制度を整備してこそ、党の進むべき方向を偏らせることなく、道から外れさせないことを保証できる。

　党の政治建設の最重要任務。旗幟鮮明に政治を重んじることは、マルクス主義政党としての中国共産党の根本的な要求である。「革命・建設・改革の各時期において、わが党は党の政治建設を高度に重視し、政治を重んじるよき伝統を形成した。第18回党大会以来、習近平同志を核心とする党中央は、党の政治建設をより突出した位置に置き、その取り組みを強化し、鮮明な政治的方向を形成し、党内の深刻な隠れた政治的な災いを排除し、党の政治建設を推進して重大な歴史的成果を収めた」[27]。第19回党大会では、党の政治建設を党の根本的な建設とし、党の政治建設の最重要任務として「全党の中央への服従を確実に保証し、党中央の権威と集中・統一指導を堅持する」[28]ことが提出され、党中央の権威と集中・統一指導の断固たる擁護の重要地位を根本的に規定し、党中央の権威と集中・統一指導を断固として擁護する各制度の設立に、根本となる根拠を提供している。

　「四つの意識」[29]を高め、「四つの自信」[30]を固め、「二つの擁護」[31]を達成する必要性。政治意識・大局意識・核心意識・一致意識を強めることは、全面的な厳しい党内統治を行い、党の執政地位を強固にするという切

実な要求である。道・理論・制度・文化への自信の堅持は、全国人民の精気を高め、わが国の総合国力と国際競争力を高めるための必然的な要求である。習近平の党中央での核心、全党での核心的地位を守り、党中央の権威と集中・統一指導の擁護は、「全党が一致団結し、歩調を整え、全国各民族の人民を率いて小康社会の全面的完成に勝負し、新時代の中国の特色ある社会主義の偉大な勝利を奮闘して勝ち取ることを保証する根本の政治保証である」[32]。全面的な厳しい党内統治の情勢の下で、党員幹部による党精神の意識の希薄、政治規則や規律の不遵守、面従腹背、一致意識の弱さ、政治立場の不安定、党中央の決定・配置の執行の不徹底などの問題が依然として存在しており、党中央の権威と集中・統一指導を確固として守る各制度の整備が切迫して求められている。

2）重大な活動における党中央の指導体制

「党の全面的な指導を強化するには、まず党と国家事業の全局に関わる重大な活動に対する集中・統一指導を強化する必要がある」[33]。第19期中央委員会第4回全体会議で審議・可決された『決定』は、「党中央の重大な活動に対する指導体制の健全化」を再度強調し、そしてこれを党中央の権威と集中・統一指導を固く守る制度的配置の一つとし、党中央の重大な活動に対する指導体制の健全化の必要性と重要性を顕彰している。

党中央決策議事協調機構の機能的役割を強化する。党中央決策議事協調機構は、中央政治局とその常務委員会の指導の下で活動する必要がある。党中央決策議事協調機構を最適化し、重大な活動のトップレベルの設計、全体的な配置、統一的な調整、全体的な推進の責任を負わせる必要がある。党は改革の深化、法に基づく国家統治、経済、農業・農村、規律監察、組織、思想文化の宣伝、国家安全、政治法律、統一戦線、民族宗教、教育、科学技術、インターネット、外交、監査などを強化・最適化をしなくてはならない[34]。

党中央の重要な政策実行を推進するメカニズムを整備する。党中央の重要な政策は、党章党規と憲法と法律の各規定を厳格に遵守し、すべてを実情から出発し、広範に調査・研究し、大衆の中から大衆の中へ行くことを基本とし実行することである。党中央の重要な政策の実行を推進するメカニズムを整備し、習近平の指示と書面による指示および党中央の重要な政策の実行状況に対する検査・報告制度を確立して各地域、各単位、各部門が円滑かつ効果的な執行をできるよう保障しなければならない。

　党中央の請示報告制度を厳格に執行する。請示報告制度は従来より党の重要な政治制度である。全党の意志と行動とを党中央に一致させて、党の指導的地位をさらに堅持し、党の指導的役割を発揮させる。2019年、中国共産党中央は『中国共産党重大事項請示報告条例』を配布し、請示報告制度の重要性を肯定かつ明確とした。請示報告制度はわが党の重要な政治規律、組織規律、活動規律であり、民主集中制を執行するための効果的な活動メカニズムであるが、これは習近平の党中央での核心、全党での核心的地位を断固として守り、党中央の権威と集中・統一指導を断固として守り、全党の団結統一と行動一致を保障する重要な意義を有している。

　3）党の集中・統一した組織制度の健全化

　9000万人を超える党員を擁した政党として、中国共産党は絶えず発展し今日に至るが、これは党の集中・統一指導と離れてはいない。党の集中・統一を守るためには、健全な組織制度がなくてはならない。

　党の政治的指導力、思想による先導力、大衆組織力、社会に働きかける力を増強する。中国共産党第18期中央委員会第6回全体会議では「習近平同志を核心とする党中央」を正式に提起し、第19回党大会では「習近平同志を核心とする党中央の権威と集中・統一指導を断固として擁護する」ことが党規約に明記され、党の集中・統一を擁護する根本原則が規定された。第19回党大会では「党の政治的指導力、思想による先導力、大

衆組織力、社会に働きかける力を絶えず増強し、わが党が旺盛な生命力と強大な戦闘力を永遠に保つようにしなければならない」[35]と提起された。党による中国の特色ある社会主義事業に対する強固な政治的指導、全人民が団結奮闘する共通の思想的基盤に対する旗幟鮮明な先導、群衆を拠りどころとした「二つの百周年」の奮闘目標の実現に対する効率的で強力な組織、異なる社会群体に対して影響ある働きかけをもって擬集させるには、健全な組織制度が必要となる。党の集中・統一を守ってこそ党と国家の事業発展の正しい方向を保障できるのであり、全党と全国の各民族人民のよりよい生活のビジョンを実現できる。

　党の中央組織、地方組織、末端組織を上下貫徹する有力な執行を確保する。中国共産党はマルクス主義の党建設の原則に基づいて設立され、党の中央組織、地方組織、末端組織を包括する厳密な組織体系を形成している。党の各級組織の機能は明確である。党中央は頭脳と中枢であり、党中央は「一錘定音、定于一尊（絶対に揺るぐことのない唯一の）」の権威である。党の地方組織の根本任務は、党中央の政策決定・処置の徹底した実行であり、命令があれば直ちに実行し、禁止があれば直ちに中止することである。党組は党の組織体系において特殊な地位を有しており、党中央と上級党組織の決定・処置の徹底した実行が求められる。すべての党員、特にすべての指導幹部は党の意識と組織観念を強化し、思想面では組織の一体感を自覚し、政治面では組織を拠りどころとし、業務面では組織に服従し、感情面では組織を信頼しなくてはならない[36]。党の集中・統一した組織制度を健全に維持するには各級の党の各組織の機能を十分に発揮し、党の中央組織、地方組織、末端組織を上下貫徹する有力な執行を促進し、党の組織と活動を完全に網羅することを実現しなければならない。

　全国の一体を堅持し、命令があれば直ちに行い、禁止があれば即座に止めること。『決定』は「全国の一体化を堅持し、各方面の積極性を引き出し、力を集中し大事にあたること」をわが国の国家制度と国家のガバナン

ス体系の顕著な優位性の一つとし、中国の特色ある社会主義制度の優位性を高く是認している。

(2) 党の全面的指導制度の健全化

党の全面的指導の堅持は、中国の特色ある社会主義事業の持続的発展と国家統治の現代化の絶え間ない推進の根本的な政治保障である。党の全面的な指導制度を健全化し、中国の特色ある社会主義事業の各分野で党の指導的役割を発揮しなければならない。

1）党の全面的指導制度を健全化する必要性

「党政軍民学」の各方面と「東西南北中」の各地方において、党がすべてを指導する。第19回党大会では、新時代の中国の特色ある社会主義を堅持・発展する14箇条の基本方策が打ち出され、「全活動に対する党の指導の堅持」がその筆頭に置かれた。

新中国の70年における実践発展を根本的に保証する。新中国の成立から70年、党は団結して全国各民族の人民を率い、社会主義革命という中華民族の最も広範かつ本質に触れた社会変革を完成し、改革開放という新しい偉大な革命を推し進め、中国の特色ある社会主義への道を切り開き、中国の特色ある社会主義の理論体系を形成し、中国の特色ある社会主義制度を確立した。新中国の70年にわたる実践発展は、党の全面的指導制度を抜きに語ることができない。党の指導を堅持し改善することは、「党と国家の根本であり、命脈であり、全国の各民族の利益の所在であり、幸福の所在である」[37]。

新時代における各種のリスクと挑戦を克服するための必然的な要求。中国の特色ある社会主義が新時代を迎えたことは、わが国の発展が新たな歴史的方向へ進んだことを示している。「国内外の情勢には重大で複雑な変化が生じており、わが国の発展は依然として重要な戦略的チャンスの時期

にあり、非常に明るい展望が開けている一方で、非常に厳しい試練にも直面している」[38]。国際的には米国をはじめとする西側の資本主義国家が長期的に一国主義、覇権主義を推し進め、「中国崩壊論」や「中国脅威論」が相次いで出されている。一方、国内では中華民族は小康社会の全面的完成に向けた正念場を迎え、改革の全面的深化の攻略段階にあり、党の新たな偉大なプロジェクトの建設の推進もまた厳しい情勢に直面している。新時代のさまざまなリスクと挑戦に直面する中で、われわれは党の全面指導とその制度をしっかりと堅持・健全なものとし、党の全面的指導の下で困難と挑戦を克服しなければならない。

　中国の特色ある社会主義制度による、力を集中させて大きな事柄を成し遂げる内在的論理を実現する。わが国の経済、政治、文化、社会、エコ文明などの各事業の発展は、すべて党の指導の下で人民大衆の主観能動性を最大限に発揮し、群策群力して実現してきた。例えば「一帯一路」の建設、京津冀（北京市・天津市・河北省）地区の協同発展、長江経済ベルトの発展、革新型国家の建設などはいずれも力を集中させて大きな事柄を成し遂げる制度的優位性を体現してきた。党の全面的指導制度の健全化は、中国の特色ある社会主義制度が力を集中させて大きな事柄を成し遂げることを実現する上での内在的論理である。

2）核心的役割となる党の指導

　党の全面的指導制度を健全とするには、党の全面的指導を堅持・強化し、党が全局を統括し、各方面で指導の核心的役割の調整を十分に発揮しなくてはならない。

　党が各種組織で指導的な役割を果たすことを保証する。『決定』は「党が全国人民代表大会、政府、政治協商会議、監察機関、審判機関、検察機関、武装力量、人民団体、企業事業単位、末端大衆自治組織、社会組織などに対する党の指導制度を完備し、各級の党委員会（党組）の活動制度を

健全とし、党が各種組織で指導的役割を果たすことを保証する」[39]と指摘する。党の指導を国政運営の各分野、全過程で貫徹し、各方面が党の指導の下で具体的な職能作用を十分に発揮することを保証し、党の方針や政策の確実な実行を推進しなければならない。「党の地方委員会は当地区で全局を統括し、各方面で指導の核心的役割を調整し、「四つの全面」の戦略的配置の調和・推進にしたがって、当地区の経済建設、政治建設、文化建設、社会建設、エコ文明建設に対して全面的な指導力を発揮し、当地区の党の建設に全面的に責任を担う」[40]。『中国共産党地方委員会工作条例』を真摯に貫徹し、党の地方委員会の当地区における指導の核心的役割を発揮しなければならない。『中国共産党党組工作条例』を真摯に貫徹し、党組が自部門において指導的役割を発揮することを促進しなければならない。

　党が各事業を指導する具体的制度を完備する。『決定』は「党の各事業を指導するための具体的制度を完備し、党の指導を「五位一体」の全体配置に統一的に推進し、「四つの全面」の戦略配置を協調推進し、各方面に実行しなくてならない」[41]と指摘する。経済建設、政治建設、文化建設、社会建設、エコ文明建設の全面的な推進、小康社会の全面的完成、改革の全面的深化、全面的な法に基づく国家統治、全面的な厳しい党内統治などの各事業はいずれも党の指導を必要とする。党は各事業に対してトップレベルの設計、科学的な政策決定をしなければならない。各事業の具体的な実施過程の全過程を指導し、誤りを訂正し、行き過ぎを正し、各事業が正しい方向へ前進するのを保証しなければならない。時宜を得て直ちに新たな状況、新たな問題の方針や政策を調整し、すべてを実情を起点に実事求是をしなくてはならない。「回頭看（振り返り）」の力を強化し、各事業の進展をタイムリーにチェック・監督し、各事業の順調な進行を絶えず推進しなくてはいけない。

　全面的、系統的、全体的な党の指導の必須。党のあらゆる活動への指導の強化は空虚で抽象的なものではなく、各方面の各段階で着実に実行され、

体現されなければならない。経済建設、政治建設、文化建設、社会建設、エコ文明建設、国防軍隊、祖国統一、外交工作、党建設などの各方面で党の指導的地位を貫かねばならない。いずれの分野、いずれの方面、いずれの部分が欠けていても党の力はすべて弱体化する。全面、系統、全体とは党の指導の鮮明な特徴と本質的な要求であり、党の指導の各方面に体現されている。党の全面的指導制度を健全とするには、党の指導の強化と同時に、党の指導の全面性、系統性、全体性も重視しなければならない。

3）党による指導の貫徹

党の第19期中央委員会第3回全体会議では、党と国家機関の改革の問題に強く焦点を当て、党と国家機関の改革の深化に対して党の指導をさらに強化する必要性を強調する。党の第19期中央委員会第4回全体会議ではさらに深く踏み込んで「党と国家機関が職責を履行する全過程において党の指導を貫徹し、各方面の協調行動を推し進め、力を合わせることを増強する」[42]ことを強調している。

党と国家機関の機能体系を整備する。「党と国家機関の機能体系は中国の特色ある社会主義制度の重要な構成部分であり、わが党の国政運営の重要な保障である」[43]。党中央が統一的に配置したスケジュール、手順、任務書にしたがって党と国家機関の機能体系を完備し、「システム完備、科学的規範、効率的に運営される党と国家機関の機能体系を構築し、全局面を総括して各方面を調和させる党の指導体系を形成し、職責が明確で法に基づく行政の政府統治体系、中国の特色ある世界一流の武装力量体系、広範な大衆に奉仕する群団活動体系と連係し、全国人民代表大会、政府、政治協商会議、監察機関、裁判機関、検察機関、人民団体、企業事業単位、社会組織などが党の統一的指導の下で協調して行動し、いっそう力を合わせて、国家のガバナンス能力とガバナンスレベルを全面的に高めなくてはならない」[44]。

幹部・組織・人材の業務制度を健全化する。制度の生命力はその実行にあり、実行の有効性は人間によって発揮される。党の指導が、党と国家のすべての機関の職責を履行する全過程で貫徹できるかは党の幹部にかかっている。幹部・組織・人材の工作制度を健全とし、党が指導する各事業で幹部・組織・人材の役割を十分に発揮させなければならない。「党が管理する幹部への原則を実行し、党組織の指導と検査を強化し、確固とした信念を持ち、人民に奉仕し、政務に勤勉で実務に励み、果敢に重責を担い、清廉公正の優れた幹部の育成・選抜に力を注ぐ」[45] ことが必要である。「党の人材管理の原則を堅持して、人材を見極める慧眼、人材を愛する誠意、人材を用いる胆力、人材を許容する度量、人材を集める方策をもって、党内外、国内外の各方面から優秀な人材を党と人民の偉大なる奮闘の中に集める」[46] のである。組織制度を科学的で周到かつ健全とし、党の中央組織、地方組織、末端組織が効能をより発揮できるように保証している。

　党の主張を法的手続きを通じて国家の意志に高める。法に基づく執政は党の執政の基本方式であり、党の指導は党と国家のすべての機関が職責を履行する全過程を貫き、必ず憲法と法律の規定にしたがうものである。党の執政地位は歴史的に形成され、憲法によって確立されている。「四つの全面」の戦略配置の「法に基づく国家統治の全面的推進」を推し進める中での総目標とは、中国の特色ある社会主義法治体系を建設し、社会主義法治国家を建設することである。この総目標を実現するには、党の指導を堅持し、党の指導を法に基づく国家統治の全過程と各方面に貫徹・実行することである。法に基づく国家統治とはまず憲法によって国を治めることであり、法に基づく執政とはまず憲法による執政である。人民代表大会が法に基づく機能の履行を支持し、党の主張を法的手続きを通じて国家の意志に昇華させることは、党の法に基づく執政の重要な体現である。党の指導は党と国家の全機関が職責を履行する全過程を貫き、党の立法の主導、法執行の保証、司法の支持、率先した法遵守の実現を堅持しなければならな

い。

3．党の指導制度体系を堅持・整備する鍵と保障

　優れた指導によってこそ、党の指導のさらなる堅持・整備が可能となる。全面的な厳しい党内統治をしてこそ、党の指導のさらなる保障・強化が可能となる。党の執政能力と指導水準制度を健全とし、全面的な厳しい党内統治制度を整備することは、党の指導制度体系を堅持・整備する鍵と保障となる。

(1) 党の執政能力と指導水準を向上する制度の健全化
　第19回党大会では、「全面的な厳しい党内統治をはっきり揺るぐことなく堅持し、党の執政能力と指導水準を絶えず向上させる」と提起された。『決定』は党の執政能力と指導水準の向上を制度化し、第19回党大会の精神を貫徹し、党の長期執政に対する深遠な思考を反映している。

　1）党の執政能力と指導水準を向上する制度の健全化の必要性
　14億の人口を抱える大国を長期にわたって執政し、世界で最も活力ある堅強な与党として中国共産党が長期執政の地位を強固とする。そして歴史使命を実現するためには自らの執政能力と指導水準を高めることが特に重要となる。
　党の指導制度体系を堅持・完備する重要な一環。新中国の成立から70年以来、党の執政地位は絶えず強固となり、執政能力は絶えず増強され、指導水準は絶えず向上してきたが、これは代々にわたる中国共産党員の実践的探求の重要な成果である。党の執政能力と指導水準制度を絶えず向上させて健全としてきたことは、中国共産党が長期執政を獲得した成功の道である。

国家のガバナンス体系とその能力の現代化を推進する上での強力な支柱。わが国の国家のガバナンス体系とその能力は、中国の特色ある社会主義制度とその実行能力を集中的に体現している。党の執政能力と指導水準制度の向上と健全化は、国家のガバナンス体系とその能力の現代化を推進する有力な支えである。執政能力と指導水準を絶えず向上させてこそ、国家のガバナンス体系はさらに完備され、その能力はさらに効果的となる。

わが国の制度の優位性をよりよく国家統治の効能へと転化させる内在的要求。『決定』は「13の堅持」でもってわが国の国家制度と国家のガバナンス体系の顕著な優位性を概括し、制度の優位性をよりよく国家統治の効能に転化させるよう提起している。党が指導する現代化とは国家のガバナンス体系とその能力の現代化の前提であり、わが国の制度的優位性を国家のガバナンスの効能によりよく転化する上での保障でもある。制度の優位性を統治の効能にどれほど転換できるのかは、党の指導能力の発揮が鍵となる。党の指導能力を高め、党の指導の現代化を促進するには、党の執政能力と指導水準制度の向上を健全化し、党の方向性を高め、大局を図り、政策を定め、改革の能力を促さなくてはならない。

2）党内の民主集中制の整備

『決定』は、党の根本的な組織制度である民主集中制の堅持を強調し、党内の民主と実行のための正確・集中的な関連制度の整備・発展を提起している。党内の民主の発展と正確・集中的な関連制度の実行は、党が一貫して堅持する科学的指導原則である。

民主集中制を堅持する。民主集中制は党の優れた伝統と政治的優位性であり、党の各活働に貫かれ、党内の政治生活の科学化・規範化を促進し、党内関係の適切な処理に資するものである。民主集中制の堅持には、民主と集中の弁証関係をしっかりと把握する必要がある。一方では民主は集中の前提と基礎であり、民主なくしては正確な集中はあり得ない。かたや集

中とは民主の実現のための必要条件と保障であり、必要な集中なくしては、民主の正しい方向と目標とを見失うこととなる。

　党内の民主の発展と正確・集中的な関連制度の実行を整備する。党内の民主化の発展に関わる制度を整備するには、党章・党規の規定に厳しくしたがって党員の議決権、選挙権、被選挙権などの権利を保障しなければならない。党の代表大会制度を堅持・整備し、党代表を党員・大衆とに密接に結びつけて、党員・大衆の意見・提案を反映させるように促す。正確・集中的な関連制度の実行には、個々の党員は党の組織にしたがい、少数派は多数派にしたがい、下級組織は上級組織にしたがい、全党の各組織と全党員は党の全国代表大会と中央委員会にしたがう必要がある。「二つの擁護」の関連制度を着実に行い、「二つの擁護」を全党の思想自覚と行動自覚にしなければならない。

　政策決定の仕組みを健全化する。第19回党大会では、「法に基づく政策決定の仕組みを健全化し、科学的な政策決定、断固とした執行、有力な権力行使の仕組みの監督」[47]を提起している。『決定』はさらに政策決定の仕組みの健全化には「重大な政策決定の調査研究、科学的論証、リスク評価を強化し、政策決定の執行、評価、監督を強化する」[48]ことを強調する。党の政策決定は党と国家の長期にわたる社会の安定と関係し、人民大衆の良好な生活と関係する。科学的な政策決定、民主的な政策決定、法に基づく政策決定を行うには、政策決定の前期、中期、後期などの各段階すべてで厳しく手続きの規定を守り、党内民主を発展させ、積極的に党内外の意見に耳を傾けなければならない。科学的政策決定の形成の重要な作用に対する調査研究を重視し、各種の政策決定は事実と根拠を持ち、大衆の中から大衆の中へ、調査研究を全党で盛んに行う気風をやり遂げなければならない。政策決定の執行、評価、監督を強化し、政策決定に対する問責・訂正制度を確立し、健全な体制・仕組みを健全で科学的な政策決定の警護・護衛としなくてはならない。

3）党の指導・執政方式の改善

　党の執政能力を増強し、科学的執政、民主的執政、法律に基づく執政のレベルを向上させるには、時代と実践の特徴を密接に結びつけて党の指導方式と執政方式を適宜改善しなくてはならない。

　各級の党組織の政治的機能と組織力を強化する。党組織は党にとって体細胞のようなものであり、それぞれの党組織が強固で強力であってこそ、党全体の力を結集できる。政治機能とは党組織の根本の機能であり、各級党組織の基本単位に対する政治的指導を体現している。組織力とは、組織の構成を確定し、組織の資源を配置し、組織の発展を導く能力である。党の中央組織、地方組織、基層組織は政治機能を十分に発揮し、積極的に組織力を鍛え、自らをより力強くつくり上げなくてはならない。

　担当行為のインセンティブメカニズムを整備する。新時代には新たな使命があり、新時代には新たに成すべき事柄がある。高い資質を有し専門化した幹部チームを立ち上げて多くの幹部が創業する情熱を奮い立たせ、多くの幹部は時代の潮流に身を投じ、担当する責任を自覚しなくてはならない。

　執政能力を全面的に強化する。第19回党大会では、執政本領の全面的な増強の要求が指摘された。すなわち各級の指導幹部は学習能力、政治指導能力、改革・革新能力、科学的発展能力、法に基づく執政能力、大衆活動能力、全力を尽くした実行能力を高め、リスク管理能力を増強しなければならない。執政能力の増強は、党の執政能力と指導レベルを高めるための内的要求であり、強力で卓越した能力をそなえ、これを業務に応用し、実践の中で絶えず豊かにし、発展させてこそ、党はより出色した任務を完成できる。

(2) 厳しい党内統治制度の整備

　『決定』は、全面的な厳しい党内統治を制度として党の指導制度体系に

組み込み、より充実した制度によって全面的な厳しい党内統治をさらに奥深く推進している。

1）厳しい党内統治制度を整備する必要性

鉄を鍛えるには自らが固くならなければならない。新時代に党はより複雑な内外の環境に直面し、全面的な厳しい党内統治も未曾有の挑戦に直面しているが、その特徴は必要性、緊急性、複雑性などにある。

党の先進性に影響し、党の純潔性を弱める要因の克服は切迫に求められている。新時代に党が直面する執政環境は複雑で、党の先進性に影響を与え、その純潔性を弱める要因もまた複雑となっている。気持ちの怠慢の危険、能力不足の危険、大衆からの遊離の危険、消極的腐敗の危険は長きにわたって存在し、形式主義、官僚主義、享楽主義、贅沢浪費の風潮（「四つの悪風」）はしばしば止まず、執政の試練、改革開放の試練、市場経済の試練、外部環境の試練は至るところにある…有形無形のさまざまな挑戦は党の先進性と純潔性を深刻に制限し、これらの問題を解決するには、全面的な厳しい党内統治制度を完備し、健全な制度によって党の建設を警護・護衛しなければならない。

党の自己革命を推進する必然的な要求。自己革命は党の優れた伝統であり、革命・建設・改革の各歴史的時期において、党は自己革命に依拠して自らの思想・政治・組織・態度などの問題の良好な効果を得て、豊富な経験を蓄積してきた。第18回党大会以来、習近平を核心とする党中央は全面的な厳しい党内統治を堅持し、党統治のゆるく、ぬるく、甘い状況を断固変化させたことで、党は革命性鍛錬の中でより強固となった。全面的な厳しい党内統治は、党の自己革命を推進する必然的な要求である。問題を直視する自覚と内部改革の勇気によって自己革命を行い、全面的な厳しい党内統治制度を絶えず整備してこそ、党は永遠に先進性と純潔性を保ち続け、「四つの自己」[49] を達成できる。

党建設の新たなる偉大なプロジェクトを終始一貫して推進する内在的論理。終始一貫した党建設の新しい偉大なプロジェクトの推進は、党建設の新たなる偉大なプロジェクトの持続性、全過程性、一貫性を強調するだけでなく、党建設の推進に対してより高い要求を打ち出している。全面的な厳しい党内統治制度の整備は、党建設の新たなる偉大なプロジェクトを一貫して推進する内在的な論理といえ、揺るぐことなく全面的な厳しい党内統治を行うべきで、決して一息をつき、足を休める考えを持ってはいけない。

2）党建設の制度改革の深化

規則なくしては、秩序は成り立たない。制度によって権力・事柄・人を管理し、各制度をもって全面的な厳しい党内統治を貫き、党建設の制度改革を絶えず深化させなければならない。

新時代における党建設の全要求の貫徹。第19回党大会で提起された新時代における党建設の全要求は、新時代の党建設のための方向と目標を明確に指し示し、貫徹の堅持と厳格な実行を求めている。党の全面的な指導を堅持・強化し、党建設の質を絶えず高め、党がいつまでも時代の先頭を走り、人民に心から支持され、各種の波風の試練に耐え、活気盛んなマルクス主義与党にならなければならない。

規則に基づく党内統治を堅持する。党内法規制度の建設は全面的な厳しい党内統治の根本的な対策である。第18回党大会以来、習近平を核心とする党中央は規則に基づく党内統治を高度に重視し、全局性・重要性・統括性をそなえた党内法規を多く打ち出し、党内法規制度の建設を強化し、党内法規制度の建設を新たなレベルに引き上げた。最も根本的な党内法規である党規約をもって準則、条例、規定、方法、規則、細則を制定し、あわせて党内法規執行責任制を厳格に実行して党員・幹部へ党内法規執行の政治的責任を確実に負わせている。

党の政治建設を主導とすることを確立・健全化し、党の各方面を建設する体制・仕組みを全面的に推進する。党の政治建設を主導とし、党の政治建設を第一に置かねばならない。党の政治建設は党の指導的地位に関わり、全党の政治的安全に関わる。政治建設という党の根本的な建設が確実に実行されるか否かは党建設の前進方向を直接に決定する。

3）厳格な党内統治の発展

全面的で厳格な党内統治は永遠に道半ばである。問題志向を堅持し、戦略的不動心を保ち、全面的で厳格な党内統治のよりいっそうの発展を推進し、国家ガバナンス体系とその能力の現代化の推進のために強固な保障を提供しなければならない。

新時代における党の組織路線を堅持する。組織路線は党の組織活動の根本的な原則と方針である。正しい組織路線は政治路線の執行のための正しい組織保証を提供し、党の指導を堅持し、党の組織活動をしっかりと行い、新時代の党の組織路線を構成することからも、全面的で厳格な党内統治のいっそうの発展の推進に有利である。新時代における党の組織路線を党のあらゆる組織活動に貫き、党による幹部の管理、人材登用制度を絶えず健全化し、新時代の党建設の新しく偉大なるプロジェクトの推進のために高い資質をそなえた専門化した若手幹部を集めなくてはならない。

党内の政治生態を全面的に浄化する。全面的で厳格な党内統治を党内政治生活から取りかかり、党内政治生活を厳粛かつ真剣に展開させ、実事是求、理論と実践とのつながり、密接な大衆とのつながり、批判と自己批判、民主集中制、党の規律の厳正など党内政治生活の基本規範を全面的に徹底させなければならない。

全面的で厳格な党内統治の責任制度を整備・実行する。全面的な厳しい党内統治はスローガンではなく、しっかり地に足のついた行動である。全面的で厳格な党内統治の確実な実行を保証するには、制度によって全面的

で厳格な党内統治の実効を監督・検証しなければならない。『決定』は全面的な厳しい党内統治責任制度を整備・実行し、全面的な厳しい党内統治制度の厳粛性と権威性を効果的に維持すべきことを提起している。

註
1) 習近平. 小康社会の全面的達成の決戦に勝利し、新時代の中国の特色ある社会主義の偉大な勝利を勝ち取ろう：中国共産党第十九回全国代表大会における報告. 北京：人民出版社，2017：1.
2) 中共中央文献研究室. 十八大以来重要文献選編：下. 北京：中央文献出版社，2018：345.
3) 中国共産党規約. 北京：人民出版社，2017：1.
4) 習近平. 習近平 国政運営を語る（日本語版）：第１巻. 北京：外文出版社，2014：464.
5) 習近平. 小康社会の全面的達成の決戦に勝利し、新時代の中国の特色ある社会主義の偉大な勝利を勝ち取ろう：中国共産党第十九回全国代表大会における報告. 北京：人民出版社，2017：13.
6) 習近平. 在"不忘初心，牢記使命"主題教育工作会議上的講話. 求是，2019（13）.
7) 本書編纂グループ. 『中国の特色ある社会主義制度の堅持と整備、国家ガバナンスのシステムとガバナンス能力の現代化の推進における若干の重大な問題に関する中共中央の決定』：輔導読本. 北京：人民出版社，2019：7.
8) 「三厳三実」：（三厳）厳しく身を修め、厳しく権力を用い、厳しく自らを律し、（三実）切実に物事を成し、切実に創業し、切実に身を持つこと（訳者注）。
9) 「両学一做」：中国共産党の党章党規の学習、習近平の重要講話の精神の学習を通じて党員に適う行為言動を習得すること（訳者注）。
10) 習近平. 学習馬克思主義基本理論是共産党人的必修課. 求是，2019（22）.
11) 中共中央党史和文献研究室. 中央「不忘初心，牢記使命」主題教育領導小組弁公室 習近平関於「不忘初心，牢記使命」論述摘編. 北京：中央文献出版社，2019：226.
12) 本書編纂グループ. 『中国の特色ある社会主義制度の堅持と整備、国家ガバナンスのシステムとガバナンス能力の現代化の推進における若干の重大な問題に関する中共中央の決定』：輔導読本. 北京：人民出版社，2019：25.
13) 中央「不忘初心，牢記使命」主題教育領導小組発行『通知』認真学習党史，新中国史. 人民日報，2019-08-01（2）.
14) 本書編纂グループ. 『中国の特色ある社会主義制度の堅持と整備、国家ガバナンスのシステムとガバナンス能力の現代化の推進における若干の重大な問題に関する中共中央の決

定』：輔導読本. 北京：人民出版社，2019：7.
15）習近平. 小康社会の全面的達成の決戦に勝利し，新時代の中国の特色ある社会主義の偉大な勝利を勝ち取ろう：中国共産党第十九回全国代表大会における報告. 北京：人民出版社，2017：26.
16）本書編纂グループ．『中国の特色ある社会主義制度の堅持と整備、国家ガバナンスのシステムとガバナンス能力の現代化の推進における若干の重大な問題に関する中共中央の決定』：輔導読本. 北京：人民出版社，2019：7.
17）習近平. 牢記初心使命，推進自我革命. 求是，2019（15）.
18）習近平. 牢記初心使命，推進自我革命. 求是，2019（15）.
19）習近平. 在慶祝改革開放40周年大会上的講話. 北京：人民出版社，2018：11.
20）中国共産党規約. 北京：人民出版社，2017：10.
21）習近平. 在党的十九届一中全会上的講話. 求是，2018（1）.
22）中国共産党規約. 北京：人民出版社，2017：11.
23）習近平. 堅持歴史唯物主義不断開闢当代中国馬克思主義発展新境界. 求是，2020（2）：4-5.
24）「五位一体」の全体配置：経済建設、政治建設、文化建設、社会建設、エコ文明建設を含む中国の特色ある社会主義事業の全体配置（訳者注）。
25）「四つの全面」の戦略配置：社会主義現代化国家の全面的建設、改革の全面的深化、国家統治の全面的法治化、党内統治の全面的厳格化を含んだ中国の特色ある社会主義事業の戦略配置（訳者注）。
26）習近平. 習近平 国政運営を語る（日本語版）：第2巻. 北京：外文出版社，2018：212.
27）中共中央関於加強党的政治建設的意見. 北京：人民出版社，2019：2.
28）習近平. 小康社会の全面的達成の決戦に勝利し，新時代の中国の特色ある社会主義の偉大な勝利を勝ち取ろう：中国共産党第十九回全国代表大会における報告. 北京：人民出版社，2017：26.
29）「四つの意識」：政治意識、大局意識、核心意識、一致意識（訳者注）。
30）「四つの自信」：道、理論、制度、文化への自信（訳者注）。
31）「二つの擁護」：習近平の党中央での核心的地位、全党での核心的地位を擁護し、党中央の権威と集中・統一指導を擁護すること（訳者注）。
32）中共中央政治局召開民主生活会強調：樹牢"四個意識"堅定"四個自信"堅決做到"両個維護"勇于担当作為 以求真務実作風把党中央決策部署落到実処. 人民日報，2018-12-27（1）.
33）中共中央関於深化党和国家機構改革的決定. 北京：人民出版社，2018：20.

34) 中共中央関於深化党和国家機構改革的決定. 北京：人民出版社, 2018：20-21.
35) 習近平. 小康社会の全面的達成の決戦に勝利し、新時代の中国の特色ある社会主義の偉大な勝利を勝ち取ろう：中国共産党第十九回全国代表大会における報告. 北京：人民出版社, 2017：16.
36) 習近平. 在全国組織工作会議上的講話. 北京：人民出版社, 2018：12.
37) 中共中央文献研究室. 十八大以来重要文献選編：下. 北京：中央文献出版社, 2018：355.
38) 習近平. 小康社会の全面的達成の決戦に勝利し、新時代の中国の特色ある社会主義の偉大な勝利を勝ち取ろう：中国共産党第十九回全国代表大会における報告. 北京：人民出版社, 2017：2.
39) 本書編纂グループ. 『中国の特色ある社会主義制度の堅持と整備、国家ガバナンスのシステムとガバナンス能力の現代化の推進における若干の重大な問題に関する中共中央の決定』輔導読本. 北京：人民出版社, 2019：8.
40) 中国共産党地方委員会工作条例. 北京：人民出版社, 2016：1-2.
41) 中共中央文献研究室. 十八大以来重要文献選編：下. 北京：中央文献出版社, 2014：14.
42) 本書編纂グループ. 『中国の特色ある社会主義制度の堅持と整備、国家ガバナンスのシステムとガバナンス能力の現代化の推進における若干の重大な問題に関する中共中央の決定』輔導読本. 北京：人民出版社, 2019：8.
43) 中共中央関於深化党和国家機構改革的決定. 北京：人民出版社, 2018：4.
44) 習近平. 堅持歴史唯物主義不断開辟当代中国馬克思主義発展新境界. 求是, 2020（6）.
45) 習近平. 在全国組織工作会議上的講話. 北京：人民出版社, 2018：5.
46) 中共中央文献研究室. 十八大以来重要文献選編：下. 北京：中央文献出版社, 2014：5-6.
47) 中共中央文献研究室. 十八大以来重要文献選編：下. 北京：中央文献出版社, 2014：37.
48) 本書編纂グループ. 『中国の特色ある社会主義制度の堅持と整備、国家ガバナンスのシステムとガバナンス能力の現代化の推進における若干の重大な問題に関する中共中央の決定』輔導読本. 北京：人民出版社, 2019：9.
49)「四つの自己」：全党員が模範的な役割を発揮する上で重要な素質となる自己浄化、自己改善、自己革新、自己向上（訳者注）。

第2章
人民主体の制度体系と社会主義民主政治

党の第19期中央委員会第4回全体会議では「人民主体の制度体系を堅持・整備し、社会主義民主政治を発展させる」と明確に提起されたが、これはわが国の社会主義民主政治の本質を反映し、わが国の民主政治発展の論理に合致している。わが国は労働者階級が指導し、労農同盟を基礎とする人民民主独裁の社会主義国家であり、国家のあらゆる権力が人民に属する。国家制度と国家のガバナンスによりよく人民の意志を反映させ、人民の権益を保障し、人民の創造を奮い起こし、人民が法に基づき各種の手段と形式によって国家事務の管理・経済文化事業の管理・社会事務の管理を確実にするためには、人民の主体的地位を堅持し、中国の特色ある社会主義政治発展の道を揺るぎなく堅持し、民主制度を健全とし、民主形式を豊かとし、民主のチャンネルを広くし、「全過程の民主」を徹底して実行し、法に基づく民主的選挙・民主的協商・民主的政策決定・民主的管理・民主的監督を実施しなくてはならない。人民主権を実現し、人民の権益を守る面で中国の特色ある社会主義民主政治は広範で、真実で、有効である。社会主義民主政治の発展とは制度体系をもって人民主体を保証することである。

1．人民主体の制度体系が直面する情勢と挑戦

　政治制度の構築についていえば、世界にはまったく同一の制度モデルはなく、政治制度の設計は特定の経済的社会的条件と歴史文化的伝統と密接に関係している。中国の特色ある社会主義政治発展の道は、自身の経済・社会変革の上で漸進的発展・内的進化した結果であり、中国の歴史文化と伝統を伝承するだけでなく、また人類の政治文明の有益な成果を吸収・参考とし、明確な価値志向を有し、具体的な実現形式と信頼できる原動力である。

（1）人民主体の制度体系の内部論理

　人民主体の制度体系は、マルクス主義の基本原理と中国政治発展の現実との有機的結合の産物であり、近代以降の中国政治実践から得られた種々の経験と教訓の後に深く総括して得られた基本的な結論であり、中国人民と人類の政治制度史における偉大な創造である。

　近代中国が直面した歴史的課題の一つは、いかに自らの文化・伝統・国情に見合った政治制度を打ち立てるのかにあった。このために1840年以来、中国人民は長きにわたって艱難辛苦の模索を続けてきた。太平天国運動、洋務運動、戊戌の変法、清末新政などは成功することなく、立憲君主制、議会制、多党制、大統領制などの制度形式も試みられたが常に問題を解決する解答案を見出すには到っていない。創立よりこのかた中国共産党は中国人民の幸福を求め、中華民族の復興を自らの歴史的使命としてきた。新民主主義革命期、工農兵ソビエト、「三・三制」[1]の制度設計などは政治制度構築の実験的模索である。新中国が成立して以降、人民主体の制度体系の実践的探求に強固な基礎がそなわった。1949年9月に開催された中国人民政治協商会議では「中華人民共和国の国家政権は人民に属する。人民が国家政権を行使する機関は各級人民代表大会と各級人民政府である」と明確に言及している。1954年憲法の冒頭は「中華人民共和国は労働者階級が指導し、労農同盟を基礎とする人民民主国家である。中華人民共和国のあらゆる権力は人民に属する。人民が権力を行使する機関は全国人民代表大会と地方各級人民代表大会である」と規定する。人民大衆の根本利益を守るために、社会主義建設期から改革開放期に到るまで、そして中国の特色ある社会主義が新しい時代に入ってからも、わが党は一貫して人民主体の制度の実現と保障の模索を自らの重要な任務とし、あわせて実践の中で新しい成果を収め続けている。

　科学的な理論による偉大な実践を指導する。マルクス主義民主理論の科学性と実践性は人民主体の制度の探求の方向性を明らかとする。人民主体の制度体系はマルクス主義民主理論の実践における論理的展開である。

人民主体の制度体系は根本制度、基本制度と重要制度からなる制度構造だが、これらの制度にはレベルと領域があり、中核と支柱がある。国家制度と国家のガバナンス体系の「四梁八柱」において「大梁」と「大黒柱」の役割を果たす根本制度もあれば、社会主義民主政治の本質と原則を体現する基本制度もあり、さらには人民主体の各分野、各方面を体現する重要制度もある。人民民主専攻はわれわれの国体であり、人民代表大会制度はわが国の根本の政治制度であって、中国の特色ある社会主義の本質的特徴と国家の性格を体現し、中国の特色ある社会主義制度の中で決定的な役割を果たす制度である。

中国共産党の指導の下での多党合作と政治協商制度、民族区域自治制度、末端群衆自治制度はわが国の社会主義民主政治の本質的な規定を体現し、人民主体の各方面、各分野の基本原則と要求を規範化し、わが国の民主政治の発展に対して大きな影響を与えている。根本政治制度と基本政治制度を基礎とし、その上に例えば立法・監督・新型政党・協商民主制度などの重要制度が確立し、これらが人民主体の制度体系のトップレベルと連接することでわが国の政治生活のありとあらゆる方面へと降り、民主政治の建設に関わる党と国家の全体的な要求、目標と具体的な政策措置を詳細に実施し、中国の特色ある社会主義制度の優位性と国家のガバナンス体系の機能的役割が十分に発揮されている。

(2) 人民主体の制度体系が直面する情勢と挑戦

人民主体の制度体系の実践は、中国の特色ある社会主義民主の道が中国の伝統的政治の「再版」ではなく、西洋式民主の「複製版」でもなく、比較を繰り返し、長期的に探求し、実践によって検証してきた「原版」であることを明らかにしている。中国の道の成功は決して偶然の「奇跡」ではなく、歴史発展の規律の必然的かつ合理的な結果である。

中国の特色ある社会主義は新時代に入り、人民主体の制度体系は新たな

情勢に直面している。

　(1) 新たな歴史的位置。新時代は人民主体の制度体系を堅持し、整備する基本的位置である。新時代の人民主体の制度体系は中華民族が立ち上がり、豊かになり、強くなることへの偉大な歴史的過程に適応するが、新時代ではさらに一歩進んで自らの建設を強化し、さらに一歩進んで各方面の体制と仕組みを整備して健全化する必要がある。新時代の人民主体の制度体系は、社会主義民主政治の発展に関する党と国家の戦略設計を中心に、党と国家を中心とする活動に奉仕し、人民の日々増長する素晴らしい生活に対する需要を満たすものでなくてはならない。新時代の人民主体の制度体系は、自らの民主政治発展の道を揺るぎなく堅持し、世界発展の推進を希望し、また独立自主の維持を希望する国々と民族に多様な政治的選択を提供しなくてならない。

　(2) 新たな歴史的変化。人民主体の制度体系は新たな変化に積極的かつ能動的に適応しなければならない。社会の主要な矛盾の変化に対応し、人民を中心とする理念をより堅持し、民主・法治・公平・正義・安全・環境などの面で人民大衆のニーズをよりよく満たす必要がある。第18回党大会以降、深いレベルでの変革に適応し、政治制度の具体的な体制・仕組みの運営に対するこれらの歴史的変革の意義を深く把握しなければならない。全面的な厳しい党内統治で圧倒的な勝利を収めた現実に適応し、政治制度建設の視点から党が直面する重大なリスク・試練および党内に存在する突出した問題を考えなくてはならない。世界の大発展・大変革・大調整および不安定性・不確実性がより顕著になった現実に適応しながら、世界規模でのポピュリズムの勃興、西側民主政治の苦境および発展途上国における民主政治の多様性の実践が挫折したことを明晰に認識しなければならない。

　(3) 新たな歴史的課題。第18回党大会以来の重大な課題の一つは、新時代にどのような中国の特色ある社会主義を堅持・発展させるか、中国の特色ある社会主義をどのように堅持・発展させていくか、という点に理論

と実践の結合から体系的に回答することである。人民主体の制度体系はこの重大な課題をめぐって、新しい時代の条件と実践の要求を緊密に結合し、何を堅持し、何を強固にし、何を整備し、何を発展し、またどのように堅持するのか、どのように発展するのかという認識をまったく新たな視野によって深化させ、人民主体の制度体系の実践経験を体系的にまとめている。未来に向けた体制の仕組みとプログラムを健全とし、人民主体の理論空間、制度空間、実践空間をさらに進んで拡張しなければならない。

　民主的な政治制度は絶えず現実から提起される問題に対応する過程で次第に整備・発展されている。だが人民主体の制度体系は新時代においても多くの挑戦に直面している。

　(1) 外部環境から見た場合。グローバリゼーションは、それぞれの地域の発展や進歩に対するニーズを大いに満たしているが、リスクや潜在的な破壊力もまたもたらしてきた。人民主体の制度体系もグローバルリスク社会という大きな環境に直面しなければならず、不安定な予測に対応すると共に、多元的な利益の要求をどのように反映するかを考えなければならない。このほかにもインターネット、ビッグデータ、人工知能技術の発展は、既存の制度体系の実践操作のよりよい技術的支えをそなえるものの、現代の新技術をタイムリーで効果的に応用できるか否かはより緊迫した挑戦である。

　(2) 内部関係から見た場合。一つは「党性」と「人民性」の統一をどのように把握するかである。現代中国において「党性」と「人民性」は一致するものの、現実には「党のために語るのか、あるいは庶民のために語るのか」という論調が「党性」と「人民性」の統一性を分断してしまっている。党の指導者と幹部が畢竟「公僕」であるのか、それとも「主人」であるのかは「人民主体の地位」を堅持する上での試金石であり、社会主義民主政治を推しはかる物差しでもある。第二は、「定型」と「発展」の結びつきをどのように把握するかである。改革開放以来、われわれはさらに成

熟し、さらに定型化した制度システム面の形成・推進において著しい進展を遂げてきた。しかし制度の定着とはそれが二度と「発展」しないことを意味するのではない。成熟して定型となった制度にはすでに安定性、持続性があるばかりか、開放性、適応性を有している。新たな実践と時代のニーズに適応して発展する制度こそが成熟した制度である。第三は、「伝統」と「現代」のバランスをどのように把握するかである。現代中国の制度は自らの歴史文化と伝統の中から現代国家構築の過程の革命・建設・改革の実践を通じて発展が起こっている。いかに創造的転化、革新的発展を堅持し、時代の発展に順応し、文明間での相互の参照を実現し、制度革新の「伝統」と「現代」とのバランスを保っていくのかは、新時代における人民主体の制度体系の堅持・整備する上で要となる課題である。

(3) 時空間の次元から見た場合。人民主体の制度体系は、中国の特色ある社会主義制度と国家のガバナンス体系を体現するのと同時に、世界の多様性の政治発展の実践において人民主権の原則を体現する重要なモデルでもある。現代中国における民主政治の進歩はおりしもグローバリゼーションの進展に伴って特に目を引いており、全世界で起きている社会変革を反映するだけでなく、民主政治の発展における中国の独特な点を示している。時間の次元からいえば、人民主体の制度体系を堅持し、整備するためには、伝統と現代の関係の好ましい解決ばかりでなく、さらには自らの確立・発展・整備の歴史的脈絡と自身に対して絶えず問題を解決しなければならない。空間の次元からいえば、人民主体の制度体系を堅持し、整備するためには自らの現在の問題改善を絶えず推進するだけでなく、異なる地域や国の同質あるいは異質な制度システムとの競争的な関係をよく説明しなければならない。

(3) 現実に見合った人民主体の制度体系の堅持・整備

中国の特色ある社会主義の民主政治は絶えず発展し、進歩する制度シス

テムであり、強力な自己革新能力を持っている。人民主体の制度システムは党の本質的な属性を堅持し、党の根本理念を実践するための必然的な要求である。人民主体の制度システムの堅持・整備は唯物史観に合致し、時代の需要に合致し、実践の要求に合致している。

社会主義民主政治を発展させるためには、わが党の優位性と特徴を増加・拡大することが重要で、わが党の強みと特徴を弱体・縮小することではない。人民主体の制度システムの堅持・整備は、中国の特色ある社会主義制度をより成熟させ、規範化させ、持続させ、その本来の優位性と機能をより大きく発揮させるためである。制度システムによる人民主体を保証することは体系的なプロジェクトであり、重大な現実的課題でもある。われわれは社会主義の民主政治の制度化・規範化・手順化を絶えず推進し、中国の特色ある社会主義の政治制度の優位性をよりよく発揮し、国家の繁栄と人民の幸福のためにより完全な制度的保障を提供しなければならない。

2．人民代表大会制度の堅持・整備

わが国の根本的な政治制度として人民代表大会制度は、人民が国家権力の最終的な源であるという主旨を十分に体現している。人民主体を保障するためには、例えば自らの利益の要求、国家指導者の選出、国家機関の監督などのように人民代表大会を通じた人民による国家権力の行使や国家の政治生活への参加を支持・保証しなければならない。人民民主が十全か否か、広範か否か、健全か否かは、人民の権益が保障されているか、公権力が制約されているのか、あるいは制度の安定性の予測によって保障されているのか、それとも政策の段階的任務によって保障されているのか、そして憲法と法律がいかにしてさらに高いレベルで規範的に民主価値を反映し、民主発展を保障しているのかが重要なポイントである。新たな情勢の下で、われわれは揺るぐことなく人民代表大会制度を堅持すると共に、時代と共

に人民代表大会制度の整備を進めていかなければならない。

(1) 人民代表大会を介した国家権力の行使の支持と保障

　「各級人民代表大会が民主的選挙によって選出され、人民に対して責任を負い、人民によって監督されるよう保証し、各級の国家機関のすべてが人民代表大会によって選出され、人民代表大会に対して責任を負い、人民代表大会によって監督されることを保証する。人民代表大会と常務委員会が法に基づいて職権を行使するのを支持・保証し、人民代表大会が「一府一委両院」[2]に対する監督制度を健全化する」[3]。人民代表大会を通じて各レベル、各分野からの公民の秩序ある政治参加を拡大し、法に基づく全社会の成員の平等な参加、平等な発展の権利を保証しなければならない。社会情勢と民意の反映および意見を表明する手段を円滑とし、異なる利益の訴えを統一的に計画・配慮し、積極的な要素を引き出し、消極的な要素を取り除くことに堪能でなくてはならない。人民が権力を監督する方法を広げるのである。人民は至るところに存在する監督の力であり、人民に政府を監督させてこそ、政府は怠慢ではいられない。人々が責任を果たしてこそ、優れた人が亡くなっても政治は止むことはない。

(2) 人民代表大会と常務委員会による職権行使の支持と保障

　「国は常に強きは無く、常に弱さも無し。法を奉ずる者強ければ、則ち国強く、法を奉ずる者弱ければ、則ち国弱し」というように法律体系は時代と実践と共に発展し続けなければならない。立法に関しては問題の方向性を堅持し、立法の妥当性・適時性・系統性・操作性を高めなければならない。立法の質を向上させる鍵を把握し、立法過程への人民大衆の参加をさらに多く促進・吸収し、人民の意思と利益を十分に顕現し、科学的な立法、民主的な立法をさらに促進し、立法体制と手続きを整備し、あらゆる立法が憲法の精神に合致し、人民の願いを反映し、人民に支持されるよう

に努力すべきである。

　法律の施行に関しては各級の国家行政機関・監察機関・審判機関・検察機関は必ず法律施行の法定職責を担い、有法不依（法があっても守らない）、執法不厳（法の施行が厳しくない）、違法不究（違法行為の追及が不十分）などの現象を断固として是正し、以権謀私（職権を利用して私的利益をはかる）、以権圧法（職権を利用して法を抑える）、徇私枉法（法を悪用して、私利私欲に走る）などの問題を断固として懲らしめ、大衆の合法的権益の侵害を厳しく禁じなければならない。

　法律監督に関する人民代表大会制度の重要原則と制度設計の基本要求とは、いかなる国家機関とそれに従事する人々の権力も制約と監督を受けなければならない、ということである。各級人民代表大会とその常務委員会は憲法と法律によって与えられるところの監督の職責を担い、国家法制の統一・尊厳・権威を守り、監督を強化し、法律と法規の効果的な実施を確実に保証しなければならない。地方人民代表大会とその常務委員会は法に基づいて憲法と法律、本行政区域における行政法規と上級人民代表大会およびその常務委員会による決議の遵守と執行を保証しなければならない。党紀監督、行政監察、会計検査監督、司法監督および国家機関内の各種形態の規律監督を強化しなければならない。人民が権力を監督するルートを広げ、公民はいかなる国家機関とこれに携わる人々に対して批判や提案する権利があり、いかなる国家機関とこれに携わる人々の違法・職務怠慢行為に対し関係する国家機関に申し立て、告発あるいは摘発する権利を有する。申し立て・告発・摘発のシステムを健全とし、検察の監督を強化する必要がある。権利を有することは必ず責任を伴うが、権利の行使とは監督を受けることであり、権利を侵害された際には賠償を必要とし、違法があれば必ず追及されることを確実に完遂しなければならない。

(3) 人民代表大会代表と人民大衆とのつながり

　人民代表大会制度が強大な生命力と顕著な優位性をそなえているのは、それが人民の中に深く根ざしているためである。わが国の国名とわれわれの各級の国家機関の名称にはすべて「人民」の称号を冠しているが、このことはわれわれの中国の社会主義政権に対する基本的な位置付けである。中国における各級の人民代表大会の代表約260万人は人民の利益と意志を忠実に代表し、法に基づいて国家権力の行使に参加しなくてはならない。各級の国家機関とそのスタッフはどのような業務をしようとも、あくまでも人民のために奉仕しなければならない。各級の国家機関が人民代表大会の代表とのつながりを強め、人民大衆とのつながりをより強めることは、人民代表大会制度を実行する上での内在的要求であり、人民が自ら選挙した代表への委任に対する基本的要求である。

(4) 人民代表大会制度の建設の強化

　新たな情勢と任務は各級の人民代表大会およびその常務委員会の活動に対して、より高い要求を提起する。総括・継承・整備・向上の原則に則って人民代表大会制度の理論と実践の革新を推進し、人民代表大会の活動レベルの向上を推進すべきである。各級の人民代表大会とその常務委員会は正確な政治方向を堅持し、人民を代表して国家を管理する権力行使の政治的責任感を高め、憲法と法律が付与するところの職責を履行しなければならない。

　わが国のような悠久の歴史と文化伝統を持つ国家において人民主体の新しい政治制度が確立したことは、政治の発展史上画期的な意義を有している。「人民代表大会制度は中国の特色ある社会主義制度の重要な構成部分であり、中国の国家のガバナンス体系とその能力を支える根本の政治制度でもある」[4]。わが国の根本的な政治制度として人民代表大会制度は人民と国家の関係、公民と国家の関係、民族間の関係と国家政権の構成、国家

構造の形式、国家機関間の関係、国家機関が遂行する共通の原則および国家政権における中国共産党の地位などの重大な問題を明確にしている。人民代表大会制度が調整する政治関係とは根本を管轄し、全局を管轄し、長期にわたる管轄である。人民代表大会制度とは党が有効に全面的な指導を実施する主要な手段と制度の担い手であり、人民主体の根本的な手段と最高形態であり、法に基づく国家統治を全面的に推進するための力の源泉と基礎的なプラットフォームである。

3．中国共産党の指導による多党合作と政治協商制度

新型政党制度はわが国の基本的な政治制度として現代中国の実情に合致するばかりでなく、中華民族が一貫して提唱している天下為公（天下は公のものである）、兼容并蓄（内容が異なり性質の相反するものでもすべて受け入れる）、求同存異（共通点を求めて相異点を保留する）などの優れた伝統文化にも合致し、人類の政治文明に大いに貢献している。中国の新型政党制度はマルクス主義政党理論と中国の実情とが互いに結合した産物であり、最も幅広い人民の根本的利益、全国の各族各界の根本的利益を真実に、広範に、長期に代表・実現でき、少数の人民、少数の利益集団を代表する旧式の政党制度の弊害を効果的に回避する点が新しい。各政党と無党派人士を緊密に団結させ、共通目標のために奮闘を促し、一政党による監督の欠如や複数の政党による政権のたらいまわし、悪質な競争といったデメリットを効果的に回避する点が新しい。制度化・手順化・規範化の配置を通じて各種の意見と提案を集め、政策決定の科学化と民主化を推進し、党派の利益・階級の利益・地域と集団の利益にとらわれて政策を決定し、社会を分裂させる旧式の政党制度の弊害を効果的に回避する点も新しい。

わが国の基本的な政治制度として中国共産党の指導による多党合作と政治協商制度は、中国共産党と中国人民の偉大な政治的創造であり、中国の

社会的土壌から育った新型政党制度であり、わが国の現状に適応した政党制度のモデルであり、世界の政党モデルの多様性を豊かとしている。この新型の政党制度は長期性・安定性と巨大な包容性、凝集力をそなえており、長期にわたって堅持し、絶えず発展させていかなければならない。新時代にわれわれは中国共産党の指導による多党合作と政治協商制度をより明確に堅持し、整備すべきである。

(1) 中国共産党による集中・統一指導の堅持

　中国共産党の指導は、各民主党派・各団体・各民族・各階層・各界の人々を包摂する全中国人民の共通の選択である。今世界はまさに100年に一度の未曾有の大きな変局を経験し、わが国はまさに中華民族の偉大なる復興を実現する上で重要な時期にある。多党合作の初心を忘れることなく、中国共産党が各民主党派や無党派層の人々と共に前進し、試練に耐えてきた成功の実践の中から中国共産党の指導による多党合作と政治協商制度の優位性を深く認識しなくてはならない。

(2) 相互監督制度の健全化

　中国共産党と民主党派の相互監督は多党合作の重要な制度的配置である。中国共産党は指導と執政の立場にあるために、自覚的に監督を受け入れることがよりいっそう必要である。制度面から民主監督を保障・整備し、相互監督、特に中国共産党が自覚的に監督を受け入れ、重大な政策的布石の実行状況に対する特別監督などの仕組みを健全化しなければならない。2016年から中国共産党中央の委託を受け、各民主党派中央が貧困脱却堅塁攻略の任務の重い8つの中西部省区に対し、民主的監督活動を継続的に展開させたことは、真の民主的監督における責任実行・政策実行・活動実行の過程を押し進めさせたものといえる。

(3) 政党協商の確立と健全化

政党協商は社会主義協商民主の重要な構成部分と重要なルートであり、国家のガバナンス体系とその能力の現代化を実現する重要な手段である。会議協商・事情聴取協商・書面協商などの政党協商の形式を整備し、実施の手順と活動の流れを細分化する必要がある。また協商に先立って党委員会と政府の関係部門は民主党派と無党派の人々へ関連状況を通達する。協商中は討論と交流のプラットフォームと機会を増やすことで、相互交流と相談をはかるべきである。協商後は意見や提案を真摯に検討し、タイムリーに状況をフィードバックする。これと同時に、調査研究報告や提案などの形式で中国共産党中央へ直接に意見し、建議の提出を含んだ民主党派中央による中国共産党中央へのストレートな建議提出の制度の整備をさらに推し進めるべきである。民主党派中央の責任者の個人名義でもって、中国共産党中央と国務院へ直に状況を反映させる建議の提出などを行い、共通認識をよりいっそう凝集し、発展を推進させるのである。

(4) 政協委員による職責履行制度の保障

各級の党委員会（党組）は知政知情（政治と情勢を知る）のプラットフォームを構築し、党政部門による重大な問題をめぐる報告会の定期開催制度や仕組みを確立すべきである。政府の関連部門・司法機関は民主党派との連携をさらに密とし、状況に応じて民主党派の関連会議への出席、特別調査研究および検査・監督の業務に参加を招請しなくてはならない。民主党党派が提出した意見・批評・建議を心から歓迎し、深く率直な協議を通じて共通認識を生み、方法を生み、友誼を生み、団結を生まなくてはならない。民主党派による政治参画とこれを論じるハイレベルな人材の育成と協商能力の向上を支持しなくてはならない。民主党派による問題の分析・問題解決の能力と議政建言のレベル向上に協力をしなくてはならない。

(5) 執政党建設と参政党建設との相互促進

　社会主義民主政治の発展には、中国共産党が自らの建設を強化しなければならず、民主党派も自らの建設を強化しなければならない。その一方で、中国共産党は執政党として勇敢な自己革命の精神で自らを鍛え上げ、党をより強固で強くしなければならない。かたや民主党派は参政党として中国共産党の「よき参謀、よき片腕、よき同僚」として、広範な成員を中国共産党と中国の特色ある社会主義に対する一体感を促進するように導かなければならない。指導者グループの建設を強化し、代表陣営の建設を推進し、組織発展の質を高めなければならない。民主党派自身の人材・知力の優位性と各界の特色を発揮し、政治への参画、政治への議論、民主的監督、中国共産党が指導する政治協商に参加する能力向上に注力しなければならない。制度の建設、議事の規則と政策決定の手続きの設置を整備しながら、民主党派自らの特徴、系統の規範化、効果的運営にふさわしい制度システムを構築しなくてはならない。

(6) 人民政治協商会議の優位性

　人民政治協商会議は、中国共産党の指導による多党合作と政治協商の重要な機構であり、わが国の新型政党制度を実行するための重要な政治形式と組織形式であり、制度を健全とし、担い手を豊かとし、方法を革新し、わが国の新型政党制度の優位性を展開すべきである。協商民主の重要な手段と専門協商機構としての人民政治協商会議の役割をよりいっそう発揮し、多様な協商を深く展開し、完備した制度・手続きと全面的な実践への参与を成すのである。民主の発揚と団結との相互貫通の増進、国務補佐への提案とコンセンサスの凝集、双方が発力する手続き・仕組みを健全化するわけである。社会主義協商民主制度を健全化し、政党協商・人民代表大会協商・政府協商・政協協商・人民団体協商・末端協商および社会組織協商を統一的に推進し、手続きが合理的で段階が完備された協商民主体系を構築

し、政策決定の実行前と実行中の協商の実行システムを完備し、何事もよく相談し、みんなのことはみんなで相談するという制度の実践を充実させるのである。

(7) 愛国統一戦線の堅持・発展

　党の指導、武装闘争、統一戦線は民主革命時期における中国共産党員の三大法宝（三つの武器）である。中国の特色ある社会主義が新時代に入ってもなお同様に広範な愛国統一戦線を堅持・強固とし、社会主義の現代化の建設事業の発展を促進しなければならない。「大統一戦線の活動の枠組みを堅持し、一貫性と多様性の統一を堅持し、同盟者の利益に配慮する政策を完備とし、民族活動と宗教活動を充実させ、党外代表者の陣営の建設制度を健全とし、香港・澳門同胞、台湾同胞、海外同胞の力を結集し、最大公約数とするところをはかり求め、最大の同心円を描き、政党関係、民族関係、宗教関係、階層関係、海内外同胞関係の調和を促進する」[5]。大統一戦線の活動の枠組みを堅持するためには既存の基礎の上により広範な愛国統一戦線を発展させ、団結できる一切の力を結集して、威風堂々とした社会主義の現代化建設の大軍を組織し、中華民族の偉大なる復興のために共同奮闘しなければならない。一貫性と多様性の統一を堅持し、すべての社会主義の建設者と愛国者を中華民族の偉大なる復興の旗印の下に団結させ、社会主義の現代化という壮大な目標の実現のために共同奮闘しなければならない。

4．民族区域自治制度の堅持・整備

　わが国は統一的多民族国家である。中華民族の多元一体は先人たちが残してくれた豊かな遺産であり、わが国の発展の巨大な優勢でもある。わが国の5000年余りの文明の発展史において、各民族は共に中国の果てしな

く広い国土を開拓し、共に悠久の中国史を記し、共に燦爛たる中華文化を創造し、共に偉大な中華民族精神を培ってきた。わが党はマルクス主義民族理論と中国民族問題の具体的な現実の結合を堅持し、民族区域自治制度を創造的に制定し、絶えず整備している。現在、中国には5自治区、30の自治州、120の自治県（旗）があり、1100近くの民族郷が民族区域自治の重要な補完形態として存在する。実践が証明するように、民族区域自治制度はわが国の国情に合致し、国家統一、領土保全の維持、民族の平等な団結の強化、民族区域の発展の促進、中華民族の凝集力の強化などの面で重要な役割を果たしている。

新たな歴史的条件の下で、われわれは民族区域自治制度の歴史的必然性に対する認識を深め、民族区域自治制度を堅持・整備する思想的自覚と行動的自覚を絶えず向上させる必要がある。民族区域自治制度の堅持と整備は中国の特色ある社会主義制度の強固と発展に関わり、全国の各民族人民の根本的利益に関わり、社会主義中国の長期にわたる社会の安定に関わる。民族の区域自治制度の堅持と整備には統一と自治の結合、民族的要素と地域的要素の結合の堅持が鍵となる。

(1) 中国の民族問題を解決するには

各民族が一律に平等であることを堅持し、各民族が共に団結して奮闘し、共に繁栄・発展することを堅持し、民族自治区の法に基づく自治権の行使を保証し、少数民族の合法的権益を保障し、平等・団結・共助・調和の社会主義民族関係を強固として発展させなければならない。中国共産党の指導を堅持する下で中国の特色ある社会主義路線を堅持し、祖国統一の擁護を堅持し、各民族の一律の平等を堅持し、民族区域自治制度を堅持・整備し、各民族が共に団結・奮闘し、共に繁栄・発展することを堅持し、中華民族共同体の思想的基盤を堅固とし、法に基づく国家統治を堅持し、各民族の往来・交流・融和を強化し、各民族の親睦・友好、同心協力、調和の

取れた発展を促進し、平等・団結・互助・調和の取れた社会主義の民族関係を強固・発展させ、中華民族の偉大な復興を共に実現するのである。

(2) 中華民族共同体の思想基礎を強固とする

　民族の団結と進歩の創設を全面的に深く持続して展開し、各民族の往来・交流・融和を強化する。中華民族共同体意識を固く確立してこそ、各民族間の往来・交流・融和は絶えず強化され、各民族がザクロの実の如く結びつくことが促進され、中華民族をより強い包容性、より大きな凝集力の運命共同体へと向かうことを推し進められる。社会主義の核心価値観の教育を強化し、マルクス主義民族観、党の民族政策、民族区域自治制度の教育を強化し、全国の各民族人民が国家統一を守り、国家発展を推進する栄光ある歴史教育を強化し、各民族の大衆が国家・民族・文化・制度に対するアイデンティティを絶えず強化し、各民族の人民に民族の団結、民族分裂に反対する思想的自覚を増強・強化させる。差異を尊重し、多様性を包容し、各民族に中華民族の大家族の中で兄弟のように親しみ合い、互いに助け合うようにさせなければならない。民族区域自治法を全面的かつ徹底して実行し、民族活動の法律・法規システムを健全なものとし、民族的要素に関わる事件を法に基づいて適切に処理し、各民族の公民に平等な権利の享受と平等な義務の履行を保証し、民族事務のガバナンスが法治の軌道の上で運営されることを確保しなくてはならない。各種の浸透・転覆・破壊活動、暴力テロ活動、民族分裂活動、極端な宗教活動に対しては厳重に防止し、断固として打撃を加えなければならない。

(3) 民族区域の発展と大衆生活の向上

　民族区域の経済・社会発展を加速するための支援は、党と国家の基本方針である。民族の団結と進歩事業を基礎的な事業としてしっかりとつかみ、小康社会の全面的完成という目標をしっかりと中心にして各民族の大衆の

新たな期待に応え、改革開放を深化させ、広範な幹部・大衆の積極性を引き出し、市場の活力と社会全体の革新・創造の情熱を奮い立たせなければならない。民族区域の特殊な優位性を発揮し、各方面の支援の力を強化し、自己の発展能力を高めて発展の潜在力を発揮しなければならない。社会事業を発展させ、民生の改善をよりいっそう重視し、公平と正義を促進しなければならない。民族文化の伝承と発揚に力を込めて民族区域の発展のために強い精神の原動力を提供しなくてはならない。生態環境の保護を強化し、持続的な発展能力を高めなければならない。政策の動力と内より生まれる潜在力を有機的に結びつけ、中央・先進区域・民族区域の三つの積極性を巧みに発揮し、辺境区域・貧困区域・生態保護区に対して異なった地域政策を実施し、財政移転給付と対口支援体制・仕組みを最適化し、民族区域と人口の少ない民族の発展促進、辺境区域の振興と富裕化に向けた活動地域の活性化をよく実施して少数民族と民族区域の発展を巧みに計画すべきである。民生に密着して発展を強化し、就業と教育に重点的に力を入れなければならない。資源の優位性を発揮し、地元への恩恵と生態系の保護に重点的に力を入れなければならない。貧困扶助開発をしっかりと行い、困窮地域と困窮グループの脱貧困に重点的に力を入れなければならない。辺境の建設を強化し、インフラ整備と対外開放に重点的に力を入れなければならない。

　「民族区域自治制度はわが国の基本的な政治制度の一つであり、中国の特色ある民族問題を解決するための正しい道の重要な内容と制度的保障である」[6]。民族区域自治制度は中国各民族の人民の共通利益と発展の要求に合致し、わが国の歴史的発展、文化的特徴、民族関係と民族分布などの具体的状況を根拠につくられ設定された制度・配置である。それは単一制の国家形式を実行して国家統一を維持するだけでなく、少数民族が集まる地域に自治を実行して民族の平等な関係を効果的に対処するものである。

5．末端大衆自治制度の整備

　末端大衆自治制度とは、党の指導の下で人民大衆が憲法と法律に基づき、農村・村レベル、都市社区の公共事務と公益事業に対して主体となる民主的権利を直接行使し、末端大衆の自己管理・自己教育・自己サービス・自己監督を実現する一連の法律・規範・手続きを指す。末端大衆自治制度は新中国の発展過程に伴って成長してきた基本的な政治制度であり、わが国の政治制度システムにおいて極めて独特な役割を有している。

(1) 党による指導を末端大衆自治に貫徹する

　民主選挙において末端の党組織は選挙の方向性を把握し、宣伝活動をしっかりと行い、末端大衆自治組織を選挙するための各種準備活動を真剣に行わなければならない。末端党組織の成員は合法的な手続きを経て民主的な選挙機構に入ることから、彼らが選挙機構の活動を主宰すべきである。また都市・農村社区党組織の書記は法定の手続きを経て村（居）委員会の主任に就任されるべきであり、村（居）の「両委班子」[7]が「交叉任職（兼職）」をする必要がある。民主的政策決定において末端党組織は末端大衆自治組織、集団経済組織あるいは企業組織と共に大衆を積極的に組織して民主的政策決定へ参加させなければならない。末端となる重大な事項、重要な割りふり、重要な活動については末端党組織が研究・討論した上で村（居）民会議・村（居）民代表会議が法律と関係規定に則って決定を成さねばならない。民主的な管理・監督の中で末端自治組織の監督委員会は党員と大衆を巧みに組織して民主的な政策決定事項の実施状況を監督し、党の農村末端組織は党組織が指導する自治・法治・徳治が結合した農村のガバナンス体系を健全化しながら、都市社区党建設の指導の下で社区住民委員会・不動産所有権者委員会・不動産管理企業の協調運営メカニズムを確立し、住民参加の熱意を十分に引き出し、社区のガバナンスに力を

合わせなければならない。

(2) 末端民主の制度化・規範化・手続き化の推進

末端は民主政治の発祥地とモデルケースであり、具体的な体制・仕組み、プロセス・技術を革新・整備することで原則から実践へと進むことができ、人民大衆が末端自治の実践で主人公となることを確保できる。例えば公開・公正・公平な人材の選択・採用制度とメカニズムの健全化、民主的な選挙の着実な実施の確立、議事協商政策決定制度とメカニズムの健全化、民主的な政策決定と民主的な協商の着実な実行の確立、村務公開、民主評議、問責制度とメカニズムの健全化、民主的管理、民主的監督の着実な実行の確立である。末端大衆自治においては大衆が形式の上で権利を有しながらも、実際には権利を有さないという現象をしっかりと防止しなくてはならない。規範化に大きな力を入れて推進し、法定事項をみだりに変えることなく、規定の手順をみだりに減じることなく、煩わしさを厭わず、取り繕うことをしてはならない。参加の方法とルートを革新し、「走出去（村を離れる）」・「留下来（村に留まる）」の村民の自治組織と集団経済組織における権利と権益とに十分な配慮を示す。インターネット時代の新たな情勢に順応し、ネットワーク技術を運用して末端大衆の自治実践への奉仕に長けなけなければならない。実践の中で生じる問題、例えば村（居）民選出委員会の選出手続き、村（居）民委員会成員の罷免手続き、新旧グループの引継ぎの手続き、村（居）民会議から村（居）民代表会議への権限委譲の手続き、幹部に対する民主評議の手続きなどには絶えず経験を総括しながら新たな解決策と対策を講じなければならない。

(3) 企業や公的機関における労働者階級の民主的管理制度の重視と労働者の合法的権益の保護

企業の民主的な管理は、労働者階級が主人公であるのを最も直接に反映

する。実践の探求において、労働者代表大会を基本形式とする企業・事業単位の民主的管理制度を健全とするには、労働者の身近な利益に関わる重大な問題を必ず労働者代表大会によって審議させなければならない。非公有制企業の労働者の民主的管理制度を確立・健全化し、調和・安定した労働関係の形成を推進しなければならない。企業の労働者が管理に参与する効果的な方式を模索し、企業における民主的な管理の各種制度の効果的なつながりや、企業における民主的な管理制度と企業の管理制度の効果的な結合に注目しながら、企業内の民主的管理制度の効能を絶えず高めていく必要がある。

　民主政治の建設とは、例えば経済発展・文化観念・制度設計・創造的精神などの要素によって左右される。しかし最も直接で、最も基礎となるのは、それらが活力に満ちた末端大衆の参加と活動ということである。末端党組織が指導する末端大衆自治メカニズムを健全とし、人民の民主的権利の享有と実施を確保する。関連法律・法規の建設を整備し、末端大衆自治の操作性を高める。実践運営で末端大衆自治の制度化レベルを高くし、基層選挙・議事・公開・報告・問責などの民主的ルートを円滑にし、末端自治メカニズムを健全とし、人民の法に基づく民主的権利の直接行使を十分に保障すると共に、大衆自治を制度化の軌道に乗せるように積極的に誘導するのである。

註
1)「三・三制」：中国共産党が 1940 年から解放区において抗日戦対応のために採用した各級政権機関の組織原則（訳者注）。
2)「一府一委両院」：一府は人民政府を、一委は監察委員会を、両院は人民検察院・人民法院を指す（訳者注）。
3) 中国の特色ある社会主義制度の堅持と整備、国家ガバナンスのシステムとガバナンス能力の現代化の推進における若干の重大な問題に関する中共中央の決定. 人民日報. 2019-11-06 (1).

4) 中共中央文献研究室. 十八大以来重要文献選編：中. 北京：中央文献出版社. 2016：56.
5) 中国の特色ある社会主義制度の堅持と整備、国家ガバナンスのシステムとガバナンス能力の現代化の推進における若干の重大な問題に関する中共中央の決定. 人民日報. 2019-11-06（1）.
6) 中共中央文献研究室. 習近平関於社会主義政治建設論述摘編. 北京：人民出版社. 2017：150-151.
7) 「両委班子」：党支部委員会、村民委員会のチーム（訳者注）。

第3章

中国の特色ある社会主義法治体系の堅持と法治中国の建設

『決定』は新時代での全面的な法に基づく国家統治が直面する新たな情勢と挑戦に対する深い分析から、次の段階における中国の特色ある社会主義法治体系を堅持・整備するための全体の青写真・路線図・施工図を明示している。これは社会主義法治をよき法律・よき統治の新境地へと導く強力な思想的武器と科学的行動の指針である。

1．新時代における法治中国の建設をめぐる情勢と挑戦

まさに今世界は100年に一度の未曾有の大きな変局を迎えており、わが国は中華民族の偉大なる復興を実現するための重要な時期にある。国際・国内情勢の深い変革は法治中国建設に得難い新たなチャンスを提供すると共に、これまでにない新たな挑戦もまたもたらしている。

(1) 社会矛盾の歴史的変化

中国社会の主要な矛盾の歴史的変化に伴い、人民の日増しに増大する素晴らしい生活へのニーズはより高いレベルの民主法治、権利の自由への希求へと転化しており、より高いレベルのよき法律・よき統治を呼びかけている。『決定』は人権・法治の保障を強化し、人民が法に基づいて幅広い権利と自由を享受することを保証し、労働者大衆の知る権利・参加権・表現権・監督権を保障し、法に基づいて個人情報を保護し、誰もが責任を持ち、誰もが責任を果たし、誰もが共有できる社会ガバナンス共同体の建設などといった一連の理念と措置を打ち出している。

(2) 経済発展形態の転換

法治によって基礎を固め、期待を落ちつかせて利益を長期にわたらせる役割を十分に発揮し、経済の持続的かつ健全な発展を力強く保障すること

は、中国の特色ある社会主義法治の基本的機能と位置付けられている。現在、わが国の経済は高速成長から質の高い発展に向けて急ピッチで安定しながら突き進み、また活力と競争力に富んだ現代化の経済システムに向けて歩んでおり、法治建設に対して一連の新たな任務と要求を提起している。『決定』では公平を原則とする財産権保護制度の健全化、各種の所有制主体の法に基づく平等な資源利用、公開・公平・公正な競争参加、平等に法律で保護された市場環境などの政策措置を打ち出している。

(3) 新たな科学技術革命の誕生

新たな科学技術革命は、これまでの幾度の科学技術革命をはるかに上回る転覆力でもって人類の生産のあり方、生活のあり方、交流のあり方を変え、法治の生態環境、運営モデル、作用形態を書き換えている。新たな科学技術革命の荒れ狂う来襲に対応して、『決定』はインターネット、ビッグデータ、人工知能などの技術手段を健全活用して行政管理を行う制度規則の進行、科学技術倫理ガバナンス体制の健全化、健全なインターネットの総合ガバナンス体系の確立、科学技術が支える社会ガバナンス体系の完備などといった一連の理念と措置を打ち出している。

(4) 法に基づく国家統治の新段階

新時代の全面的な法に基づく国家統治はすでにシステムの推進・攻堅克難・提質増効という新たな段階に入っており、大きな境界、大きな枠組みによって大きな青写真、大きな思考、大きな戦略を深く計画し、社会主義法治の優位性を十分に発揮させる必要に差し迫られている。国家ガバナンスにおける法治建設の使命は、経済・社会の発展に奉仕することだけでなく、より重要なのは、国家のガバナンス体系とその能力の現代化を推進し、国家の核心的競争力を高めることである。これらの新たな使命と要求に直面して『決定』は立法の質と効率の向上、社会の公平・正義・法治を保障

する制度の健全化、法律実施に対する監督の強化、全人民が社会主義法治の忠実な崇拝者、自覚的な遵守者、断固とした守護者となるように導く一連の理念と措置を打ち出している。

(5) 開放された枠組みの形成

現在、中国はより広い範囲、より広い分野、より深いレベルでの全面的な開放を実施しており、これらはグローバル構造とグローバルシステムに深く埋め込まれている。中国と世界との関係の新たな変化に直面し、中国の法治建設はグローバルな視野、開放的な思考を確立している。全方位的な対外開放の新たな枠組みに適応した対外法治活動体系を構築してこそ、国家主権・安全・発展利益の維持という重責をよりよく担うことができる。『決定』は外国関連法治業務を強化し、外国関連業務の法務制度を確立し、国際法の研究と運用を強化し、外国関連経済貿易の法律と規則体系の整備を明確に提起している。

(6) 世界法治の枠組みの変革

現在、世界法治の発展は多元的な競争、反復的な更新の大変革の時期にある。中国法治は世界法治の高みを占める必要に差し迫られており、国際的な法治における発言権を大幅に高め、世界法治の発展のために中国の知恵、中国の方案の提供が切迫して求められている。現在、グローバルガバナンス体系構造の深刻な変革に伴って、国際法治の主導権競争はより激烈化し、各国は次々と国際ルールの制定権、国際組織の主導権、国際法律サービス市場の占有権を奪い合っている。そのためにはわれわれがグローバルな視野を持ち、国際ルールに精通したハイレベルな渉外の法治人材の育成を加速し、国際的な影響力を持つ司法・仲裁機構の建設を加速し、法律サービスの海外進出戦略の推進を加速し、国際法治の高みを占領するための努力が求められている。国際法治人材育成と推薦業務に力を入れ、よ

り多くの優秀な人材を国際組織、特に国際仲裁機構・国際司法機構のポストに就け、国際組織により多くの中国の顔、中国の声、中国の要素を持たせる。『決定』は国際ガバナンスの角度からグローバルガバナンス体系の改革と建設に積極的に参与し、より公正で合理的な国際ガバナンス体系の構築の推進という目標任務を提起している。

２．中国の特色ある社会主義法治体系の堅持・整備

全面的な法に基づく国家統治は国家ガバナンスの深い革命であり、中国の特色ある社会主義法体系の構築は国家制度建設の偉大なプロジェクトである。『決定』は中国の特色ある社会主義法治の道を揺るぎなく歩み、法に基づく国家統治の全面的を推進し、法に基づく国家統治、法に基づく執政、法に基づく行政の共同推進を全面的に推し進め、法治国家、法治政府、法治社会の一体した建設を堅持し、完備した法律規範システム、効率的な法治実施システム、厳密な法治監督システム、力強い法治保障システムの形成を加速し、充実した党内法規システムの形成を加速し、科学的な立法、厳格な法執行、公正な司法、全人民による法律の遵守を全面的に推進し、法治中国の建設を推進するよう述べている。これは中国の特色ある社会主義法体系を堅持・整備するための正しい方向と科学的思考を明確とするものである。

（1）中国の特色ある社会主義法治の道を堅持する

中国の特色ある社会主義法治の道は、社会主義法治建設の成果と経験の集中的な体現であり、社会主義法治国家を建設する唯一の正しい道である。第18回党大会以降、習近平を核心とする党中央委員会は、全面的な法に基づく国家統治を「四つの全面」の戦略配置に組み込み、中国の特色ある社会主義法治の道を堅持・拡大し、法治中国の建設に新たな一章を綴って

いる。新しい歴史の出発点の上に中国の特色ある社会主義法体系を堅持・整備するには党の指導、人民主体、法に基づく国家統治の有機的統一を堅持し、中国の特色ある社会主義法体系の建設と国家のガバナンス体系とその能力の現代化との効果的な結合の推進を堅持し、システム改革と現代科学技術の運用との深い融合を堅持し、中国の特色ある社会主義法治の道の内面をより豊かとし、特色をより鮮明とし、優位性をより浮き彫りとしなくてはならない[1]。

(2) 法に基づく国家統治・執政・行政と法治国家・政府・社会の三位一体建設の堅持

　中国法治の版図構造の中で法に基づく国家統治、法に基づく執政、法に基づく行政は三つの要となるポイントであり、法治国家、法治政府、法治社会は三つの重点的構成単位となっている。法治中国の建設を推進する過程の中で要となるポイントのいずれかが顕著に停滞しても、重点的構成単位のいずれかが手薄となっても、法治建設の質とスピードに深刻な影響を及ぼしてしまう。習近平は全面的な法に基づく国家統治は系統立ったプロジェクトであり、多方面の配慮の統一、重点の把握、全体計画を必要とし、さらに系統性、全体性、協同性の重視を指摘している。

(3) 中国の特色ある法治体系の内容とその形成

　法律規範体系、法治実施体系、法治監督体系、法治保障体系、党内法規体系は中国の特色ある社会主義法治体系の主体となる内容であり、この五つの体系の形成を加速することは、中国の特色ある社会主義法治体系の整備という命題の中にあるべき意義である。第一に、完全な法律規範体系の形成を加速させること。第二に、高効率な法治実施体系の形成を加速させること。第三に、厳密な法治監督体系の形成を加速させること。第四に、強力な法治保障体系の形成を加速させること。第五に、完備された党内法

規体系の形成を加速させること。

(4) 法に基づく国家統治と規則に基づく党統治との統一

　法に基づく国家統治と規則に基づく党統治は、中国の特色ある社会主義法治における一体の両翼である。法に基づく国家統治は党の活動を含む、あらゆる政治・経済・社会活動の制度化された問題を解決しなくてはならず、規則に基づく党統治は法に基づく国家統治による普遍的な問題解決を基礎上にさらに一歩進んで、党の指導と党の建設活動を規範化するという特殊な問題を解決する。第18回党大会以降、中国の制度建設は従来の国家法治建設が先駆けとなり、党内法規のための制度建設と国家法治とが立ち並ぶ建設へと転じた。次の段階では、中央の全面的な法に基づく国家統治委員会の統一的指導の下、法に基づく国家統治・規則にしたがって党統治のトップレベルの計画と行動計画を統一的に配置し、党内法規の建設と国家法治の建設が相互に補完し、相互に促進し、相互に保障する枠組みを形成し、よりハイレベルな社会主義の制度文明を創造する。

(5) 科学的な立法、厳格な法執行、公正な司法、全人民による法律遵守

　科学的な立法、厳格な法執行、公正な司法、全人民による法律遵守は法治中国建設が目標とする状態であり、法治中国建設の重点となる任務でもある。よき法律・よき統治へと向かって進む中で、この四つの任務の間の関連性・制約性はますます増強している。この四つの任務に対して総合的な調整を強化し、前後を呼応し、首尾一貫した全連鎖的な体系の推進を形成する必要がある。

3．中国の特色ある社会主義法治体系を堅持・整備する基本任務

『決定』の第四部は国家のガバナンス体系とその能力の現代化を推進する角度から、中国の特色ある社会主義法治体系建設の主体となるプロジェクトに対して戦略的な配置を行い、権利を保障し、権力が制約を受け、違法には必ず責任を追及され、正義を予期し、公平が目に見えるよき法律・よき統治を実現するための戦略的指針を提供している。

(1) 憲法を保障するメカニズムの健全化

憲法は国の根本法であり、国政運営の総憲章であり、全面的な法に基づく国家統治のありとあらゆる根拠である。憲法の全面的実施は全面的な法に基づく国家統治の第一の任務であり、社会主義法治国家を建設するための基礎的な工作である。『決定』の第四部では憲法の実施と監督を強化し、憲法の解釈手続きのメカニズムを着実に実行し、合憲の審査業務を推進し、文書記録の審査制度と能力の建設を強化し、法律に基づいて違憲・違法の規範文書を撤回・是正することを提案している。

(2) 立法のメカニズムの整備

立法は国のための規則を定め、あるべき秩序をつくる神聖な仕事である。立法体制・仕組みの整備は科学的な立法、民主的な立法、法律に基づく立法を推進するための必然的な要求である。『決定』の第四部では党委員会の指導、人民代表大会の主導、政府の依託といった各方面の参与による立法活動の枠組みを整備し、制定・改正・廃止・解釈を同時に遂行し、憲法を核心とする中国の特色ある社会主義法体系を整備し、重要分野の立法を強化し、わが国の法律が域外でも適用される法律体系の建設の加速を提案している。

憲法を核心とする中国の特色ある社会主義法治体系の整備は、わが国の立法活動の根本的任務である。新たな歴史的条件の下で立法の質を高める鍵をつかみ、法律、行政法規、地方性法規体系およびそれとセットとなる制度規定と社会規範体系の整備を加速し、法律法規の科学性・的確性・操作性・有効性を絶えず強化し、全面的に法に基づく国家統治の基本的根拠の提供が必要である。制定・改正・廃止・解釈の同時遂行、すなわち新法を制定し、旧法の改正、古い法の廃止、粗雑な法への解釈を堅持しながら立法が改革発展の要求と歩調を整えていずれかがワンテンポずれたり、足を引っ張ることのないよう防止するのである。重要分野の立法を強化し、改革の全面的深化、経済発展の推進、社会ガバナンスの整備、人民生活の保障、国家安全の維持などの方面に関わる法律法規をタイムリーに制定・改正する。わが国の法律が域外でも適用される法体系の建設を加速し、国家安全保障、反テロリズム、金融、マネーロンダリング防止、サイバーセキュリティ、安全経済などの分野の重要立法で域外効力条項を確立し、域外適用規則における法的責任を強化し、域外適用手続き・規則の設置力を強化して国際法律闘争の主導権をしっかりと握るのである。

(3) 行政執法体制改革の深化

法執行は紙面上の法律を現実の法律へ変える重要な一環である。現在、行政執法は全面的な法に基づく国家統治の突出した弱みとなっている。『決定』は行政執法体制の改革を深化させ、不要な行政執法事項を最小限に抑え、分野・部門を越えた総合的な法執行を引き続き模索・実行し、法執行の重心のシフトダウンを推進し、法執行の自由裁量権を規範化し、行政法執行責任制と責任追及制度を着実に実行し、大衆の身近な利益に関わる重点分野の法執行に力を入れるべきことを提案している。

厳格・規範化・公正・文明的な法執行のレベル向上は、行政執法体制改革を深化する基本目標である。各級の行政機関は第18回党大会以降に配

置された諸任務の完成を基礎上にして、次の改革を持続的に深く推し進めなければならない。

　第一に、法執行力の配置を最適化し、同一分野または類似分野の法執行チームの統合を推進し、総合的な設置を実施し、市場監督管理・生態環境保護・文化市場・交通運輸・農業などの総合的な法執行チームを組織する。

　第二に、行政裁量権基準制度を確立・健全化し、行政裁量基準を細分化・定量化し、法執行裁量の範囲・種類・幅を規範化し、恣意的な法執行を断固として防止する。

　第三に、行政執法責任制を全面に実施し、異なる部門および機関・部署の法執行者への法執行責任と責任追及メカニズムを厳格とし、地方と部門の保護主義を断固として防止・克服する。

　第四に、行政執法と刑事司法の連携メカニズムを健全とし、有案不移（案件が司法機関に引き渡されない）、有案難移（案件が司法機関に引き渡されにくい）、以罰代刑（罰金をもって刑にとってかわる）という現象を断固として克服し、行政処罰と刑事処罰のシームレスな連携を実現する。

(4) 司法体制の総合付随改革の深化

　司法体制の総合付随改革は、習近平を核心とする党中央が経済分野の「総合付随改革」思想を司法分野に応用して提起された、鮮明な中国の特色ある新しいカテゴリーである。これは新たな歴史の出発点の上に司法体制改革を全面的に深化させる重要な戦略的措置であり、公正で効率的で権威ある社会主義司法制度の建設、わが国の司法の国際的発言権と公信力の向上に対して重要な意義を持っている。

　『決定』の第四部では司法体制の総合付随改革を深化し、裁判制度、検察制度を充実し、司法責任制を全面的に実施し、弁護士制度を整備し、司法活動に対する監督を強化し、司法行政の公正・効率・権威を確保し、人民大衆があらゆる司法案件において公平と正義を感じられるように努める

ことを提案している。

(5) 全人民が法律を遵守するメカニズムの整備

14億の人口を抱えるわれわれのような発展途上国では、人々の法律尊重・法律信頼・法律遵守の実現は長期的かつ困難な歴史的任務である。『決定』の第四部では、全人民に対し法律を普及させる力を加え、全人民の法治観念を強化し、公共法律サービス体系を整備し、法に基づく国家統治の大衆的基礎を固め、各級の党、国家機関および指導幹部は率先して法を尊重し、法を学び、法を守り、法を用いて、法治の思考と方式を運用して改革を深め、発展を推進し、矛盾を解消し、安定を守り、リスクへの対処能力を高めるべきことを提起している。

(6) 法律施行の監督強化

法律の生命力は実施にあり、法律の権威もまた実施にある。『決定』は行政権・監察権・裁判権・検察権の法に基づく正しい行使を保証すること、法執行の司法活動に対する干渉を断固として排除すること、公益訴訟事件の範囲を拡大すること、重大な違法行為に対する処罰の度合いを高めること、懲罰的賠償制度を実施すること、厳格な刑事責任の追及を行うことを提案している。

ここ数年、法執行と司法の規範化建設の深い推進につれて権力の恣意的な行使、乱暴な法執行は減少したが、法執行が過失に寛容であったり、過失に軟弱であったりする問題は台頭している。法執行機関は厳格な法執行を第一に置くことに堅持し、法律の権威に挑戦したり、公共秩序を挑発する違法行為には断固として法に基づいて懲らしめ、誘発する「割れ窓」効果を防止しなくてはならない。学校の騒乱、医療の騒乱、車両の騒乱、訴訟の騒乱などの重大な違法行為に対する処罰の力を強化し、偽物製造と偽物販売、知的財産権の侵害などの行為に懲罰的賠償制度を実施し、法治の

手段を運用して不正を除き清廉な気風を助け、悪をさげすんで善を称揚し、社会の気風を根本的に好転させるよう促進すべきである。

　法治の実施状況に対する評価の強化は、法律の実施の質を高める重要な措置である。法治実施部門に関する自己評価の積極的な推進、特に社会力による第三者評価を強力に推進し、法治実施体制と仕組みを革新・整備するための客観的な情報と信頼に足る根拠を提供しなければならない。『法治政府建設与責任落実督察工作規定』では、督察機関は科学研究機関・専門機関・人民団体・社会組織などに委託して督察対象単位に対する第三者評価を行い、意見と建議を提出できると規定している。

4．中国の特色ある社会主義法治体系を堅持・整備する措置

　『決定』の第四部を除く、第二部から第十四部では経済・政治・社会、内政・外交・国防、党統治・国家統治・軍隊統治など各分野における法治建設について具体的な配置を行い、一連の先見性、革新性をそなえた措置を打ち出し、全方位的で、全面的で、死角のない大国の風格ある法治建設の綱領の確立を述べている。

(1) 規則に基づいた党統治の制度体系の整備

　『決定』は全面的で厳格な党統治制度を整備し、規則による党統治を堅持し、整備された党内法規体系の形成を加速するとしている。党内の法規制度の建設強化は、規則に基づく党統治の必然的な要求である。党規約を根本的な規則として堅持し、于法周延（制度の体系性を重視し、各制度を連結させる）と于事有効（制度の操作性を重視し、具体性と有効性を明確とする）の規則によって新たな法規制度を制定し、今ある既存の法規制度を整備し、現状に合わない法規制度を廃止し、党の指導と党建設をカバー

する党内の法規制度体系の形成を加速すべきである。党内法規制度の制定はその質という要点をしっかりとつかみ、正しい方向、科学的な内容、規範的な手順が必要となる。すべての党内法規制度をしっかりと確立し、実行可能で管理できるように保証しなければならない。

効率的な党内の法規制度の実施体系を確立し、各級の党組織が規則に基づいた政策決定、規則に基づいた執行、規則に基づいた監督の実行を確保する。監督・検査を強化し、党内法規制度の実施状況は各級の党委員会による監督監査・巡視巡察を重要な内容とし、重要な党内の法規制度の実施状況に対して定期的な監督審査・特別審査を行うのである。

(2) 市場経済の法治保障メカニズムの整備

市場経済は法治経済であり、法治は質の高い経済発展のための制度保障である。『決定』は所有権保護の強化、公平な競争の維持、消費者の権益の保護、ビジネス環境の改善などの面から一連の重要な措置を打ち出している。

所有権制度は市場経済の礎である。公平を原則とする所有権保護制度を健全化し、企業家と人民大衆の財産・財富・安全感を強化し、各経済主体の起業とイノベーションの原動力を奮い立たせるべきである。

法治は最良のビジネス環境である。各市場主体の合法的権益を法に基づいて平等に保護することを堅持し、各所有制主体が法に基づいて資源要素を平等に使用し、公開・公平・公正に競争に参加し、法律によって等しく保護された市場環境をつくり、社会の創造的活力を最大限に引き出す必要がある。

(3) 民主政治の法治化の推進

民主政治は法治政治である。『決定』は例えば民主制度の健全化、民主形式の充実、民主的ルートの拡大、法に基づく民主的選挙、民主的協商、

民主的政策決定、民主的管理、民主的監督の実行などの一連の民主的制度化、法治化の新たな任務を提起している。手続きが合理的で、要点を押さえた協商民主体系を構築し、決定の前と決定の実施中の協商の実行メカニズムを整備し、何事もよく相談し、みんなのことはみんなで相談する制度化の実践を豊かとする。また民族自治地方が法に基づいて自治権を行使することを保証し、少数民族の合法的権益の保障も指摘している。そのためには国家機構組織法を整備し、選挙法制度と活動メカニズムを整備し、行政の政策決定、執行、監督手続きの法律制度を整備し、人民の法に基づく民主的選挙、民主的協商、民主的政策決定、民主的管理、民主的監督の保証が要求される。社会主義協商民主法律制度の建設を強化し、協商・民主・広範・多層的な制度化の発展を推進する。民族区域自治の法律制度を整備し、民族自治と少数民族の合法的権益を確実に保障するのである。

(4) 先進文化の法治保障メカニズムの整備

礼法統合と徳法共治は中国におけるガバナンスの伝統的精髄である。『決定』は法に基づく国家統治と徳による国家統治の結合を堅持し、社会主義の核心的価値観を発揚する法律政策体系を整備し、社会主義の核心的価値観の要求を法治建設に組み込むこと、そしてその信用建設の長期有効な枠組みを完備し、全社会をカバーする信用調査システムを健全とし、信用喪失への懲戒の強化を提案する。そのためには法治の手段を有効活用して道徳領域の突出した問題を解決しなければならない。関連する立法活動を強化し、道徳に外れる行為に対する懲戒措置を明確にする。法に基づき大衆に強く反映された、道徳に外れる行為への取り締まりを強化する。著しい信用欠如の問題に対しては全社会をカバーする信用システムの確立を急ぐだけでなく、遵法誠信の表彰激励メカニズムと違法失信の懲戒メカニズムを整備し、人々に信用を失わせることなく、信用を失ってはならないようにしなくてはならない。

欲に目がくらんで正義を忘れた偽物製造・販売などの違法行為には法執行の力を強化することで敗徳違法の人物に然るべき懲罰を与え、その代価を払わせなければならない。

(5) 社会ガバナンスの法治化の推進

法治は社会ガバナンスの最も優れたモデルであり、社会ガバナンスの現代化を推進するためには避けて通れない道である。『決定』は法治保障が社会ガバナンス体系の重要な特徴であり、人民の調停、行政の調停、司法の調停が連動する業務体系を整備し、社会の矛盾・紛争の予防・調停・処理・解消といった社会の法治化を推進する取り組みに関する多元的総合メカニズムを整備し、社会治安の法治化レベルを高めた国家安全法制度体系の健全化という要求を再確認している。そのためには多元的なつながりを有し、それぞれが役割を果たせる紛争解決システムの構築を加速し、分類・分道・分流に則った矛盾や紛争防止・解消を推進し、社会をより和睦・和諧・和美とするよう促進しなくてはならない。

末端の法に基づくガバナンスのシステムを完備し、法律尊重・法律学習・法律使用・法律遵守・法律守護のガバナンスのメカニズムを構築し、法治を庶民の思考習慣と生活様式とする必要がある。総体的な国家安全観を徹底して実行し、国家安全の法治建設を加速し、政治安全・経済安全・国土安全などの分野で必要な法律を早急に制定し、公共安全の法治化を推進し、国家安全の法律制度体系を構築する。

公共安全に関する事件の問責・責任追及メカニズムを健全化し、直接責任者の法的・規律的責任を厳正に取り締まるだけでなく、その指導・監督管理の職責にある指導幹部の法的・規律的責任を厳しく追及することで、真に一件の事件処理から一片の教育効果を得ることができる。

(6) エコ文明の法治保障メカニズムの整備

『決定』は、環境保護の法律体系と法執行の司法制度を健全化し、生態環境の公益訴訟制度を整備し、生態補償と生態環境の損害賠償制度の着実な実施を提案する。近年、中国の改革・発展の推進・深化に伴う生態問題が頻出し、既存の法律制度はエコ文明建設の需要に対応できてはいない。そのために『決定』は「最も厳格な」生態環境保護制度の主張と実行を述べているが、この「最も厳格な」という点も法律体系と法執行の司法制度建設の時代的特色となっている。

(7) 中国の特色ある軍事法治建設の強化

法に基づいて軍を統治し、その厳格な統治を深く推進することは、全面的な法に基づく国家統治の重要な一部である。『決定』は中国の特色ある軍事法治建設の強化を提案している。新時代における軍隊の法治建設は、党の新たな情勢の下での強軍目標をしっかりと囲繞し、軍隊の革命化・現代化・正規化建設の全面的な強化に焦点を当て、法に基づく軍統治理論と実践を革新・発展し、整備された中国の特色ある軍事法治体系を構築することで国防と軍隊建設の法治化レベルを高める。

(8) 法に基づく香港・澳門の統治メカニズムの整備

法に基づく香港と澳門の統治は、全面的な法に基づく国家統治の命題の中にあるべき意義だけではなく、香港と澳門が長期的な繁栄と安定を維持するための重要な保障でもある。『決定』は主に中央が憲法と基本法にしたがって特別行政区に対する全面的な統治権を行使することの健全化と、特別行政区の法律制度の整備という両側面から、法に基づく香港と澳門の統治メカニズムを整備する一連の措置を提起している。

第一に、中央の特別行政区の行政長官と主要官僚に対する任免制度とメカニズム、全国人民代表大会常務委員会の基本法に対する解釈制度を整備

し、憲法と基本法が中央に付与する諸権限を法に基づいて行使することである。

第二に、特別行政区における国家安全維持のための法律制度と執行メカニズムを確立・健全化し、特別行政区における法執行力を強化支援することである。

第三に、特別行政区行政長官の中央政府に対する責任制度を健全化し、行政長官と特別行政区政府の法に基づく施政を支持することである。

第四に、憲法と基本法の実施に関わる特別行政区の制度的メカニズムを整備し、愛国者を主体とする「港人治港」・「澳人治澳」を堅持し、特別行政区の法に基づく統治レベルを高めることである。

(9) 渉外法治活動の強化

渉外法治活動の強化は、法治中国建設の重要な構成部分であり、全方位的な対外開放の枠組みを構築する上での時代的要請である。『決定』は渉外法治活動を強化する一連の重要な措置を提起していて、わが国の国家主権、安全と発展の利益を守り、中国の法治に関する発信力と影響力を高めることに資する、としている。

第一に、外国人投資の国家安全審査、反独占審査、国家技術安全リストの管理、信頼できない実体リストなどの制度を健全化し、渉外安全リスクへの対応能力と対抗能力を高めることである。

第二に、渉外業務法務制度を確立し、在外公館への法務参事官、警務連絡官の設置を推進し、海外に赴く人員に安全と法律サービスを提供し、関連企業とその人員が国外でも権利を維持できるように法律に基づいて支援することである。

第三に、わが国の海外利益が密集し、海外の安全問題が顕著な地域を中心に海外の法律と安全リスクの評価と防止メカニズムを確立して健全化し、わが国の海外投資プロジェクトの安全を確保することである。

第四に、専門の裁判所・仲裁機構の建設を強化し、渉外事件の裁判のレベルを高め、国際的に評価の高い司法・仲裁機構を創設することである。
　第五に、国内の大手法律事務所による海外での支店設立、海外でのM&A、共同経営などの方式を通じて海外法律サービス市場を開拓し、国際競争力を強化することへの奨励と支援である。

（10）党と国家監督の法治化の推進

　『決定』は、規律検査・監察業務の規範化・法治化を推進し、反腐敗国家立法を推進することを提起している。第18回党大会以降、反腐敗国家立法と党内立法は前例のない成果を収めた。しかし依然として厳しく複雑な反腐敗闘争の情勢に直面し、どのようにして反腐敗闘争の中で法に基づいて当事者の合法的権益を保護し、どのようにして規律執行と法執行を効果的に結びつける手順を整備し、どのようにして監察・検察・裁判証拠の一体化を実現するのかはいずれも科学的立法を通じて解決しなければならない。現在、『中華人民共和国刑法』、『中華人民共和国刑事訴訟法』といった法律の腐敗処罰の規則体系をさらに整備すると共に専門的で総合的な反腐敗の法律制定を模索し、反腐敗法律の法典化をはかる必要がある。

註
1）汪永清. 中国特色社会主義法治道路越走越寛広. 求是, 2017（12）: 45-47.

第4章

中国の特色ある社会主義行政体制の堅持・整備

ガバナンスの実現には、まずもって制度を制定しなければならない。行政体制は政治体制・経済体制・文化体制・社会体制・エコ文明体制などの各方面における改革の結節点にあり、党と国家の政策・配置にしたがって経済・社会の発展、社会事務の管理、人民大衆への奉仕を推進するという重大な職責を担うが、政策の執行、活動の実行、改革の推進は「力の入れどころ」であり国家制度と国家のガバナンス体系において重要な位置を占めている。例えば新型コロナウイルス感染症の発生以来、一つ一つの具体的な治療・予防・抑制の業務は一見専門的・技術的な業務のように映るが、その背後には中央から地方まで各レベルの行政機構の指導・組織・協調という運営能力が凝縮されている。各級の行政部門がそれぞれの職務を全うする方向を一致させることで、最終的に抗疫闘争のための強力な力を結集できた。まさにこの意味において感染予防・抑制もまたわが国の行政体制への大きな試験であり、鍛錬といえる。

第19期中央委員会第4回全体会議は「中国の特色ある社会主義行政体制を堅持・整備し、職責が明確で、法に基づく行政を行う政府ガバナンス体系を構築する」と提起し、新時代における中国共産党員が行政体制改革を深め、国家のガバナンス体系とその能力の現代化を推進する確固たる意志と決意を示している。中国の特色ある社会主義行政体制を堅持・整備が直面している新たな情勢と新たな挑戦、目標と任務および重点措置を深く理解して把握することは、われわれが制度の優位性を制度の有効性へと転化し、国家のガバナンス体系とその能力の現代化を推進する上で非常に重要な意味を持つ。

1. 中国の特色ある社会主義行政体制をめぐる新時代の情勢と挑戦

新中国の成立から70年が過ぎ、党と国家は社会・経済発展の要求に応

じた行政体制の構築を一貫して高度に重視し、中国の特色ある社会主義行政体制の発展と整備を絶えず推進してきた。特に改革開放以来、われわれは行政体制の理論的革新と実践的革新を推進し、これと相前後して八回にわたる大規模な機構改革を実施し、わが国の政府の職責体系を日増しに健全とし、政府の組織構造を絶えず最適化し、政府の職能を有効発揮し、政府の役割の有効をますます顕著とし、経済・社会の持続的かつ急速な発展と国家の長期的な安定を推し動かす力強い保障を提供してきた。

中国の特色ある社会主義が新時代へと入るのに伴い、わが国の行政体制改革の深化は新たな情勢と挑戦に直面しているが、これは中国の特色ある社会主義行政体制の堅持と整備に新しく、より高い要求を提起している。

(1) 新時代の社会矛盾が求めるサービス型政府の建設

1981年の第11期中央委員会第6回全体会議が、「わが国が解決しなければならない主要な矛盾は、人民の日増しに増大する物質文化の需要と後進的な社会的生産との矛盾である」と正式に提起して以来、30年余りの間、社会矛盾に対する党と国家の基本的判断は、社会生産の供給と物質文化の需要との「量」の矛盾とされてきた。

2017年の第19回党大会では、新時代におけるわが国の主要な社会矛盾はすでに「人民の日増しに増大する素晴らしい生活への需要と発展の不均衡・不十分との矛盾」へと変化していると指摘されている。これは単に「社会的生産の後進」によって社会矛盾の「供給側」を説明できないのを示す一方で、社会矛盾の「需要側」もまた深刻な変化が生じ、「人民の素晴らしい生活への需要が日増しに多様化しており、物質文化生活への要求がより高いものになってきているだけでなく、民主・法治・公平・正義・安全・環境などの面での要求も日ごとに増大している」[1]。

明らかに人民大衆の素晴らしい生活への需要は、生産力の発展と経済成長の促進において政府が大きな役割を果たすことを要求しているだけでな

く、公共サービスや公共の利益の調整などのより多くの社会的機能を担うこと、引いては政府自身のサービスの質も素晴らしい生活の需要の重要な構成部分となっている。新時代においてよりバランスの取れた、より十分な発展を推進するには、政府機能の転換をさらに進めて人民が満足できるサービス型政府の建設を加速しなければならない。

(2) 市場の資源配分における政府機能の転換

　政府と市場の関係の正確な処理は、改革開放以来のわが国における行政体制改革の主要路線の一つである。習近平は「われわれの政府機能に対する認識と位置付けは、改革開放と社会主義市場経済の発展に伴う発展であり、伝統的な計画経済体制から社会主義市場経済体制への転換は絶えず前進するプロセスである。改革の推進・経済基礎の発展は自然と上部構造にも新たな要求を提出する。わが党は実践の中でこの問題に対する認識を絶えず深め、政府の機能転換の推進を継続していく」[2]と述べている。政府の機能をさらに一歩進めて転換し、市場の活力と社会の創造力をよりいっそう奮い立たせてこそ、市場化改革を広さと深さの両面から引き続き推進できるのであり、資源配分において市場が決定的な役割を果たすという目標を達成できる。

(3)「五位一体」に求められる行政部門間の協調・協力

　「五位一体」の総体的な布石の中で行政体制は政治建設の有機的な構成部分であるだけでなく、経済建設、文化建設、社会建設、エコ文明の建設にも拡張とリード的役割を果たしている。行政部門間での密接な協調と連携があってこそ、各分野の改革が全面的に力を発揮し、多くの突破口が開かれて深い推進が可能となり、改革の系統性・全体性・協同性を体現でき、総合効果・集積効果が形成され、経済・社会の発展における深刻な矛盾と問題の解決の助力となる。

(4) 全面的な小康社会建設のための行政体制の効率化

　小康社会の全面的達成は、質の高い経済発展、人民の生活水準と質の普遍的な向上、国民の素養と社会文明の大幅な向上、生態環境の総体的な改善、各方面の制度のいっそうの成熟と定着を意味する。人民大衆の利益の全面的な実現と全方位的な発展には、社会発展の欠点を絶えず補完する必要があり、これは突き詰めていえば、行政体制の効能の支えなしには成り立たない、ということである。より効率的で円滑に機能する行政体制を確立してこそ、小康社会の全面的達成という目標の実現に強大なエネルギーを注げる。

(5) 法に基づく国家統治に必要となる法治政府の建設

　現在、わが国の行政機関の組織構造に設置された法治化手続きは、「機能が科学的で、権限と責任が法で定められ、法律の執行が厳正で、オープンかつ公正、廉潔かつ高効率な、遵法と信頼を旨とする法治政府」という目標となお大きな開きがある。行政組織の法律制度を整備し、機関・職能・権限・手続き・責任の法定化の推進は依然として前途多難である。

　一部の地方との分野では、「有法不依（法に守らない）」、「執法不厳（法執行が厳格でない）」、「違法不究（違法行為が追及されない）」などの現象が相対的に深刻となっており、法執行システムの権限と責任の分離、多重法執行、選択的法執行などの現象はなお存在し、法執行と司法の非規範・非厳格・非透明・非文明という現象が際立ち、法執行と司法への不正と腐敗の問題に対して大衆は強烈な批判をしている。「法に基づく国家統治、法に基づく執政、法に基づく行政の共同推進を堅持し、法治国家、法治政府、法治社会の一体化建設を堅持する」ことではじめて全面的な法に基づく国家統治を実現できる。

(6) 政府の「欠位」・「越位」・「失位」を解決するには

現在、わが国の政府には「欠位」・「越位」・「失位」の問題がなお存在している。

いわゆる「欠位」とは、ある一部の分野で政府機能配置がまだ十分に健全・強固になっていないために、本来は政府が生産・提供すべき公共製品とサービスを政府が十分に職責を果たすことなく「本来管理すべきことが全然なされない、管理がなく条件に達していない」ことを指している。

いわゆる「越位」とは、市場や社会に委ねるべき権限が十分に委ねられず「管理すべきではないところにまで勝手に管理をする」ことで、政府がミクロ経済事務に過度に細かく介入し、市場主体の手足を縛り、行政の効率性を低下させ、さらには政府の公信力にまで影響を及ぼすことを指す。

いわゆる「失位」とは、一部の分野で政府の役割はすでにカバーされているものの、その能力の不足のために「管理すべきことが管理できず」、その結果「管理しているがよく管理できない」ことを指している。

こうした問題の根本解決には政府の職責体系を最適化しなければならない。

(7)「条塊分割」[3] を解決するには

現在、わが国の政府組織構造における「統」と「分」、「放」と「管」、「条」と「塊」、「塊」と「塊」、「事」と「財」、「権」と「責」は完全に正常化されておらず、政府システム内部には組織の「ずれ」が生み出す機能の混乱状況が依然存在し、「職責を干渉し、権限を干渉し、互いに諍い混乱している」という現象が珍しくない。政府組織構造の横方向と縦方向の「条塊分割」によって権力の分割、権限と責任の不明確さ、政策の衝突、政府の公信力と効率が損なわれるという結果を招いてしまっている。政府組織構造を最適化してこそ、行政権力の「断片化」問題を徹底的に解決できる。

(8) 現代化した国家ガバナンスと行政コストの制御

行政コストの効果的な制御は、行政管理の現代化の内的な要求である。現在、わが国の行政コストの総量は極めて高く、増加も極めて速いという非科学的なコスト構造配置であり、コスト制度化の管理不足などの問題がいっそう顕著となっている。行政コストを緩やかに増長させ、全体量を程よくさせ、科学的に配置させ、合理的に構成させ、規範的に管理させ、効率的に使用させようとする制御が直面する任務は重く、その圧力は大きい。これは国家ガバナンスの現代化の要求に叶うものとはいえず、大いに力を入れて解決しなければならない。

(9) 中国のガバナンスが求める中央と地方の積極性

中国のような巨大規模のガバナンスの国家では、統一の意志と歩調がなくてはならず、地方や末端が実情に即して創造的に業務を展開するのを支持し、奨励しなければいけない。しかし現実には中央と地方の関係処理には政策執行の「一刀切（画一的な対処）」という現象もあれば、一部の地域が局部や目先の利益に阻まれて、中央の方針や政策を実行に移さないという現象もあり、これらは全局の利益の統一性と局部の利益を両立する柔軟性の有機的結合に影響を及ぼしている。大国におけるガバナンスの複雑性には中央から地方に至るまでの権限と責任を明確とし、円滑に運営し、活力に満ちた業務システムの構築が切実に求められている。

2．新時代における中国の特色ある社会主義行政体制を堅持する目標と任務

上記した新たな情勢と挑戦に対応するには、新時代において中国の特色ある社会主義行政体制を堅持・整備し、すべからく問題を道標とし、現実的な目標を提示しなければならない。『決定』は「中国の特色ある社会主

義行政体制を堅持・改善し、職責が明確で、法に基づく行政を行う政府ガバナンスのシステムの構築」を新時代における「中国之治」の方向へと導く「13の堅持と整備」の一つとし、新時代の国家行政体制の改革を深化する上で根本となるしたがうべきものを提供している。中国の特色ある社会主義行政体制の堅持と整備に関して、『決定』が1100字余りで明確に説く目標と任務は、12の方面に要約できる。

(1) 党による全面的指導の堅持と強化

党の全面的な指導は、新時代における中国の特色ある社会主義行政体制の堅持と整備の根本となる保証である。党の全面的指導の堅持と強化を行政体制改革の各方面と全過程にわたって貫き、重大な工作指導に対する党の体制・仕組みを絶えず整備し、党による全局の統率、各方面の制度的配置の調整をいっそう強化して、党の指導をそのすべてにカバーすることを確保し、党の指導をより強固で強力としなければならない。党中央の政策決定・議事調整機構が大事をはかり、大事を協議し、大事を把握する役割を巧みに発揮するのを保障し、政策決定・議事調整機構の事務処理機構を科学的に設置し、職能部門との工作関係を改善しなければならない。党政機構の機能統一をさらに強化し、党の関連機構と機能が類似して緊密に連携する政府部門との合併や合署事務の実行を引き続き堅持し、力量資源を統合・最適として全体的な効能を発揮させなければならない。

(2) 人民が満足できるサービス型政府の建設

すべての行政機関が人民に奉仕し、人民に対して責任を負い、人民による監督を受けることを堅持することは、新時代において中国の特色ある社会主義行政体制を堅持・整備するための基本的準拠である。新時代において中国の特色ある社会主義行政体制を堅持・整備するためには、人民大衆が最も関心を持つ、直接的で現実的な利益問題を確実に解決し、人民大衆

の獲得感・幸福感・安全感を絶えず高め、人民が満足できるサービス型政府を建設しなければならない。

(3) 法治政府建設の推進

　改革と法治は車の両輪や鳥の両翼のようなものである。法治の規範と改革の保障の役割発揮を重視し、法治の思考と方式を用いて改革を推進することを高度に重視しなければならない。国家の行政体制を整備し、法に基づいて行政権力をより厳密かつ規範的に設定し、行政規則の手続きを整備し、行政権力に対する制約と監督を強化し、権力を制度の檻へと閉じ込めて行政権力行使の法的責任と政治的責任を明確にし、政府活働を全面的に法治の軌道に乗せ、法に基づく行政、法治政府の建設の着実な強化を絶えず推進すべきである。

(4) 政府・市場・社会の三者関係の明確化

　習近平は「行政体制改革は経済体制改革と政治体制改革の重要な内容であり、改革開放と社会主義現代化の建設の発展に伴って絶えず推進しなければならない。政府機能の転換は行政体制改革の深化の核心であり、実質的に解決すべきことは政府が何をすべきか、何をすべきでないかであって、重点となるのは政府、市場、社会の関係、すなわちどのようなことを市場、社会、政府の各自で担うべきか、どのようなことを三者共同で担うべきかである」[4]と指摘する。新時代において中国の特色ある社会主義行政体制を堅持・整備するためには、政府の市場資源の直接配置、政府の市場活働への直接干渉を最大限に抑え、政府と市場のそれぞれの立場を明らかにし、それぞれの秀でた点を発揮させなければならない。これも上部構造が経済基盤の要求に適応している具体的なあらわれである。

(5) 政府の組織構造の科学的配置

政府組織の構造を継続的な最適化を通じて総合部門を強化し、マクロ管理機能を強化し、政府部門の内部機構の総合的設置を奨励・誘導し、細分化された業界・専門の内部機構を減らし、機能転換を推進しなければならない。「編制資源は一種の不足資源である」という理念をしっかりと確立し、トップダウンの設計を重視し、各編制を統一的に計画して使用するレベルを高め、職責を根拠とする編制査定を厳格に実行し、編制査定の源泉的な管理を強化しなければならない。ガバナンス能力とサービスレベルの向上という目的のために権力プロセスの管理を強化し、部門と単位の機能再生を実現し、既存の編制資源の最大効果を発揮させるのである。政府の総体的機能の位置付けに照らし合わせて権限と責任の対称性、権限と責任の一致性の原則にしたがい、各レベルの政府、各機能部門の職責と権限を科学的かつ明確に定義して部門間の職責分担を整理し、部門間の協調・協力メカニズムを健全としなければならない。

(6) 行政方式の革新

行政方式の革新は行政管理方式の現代化、科学化、制度化、民主化、透明化、柔軟化、多様化の実現を求める。多元的ガバナンス、協同的ガバナンス、ネットワークガバナンスなどの現代的なガバナンスの形態を積極的に推進し、インターネット、ビッグデータ、人工知能などの新興の技術手段を積極的に運用することで行政サービスの情報化、知能化、精密化を積極的に推し進めて法律に依拠して事を処理し、法を探って事に臨み、問題の解決には制度に則るという法治と制度の習慣を形成し、政府の科学行政、民主行政、法律に基づく行政のレベルを着実に向上するよう努力するのである。

(7) 行政コストの削減と政府機能の向上

行政コストの削減と政府の効率の向上は、行政管理体制改革を深化させる重要な内容と目標であり、節約型政府建設の必然的な要求でもある。計画経済体制の下での政府のコスト意識と責任意識の欠如は、行政コストの非理性的な膨張と公共支出の不合理をもたらした。社会主義市場経済の発展条件の下では行政管理体制の改革の深化を通じて行政コストが下がり、高すぎる行政コスト、急激な増加と贅沢な浪費が抑えられて政府の効能がさらに高まっている。公共資源を公共サービスと社会管理によりよく活用させることはわれわれの目前の重要課題となっている。

(8) 政府による各種サービス機能の強化と整備

政府の職責の「到位（適切に果たすこと）」を保証するには、政府の経済調整、市場監督管理、社会管理、公共サービス、生態環境保護などの機能を強化・整備しなければならない。これらの機能は市場経済の運営、社会の公平・正義、人民の生命・財産の安全、大衆の雇用、所得分配の調節、社会の安定、教育・文化・衛生事業の健全な発展、公共サービス水準の向上、美しい生態系などといった人民大衆の素晴らしい生活と密接に関連する分野である。これらの管理すべき分野を政府に真に巧みに管理させることで、人民大衆の高い公共サービスへの新たな需要をさらに満たせる。

(9) マクロコントロールの革新と整備

科学的で効果的かつ適度なマクロコントロールは、経済社会の安定した健全な発展を実現するための重要な保障である。わが国の経済・社会発展の段階的特徴と国際・国内経済情勢の新たな変化とを対応させるには、国家発展計画を戦略的指針とし、財政政策と貨幣政策を主たる手段とし、雇用、産業、投資、消費、地域などの政策が共同で力を発揮するマクロコントロール制度体系を健全化し、政府にマクロコントロールの職責の履行を

しっかりと担わせなければならない。

(10) サービスの最適化に求められる行政のスリム化

　管理のいっそうの革新とサービスの強化を堅持し、より多くの行政資源を事前審査から事中（審査中）・事後（事後審査）監督管理の強化と公共サービスの提供へと引き上げることで、ビジネス環境のための条件作りや大衆のための仕事といった人民の生活の利便性を高めなくてはならない。行政許可と審査指示の簡素化を堅持し、保留を必要とする許可・証明などの事項はリスト管理を実施し、また告知承諾制を強力に推進し、審査指示サービスの効率を高めるのである。

(11) 中央権威の維持と政府命令の円滑化

　全国を総体ととらえる考えを堅持するには、中央の最高権威を守り、中央の政令が滞りなく円滑に執行されるようにし、命令があれば即座に止めることを確保し、地方は各々が勝手に振る舞い各々が全局を顧みることなく、中央政府の統一計画にしたがって行動しなければならない。全局的観念と大局意識を着実に強化し、地方の保護主義、部門の利益主義に断固反対し、地方の利益、部門の利益が大局の利益を上回ることを断固防止し、地域の利益のために全体と他地域の利益を損なう誤った傾向を断固是正しなければならない。社会主義制度の力を集中させて大きな事柄を成し遂げるという優位性を重視し、全局的利益の統一的計画と各方面の資源を統一的に計画するシステムをさらに整備し、重大な任務、重大な改革、重大なリスクチャレンジには上下を問わず心を一つにし、みんなが一致協力して困難を克服することを確保し、強大な国家動員能力で難関を克服しなければならない。

(12) 地方の自発性の発揮

中国の国家のガバナンスは巨大規模であり高度に複雑である。30余りの省級行政区画、300余りの地市級行政区域、2800余りの県級行政単位には管理レベルの違いによる管理責任の違いが存在するだけでなく、また経済文化の発展レベル、産業構造と発展計画、民族構成などの面での差異もあることから、機構と機能の配置は地域の状況に応じて適したものとなるように決定されている。末端の創造精神を尊重し、中央の集中・統一指導を守るという前提の下、地方により多くの自主権を与え、草の根末端の創造的精神が実情に即して発展を加速し、大衆に奉仕し、矛盾を解消し、環境を改善し、より素晴らしい生活を創造する偉大な実践の中で大胆な探求と新たな政策を先駆けて試みることを奨励・支援しなければならない。

3．新時代における中国の特色ある社会主義行政体制を堅持・整備する措置

(1) 国家行政体制の整備

国家行政体制の整備の核心は改革の深化を通じて行政の質を高め、行政の有効性を強化することにあり、その重要な措置には次の6方面が含まれる。

第一に、国家機構の機能の最適化と協同高効率の推進に力点を置くために行政の政策決定、行政の執行、行政の組織、行政の監督体制を最適化することである。行政の政策決定体制の面では科学的、民主的、法律に基づく政策決定体制をさらに健全化し、重大な行政の政策決定プロセスを規範化し、大衆の参加、専門家の論証、リスク評価、合法的な審査、集団討論による決定などの制度を整備し、政策決定の質と効率を高めなければならない。行政執行の面では行政執行の実施・評価・問責などのメカニズムをさらに整備し、各政策措置が力強く着実で適切な実行を確保する。行政監

督の面では行政権力に対する制約と監督を強化し、各種監督制度を整備し、行政機関が法定の権限と手続きに基づく権力行使を確保し、各種行政行為の規範性と透明性を確保しなければならない。

　第二に、部門の協調・協力メカニズムを健全化し、機能の分散や政策効果が相殺されるのを防ぐことである。「民主集中制の制度と原則を堅持・整備し、各国家機関が能力と効率を高め、協調と協力を増進するよう促し、国家運営の強力な合力を形成し、相互が足を引っ張りあい、内部の消耗が激しい現象を確実に防止する」[5]のは、わが国の社会主義民主政治の重要な優位性である。この優位性を十分に発揮するためには、部門の協調・協力メカニズムを整える工夫が必要である。政府全体の効能の向上に着目し、各部門がその職務を担当し、各々がその責任を負い、大局を顧み、協調・協力する業務の枠組みを整備し、部門の専門的な優位性を十分に発揮し、政策の協調を強化し、協同推進を重視し、各政策から予期される効果の獲得を確保しなければならない。部門による職責分担の実行の基礎上に部門間の調整と協力をさらに強化し、力を合わせて仕事をこなすことを形成しなければならない。仕事の統一計画を強化し、部門間の相互支持、密接な協力、情報共有の連動メカニズムを整備し、重大な問題への協議を強化し、各部門が真に一本の縄になるよう固く団結させなければならない。政策制定の調整を強化し、大局への奉仕の中での計画と推進の活動を堅持し、部門の利益と本位主義を断固として克服しなければならない。また二つ以上の部門に関わる職権範囲の事項については関係部門の意見に十分に耳を傾けて一致した協調と共通認識を達成し、政策の衝突と効果の相殺を避けなければならない。政策・協同をセットとして強化しなければならず、政策の制定と調整を強化するには、関連する業界と分野の実情を十分に考慮し、単純化と「一刀切」を避け、規範的な文書備案審査を強化し、文書整理が長く効力を持つメカニズムを確立し、互いに促進し合い、互いに補い合って、よい結果をもたすようにしなければならない[6]。

第三に、行政執法体制の改革を深化し、不必要な行政執法行事項を最大限に減らすことである。法執行による職権濫用、法執行による腐敗、法執行による人民への被害などの問題を断固是正し、より簡潔で規範的、公正かつ効果的な法執行により公平で良好な競争環境を構築しなければならない。全面的に整理化・規範化・簡素化された法執行事項とし、法律・法規・規則の根拠がない法執行事項を断固取り除き、すでに実施の必要がなくなったり、部分的に重複する法執行事項を強力に一掃する。「法律保留（法定留保の原則）」と「権力の謙抑性（必要性原則）」の原則を断固貫徹し、行政処罰権を慎重に運用し、過激で度を越した行政強制措置を避けるようにしなくてはならない。行政処罰機能と法執行資源を統一的に配置し、行政処罰権を相対的に集中させて行政処罰、行政強制事項に対する根源的な管理を強化し、行政法執行事項リストの管理制度を整備し、法執行の根拠、法執行の権限、法執行の手順と対応する責任を明確にし、かつ法に基づき時機にかなった動態的な調整をしなければならない。行政検査事項の整理と規範化を堅持し、部門合同検査・任意の抜き取り検査などの常態化業務メカニズムを整備し、検査頻度を合理的に手配し、重複検査を減らし、行政検査の実効性を強化しなければならない。

　第四に、行政の法執行チームをさらに統合し、引き続き分野と部門を跨ぐ総合的な法執行の実行を模索し、法執行の重心を下方へシフトすることを推進し、行政の法執行能力のレベルを向上させることである。現在、われわれはすでに市場監督管理、生態環境保護、文化市場、交通運輸と農業など5つの総合的な法執行チームを結成していて、工商、品質検査、食品、薬品、物価、商標、特許、環境保護、国土、農業、水利、海洋、文化、文化財、出版、ラジオテレビ、映画、観光市場、交通行政、輸送行政、獣医動物用医薬品、養豚屠殺、種子、化学肥料、農薬、農機、農産物の品質など20以上の法執行分野の職能を統合し、多頭・多層で重複する法執行などの問題解決に力を入れている。今後も引き続き分野を跨ぎ部門を跨ぐ総

合的な法執行の実行を模索し、総合的な法執行の主管部門、関連する業界管理部門、総合的な法執行チーム間の協調・協力、情報共有メカニズムと部門を跨ぎ地域を跨ぐ法執行協力の連動メカニズムを構築し、健全化しなければならない。

　第五に、行政執法責任制と責任追及制度の実施である。人民の国家行政体制への最も直観的な感覚とは行政の法執行の過程に由来し、行政法執行のレベルと質は人民大衆の身近な利益に関係し、また党の執政支持と政府の信頼基礎と関係している。行政法執行体制の改革を深化させるためには、有権必有責（権力を有することは必ず責任を負う）・有責要担当（責任を有することは必ず責任を引き受ける）・失責必追究（責任を失えば必ず追及される）を堅持し、法執行活動をいっそう規範化・監督し、権限と責任が明晰な法執行責任体系と責任追及メカニズムを構築・健全化し、法執行能力とレベルを絶えず高めなければならない。法律・法規・規則に厳格に照らし合わせて法執行の職権を区別し、法執行の責任を確定し、法執行の職責の未履行や不当な履行や違法な履行の場合には厳しい責任の追及と問責をしなければならない。各法執行分野において最大限の力を尽くして職務遂行の免責方法の整備を加速し、職責履行の基準と評定の境界線を明確にし、第一線にいる法執行者の後顧の憂いを解消しなければならない。法執行の自由裁量権を規範化し、行政による法執行の自由裁量基準制度を健全化し、裁量の範囲、種類および割合を合理的に確定し、裁量権の行使を厳格に限定しなければならない。行政の法執行の公示、法執行の全過程の記録、重大な法執行の決定の法制審査制度を堅持し、法執行手順を整備し、法執行行為を規範化し、行政の法執行の透明性・規範性・合法性・公正性の推進に力を入れなければならない。

　第六に、行政管理とサービス方式を革新し、全国一体化の政務サービスのプラットフォームの構築を加速し、強力な行政執行システムを健全化し、政府の執行力と公信力を高めることである。「インターネット＋政務サー

ビス」を深く推進する一方で、各地方・各部門による政務サービスモデルの革新を奨励し、「只進一扇門（公共サービスに関する窓口の一本化）」・「最多跑一次（政務資源の統合とオンライン・オフラインを融合した公共のサービス提供）」・「不見面審批（オンラインを活用した申請と承認）」などの改革措置を引き続き模索・整備することである。その一方で、トップダウン設計の強化、全体連動の強化、規範管理の強化をさらに進め、全国統一計画・協同共有・プロセス最適化・試験先行・安全制御の原則を進め、全国一体化のオンライン政務サービスのプラットフォーム建設を加速して政務サービスの一体化を推進する。また政務サービスプラットフォームの構築と管理の分散、事務システムの煩雑さ、事項基準の不揃い、データ共有の難航、業務協同の不足といった問題解決に力を注ぐ必要がある。政務サービス事項の全国基準の統一・全プロセスのオンライン処理の実現を促進し、公共サポートの一体化を推進し、地域を跨ぎ部門を跨ぐ政務サービス、階層を跨ぐデータ共有・業務協同を促進し、広く範囲な「一網通弁（インターネットを活用したワンストップ公共サービス）」を実現して効能の低い政務サービス、困難な事務処理、遅延した事務処理、込み入った事務処理を確実に解決する[7]。

(2) 政府の職責体系の最適化

政府の職責は政府活動の範囲と境界を規定し、そして政府の職責体系を最適化する核心は「善于作為（新たな方法で事をよく成す）」かつ「有所不為（時勢を判断し事を成さない）」という責任型政府をつくることにある。「善于作為」とは政府が経済・政治・文化・社会・エコ文明などの分野の改革・発展のために体制のサポートと保障を提供することである。「有所不為」とは市場、社会組織と公民法人が法律の範囲内で可能な、自主決定項目に対する政府のミクロな介入を最大限に抑えるという要求である。政府の責務体系を最適化するための重点措置には、以下の9つの側面

が含まれる。

　第一に、政府の権限と責任のリスト制度を実行し、政府と市場、政府と社会の関係を明確にすることである。全面的な整理、調整のクリーンアップ、審査の確認、プロセスの最適化を基礎に政府の職能・法的根拠・実施主体・職責権限・管理プロセス・監督方式などを権力リストの形で社会に向けて公開し、行政権力に対応する責任事項・責任主体・責任方式を逐一明らかにするのである。

　第二に、行政審査制度の改革を深化させ、ビジネス環境を改善し、各種の市場主体の活力を引き出すことである。行政審査承認事項を全面的に整理し、非行政許可審査承認事項を全廃止する。生産経営活動に対する許可を最大限に減少し、投資プロジェクトの審査承認・許可の範囲を最大限に縮小し、各種機構およびその活動に対する認定を最大限に減少する。行政許可法の規定に合致しない資質・資格参入許可を取り消し、国家職業資格目録リスト管理制度の構築を検討する。末端や量の多さと範囲の広さ、地方での実施を直接考慮して、より便利で効果的な行政審査認可事項を一律に地方と末端管理へと委譲する。企業の生産経営を束縛し、大衆の就業・創業に影響を及ぼす行政許可事項の取り消しと移管に力を入れ、取り消され移管された行政審査認可事項の実行と連携をしっかりと行い、大衆による起業とイノベーションを奨励する。

　第三に、国家発展計画を戦略的方向性とし、財政政策と金融政策を主な手段として、雇用・産業・投資・消費・地域などの政策が協同して力を発揮できるマクロコントロールの制度体系を健全化することである。雇用優先戦略を堅持し、より積極的な雇用政策を実施し、重点とするグループを最優先により多くの雇用ポストを創出し、構造的な失業問題の解決に力を入れ、企業の賃金決定と正常な成長メカニズムを健全化し、賃金の指導ライン制度を整備する。産業政策をインクルーシブ化・機能化へと段階的に転換させることで、科学技術革新および産業の最適化のアップグレードへ

の支援強化をはかる。投資の脆弱な部分を補う重要な役割をよりよく発揮し、投融資体制の改革を深化させ、政府投資の梃入れを活用し、市場メカニズムおよび社会投資の役割を発揮し、有効な投資をけん引する。消費促進の政策措置を大いに実施し、都市部・農村部住民の所得増加を促進するために措置を講じて住民の消費を制約する体制・仕組みの障害を取り除き、消費環境を持続的に改善し、住民消費の質の向上のアップグレードを促進する。地域政策を整備・実行し、地域の調和の取れた発展を促進し、北京・天津・河北省の協同発展、長江経済ベルトの発展、粤港澳（香港・澳門・広州・深圳）大湾区の建設、長江デルタ地域の一体化発展、海南省の改革開放の全面的深化、黄河流域の生態保護および質の高い発展などの重大戦略を深く推進する。また西部の大開発、東北の全面的な振興、中部地区の勃興、東部の率先的な発展を統一的に計画して推進し、各地区の優位性を発揮し、主体機能区戦略を実行し、空間ガバナンスを完備し、主体機能が明確で優位性を相互補完する質の高い発展の区域経済構造の形成を推進する。

　第四に、国の重大な発展戦略と中長期的な経済・社会の発展計画制度を整備することである。期待管理の強化・発展計画と各政策を有機的に結びつけてマクロコントロールの先見性・指向性・協同性を確実に強化しなければならない。党と国家の戦略的意図・中長期発展目標の実現をめぐっては、重大戦略および中長期計画の公共予算・国土開発・資源配置などの政策措置へのマクロ的誘導・統一計画協調機能を増強し、特別計画および区域計画の全体計画へのサポート、地方計画の国家計画へのサポートを強化する。発展計画法の制定の推進を加速し、法律の形式によって発展計画の作成・承認・実施などの業務メカニズムをより明確とし、プラン・計画実施の拘束力と指導力の向上、計画編成の科学化と民主化レベルの向上に力を入れる。

　第五に、科学的な基準、透明な規範と強力な制約を持つ予算制度を整備

することである。現代の予算制度は現代の財政制度の基礎である。標準を科学的にするためには、基本支出定員定額の管理範囲を拡大し、定員基準の動的調整メカニズムを確立して健全としなければならない。プロジェクトの支出基準体系の構築を深く推進し、予算編成に対する基準の基礎的役割を発揮させるのである。予算審査の結果の運用を強化し、同類のプロジェクトの標準化管理モデルの構築を模索しなければならない。規範の透明性を実現するには全範囲的な政府予算管理を推進し、予算の編成・執行・監督の相互制約・相互協調メカニズムを確立して健全化しなければならない。次年度に跨る予算均衡メカニズムと中期財政計画管理を実施し、経済社会発展企画・計画との連係を強化し、政府債務管理制度改革を深化させる。規範的な政府債務管理とリスク早期警戒のメカニズムを構築し、権責発生制[8]の政府総合財務報告制度と財政バンクベース目標残高管理制度を構築する。予算公開の方式・方法を整備し、予算公開の範囲を拡大し、公開内容を細分化する。制約が強力であるようにするには、予算制約を硬化させ、予算計算法などの関連法律・法規の規定を厳格に実行し、予算編成を先とし、支出をその後とすることを堅持し、人民代表大会が承認した予算を厳格に執行し、予算組織の主体責任を強化しなければならない。監督・検査・問責を強化し、業績考課体系を整備し、地方政府が自発的に法に依り規定に依って予算業務を展開できるよう積極的に導き、地方政府の規定に違反した起債行為を厳格に調査・処分しなければならない。

　第六に、現代中央銀行制度を構築し、基礎貨幣投放機制を整備し、基準金利と市場化金利体系を健全化することである。中央銀行制度は法律・法規を通じて中央銀行に機関地位、機能目標、政策手段、運営規範などを与える一連の制度体系である。現在の世界におけるほぼすべての経済体は自らの中央銀行制度を構築している。世界におけるわが国の経済的・金融的地位の変化の要求に適応し、中央銀行へ通貨発行・金融監督管理・マクロコントロールという三大核心機能に新たな時代的意味を与え、新時代の大

国の中央銀行、強国の中央銀行をつくり上げるべきである。合理的で十分な流動性を保持し、金融政策の伝導メカニズムを改善し、金融政策・マクロプルーデンス政策・金融監督管理政策の協調を強化し、多層な資本市場の健全な発展を促進し、直接金融の比重を高め、金融サービスの実体経済の効果を向上させなければならない。

第七に、市場監督管理・品質監督管理・安全監督管理を厳格化し、違法行為への法懲戒を強化することである。「双随機、一公開（検査対象を無作為に抽出し、法執行検査員を派遣し、抽出検査の状況・調査処分の結果を公開すること）」監督管理を基本手段とし、重点監督管理を補充とし、信用監督管理を基礎とする新型監督管理メカニズムの整備を加速して管理による公平・管理による効率・管理による活力を実現する。守信連合激励と失信連合懲戒制度[9]を健全化・強化し、社会の信頼建設の推進を加速し、違法懲戒の度合いを強化し、市場の良好な運営と優勝劣敗を促進する。

第八に、公共サービス体系を整備して基本となる公共サービスの均等化、アクセスの可能性を推進することである。基本公共サービスへのアクセスの可能性と基本公共サービスの均等化と公平性の実現は、互いが条件となり、互いに補い合って成し遂げられるものである。アクセスの可能性を抜きにしてはサービスの均等化は実現できず、サービスの均等化から離脱すればアクセスの可能性はリードする価値を失って公平と正義が成り立つ前提が欠けてしまう。都市・農村地域の基本公共サービス制度の統一を加速し、公共資源を基層への拡大に向け、農村へのカバーに向け、辺境地域と生活困難な大衆への傾斜に向けることを促進し、社会全体の受益の機会と権利の均等を促進し、都市・農村地域の基本公共サービス制度の統一とサービス供給の効果的な連携を推進する。「一老一小（高齢者と就学前児童）」問題を重視して解決し、多層的な養老保障システムの構築を推進し、省レベルの統一的な計画の加速を基本に養老保険の全国統一的な計画を推進する。保育サービスの供給を増やし、良質で公共性のある就学前教

育資源の拡張建設を積極的に支援する。基本公共サービスの標準化と規範化の構築を強化し、その標準体系を構築し、アクセスの可能性評価の指標体系・方法・手続きを確定する。

第九に、インターネット、ビッグデータ、人工知能などの技術手段を活用した行政管理の制度・規則を確立し、健全化することである。新世代の情報技術の急激な発展は国家ガバナンスの理念と手段に深刻な変化をもたらしていて、新興技術の「活力付与」の役割は行政管理に深く持続的に影響している。技術の流れに応じて「インターネット＋政務サービス」を深く推進し、政府の情報システムの相互接続を加速し、断固「情報の孤島」を開通させ、より多くの事項をオンラインで処理し、公開透明・公平公正を体現し、政府の管理とサービスのスマート性・利便性・親民性を強化しなければならない。デジタル政府の建設を推進し、データの秩序ある共有を強化し、法に基づき個人情報を保護する。全プロセスが一体化したオンラインサービスのプラットフォームを構築し、政務サービスの情報化・スマート化・正確化・利便化のレベルを向上させるのである。

(3) 政府の組織構造の最適化

科学的で合理的な政府組織構造は政府が高効率に職責を履行する重要な保障である。政府組織構造の最適化とは複雑なシステム工程であり、科学的配置、権限と責任の整理という原則を堅持しながら、次の4つの面に力を注がなければならない。

第一に、機構、職能、権限、手続き、責任の法制化を推進することである。法治政府の建設は党と国家の機構改革を深化させ、改革の成果を強固とする重要な保障である。行政組織と行政手続きの法律制度を整備し、法に依り規則に依って機構を設置し、職能を配置し、権限と責任を明確にし、管理・手続きを規範化しなければならない。

第二に、機構定員の編成管理を厳格にし、行政が管理する資源を統一的

に利用し、行政コストを節約することである。機構定員の編成資源は重要な政治資源・執政資源であるために「総量を厳しくコントロールし、統一的に使用し、増減があり、ダイナミックなバランス、重点の保証、発展への奉仕」という考え方を堅持し、各種の編成資源を統一的に使用しなければならない。

　第三に、行政区画の設置を最適化し、中心都市と都市群の総合的な積載容量と資源の最適化の配置能力を高めることである。わが国の発展の空間構造は大きく変化しており、中心都市と都市群はさまざまな発展要素の重要なキャリアの受け皿になりつつある。行政区画は国家の行政管理の基礎であり、行政区画の合理的な調整は経済社会の発展の必然的な要求であり、そして中心都市と都市群をけん引する役割を発揮し、都市化、農村振興戦略と新型都市化を推進する有力な措置でもある。財政・土地・戸籍・人員流動などの政策を徐々に改善し、公共サービス・民生保障・公共安全保障・インフラ建設を強化し、管理体制を革新し、都市管理レベルを引き上げ、中心都市および都市群の経済・人口・資源・生態環境などの総合的な積載容量能力を着実に向上させなければならない。関連する体制・仕組みの改革を通じて中心都市と都市群の人口、産業、資金の吸収能力を高め、各種要素の合理的な流動と中心都市や都市群への高効率な集中を促進しなくてはならない。

　第四に、中抜き化管理を実行し、高効率な組織体系を形成することである。中抜き化管理は階層型管理構造に対する一種の管理モデルである。管理層の重複、過剰な人員、組織機構の業務の効率低下といった弊害を解消し、迅速な情報の流れを強化して政策の意思決定を効率化する。行政管理層を減らし、設置機構を精鋭化し、中間層を簡素化した中抜き化管理を実行することで、上下一貫の円滑な運行で活力に満ちた、命令があれば即座に止める組織システムを構築する。

(4) 上下の連動、力の結集

　中央と地方との関係の正確な処理は国家の統一、政治の安定、経済社会の発展と人民の福祉の改善に関わるばかりではなく、「全国一盤棋（全国が一つにまとまる）」と「末端首創精神（末端大衆の創造的精神）」との結合の実現を直接に決定する。中央と地方の二つの積極性を十分に発揮する体制・仕組みを健全化する核心は上下が連動して合力を形成できるかにあるが、そこで重点となるのは次の5つの方面の措置である。

　第一に、中央のマクロ事務管理を強化し、国家の法制統一・政令統一・市場統一を維持することである。法制の統一は地方性法規と政府規則を上位法として統一制定すべきであり、地方の立法は国の法律法規を十分に貫徹して執行すべきことを要求している。政令の統一は地方が党中央と国務院の重大な政策方針を真摯に貫徹・実行し、国務院が制定した行政法規、公布した決定命令、打ち出した具体的政策の真摯な執行を要求する。

　第二に、中央の知的財産権保護、養老保険、地域を跨ぐ生態環境保護などの事務権を適切に強化し、中央と地方の共同事務権を減少し、規範化することである。知的財産権の保護を強化するには、地方の積極性を発揮させて級ごとのサービス強化、イノベーションの活力を刺激する必要があるだけでなく、中央レベルでのマクロ管理、地域間協調と渉外事項の統一計画を強化する必要がある。中央の知的財産権保護権限の適切な強化は、革新駆動型の発展戦略をよりよく支える上で有益である。

　第三に、地方にさらに多くの自主権を与え、地方の創造的な活動展開を支持することである。中央は主にマクロ事務管理を強化するが、地方は党中央の政令の滞りない実行をするだけでなく、その所轄地域の事務を管理しなければならない。地方へのより多くの自主権の付与とは直接に基層に向けての、大量で広範囲の、地方に由来する実施といえ、よりいっそう便利で効果的な経済・社会管理事項を地方へ委譲することである。地方が確実に必要とし、かつ効果的に請け負うことができる事項を地方へ委譲し、

特に行政審査と承認・利便的なサービス・資源配置・市場監督管理・総合的な法執行・社会ガバナンスなどを段階的に委譲しながら地方のガバナンス能力を強化しなければならない。

　第四に、垂直管理体制と地方分級管理体制の規範化である。垂直的管理とは、独立性のある政府機能部門が地方政府の管理序列から離れ、地方政府の監督メカニズムの制約を受けることなく、省級または中央主管部門が直接「人・財・物・事」を統一的に管理することを意味する。国の経済・民生に関わり、全局の利益に関係する重要な分野に対して集中・統一指導を強化し、マクロコントロールの措置を実行し、法執行監督管理の権威を高めることに重点を置く。地方分級管理とは、すなわち属地化管理である。この類の政府の職能部門は通常、地方政府と上級の同類型部門の「二重指導」を実行し、上級の主管部門は業務の「事務権」を管理し、地方政府は「人・財・物」を管理し、同級の紀律検査部門と人民代表大会の監督に組み入れられる。垂直管理体制と地方分級管理体制を規範化するには、権限と責任の一致原則に基づいて「条」と「塊」の関係を適切に処理し、職責の交錯や権限の重複を避けると共に、各自が勝手に振る舞ったり、責任転嫁や水掛論や合力の不形成を防止しなければならない。

　第五に、権限と責任が明確で、財力が協調し、地域のバランスが取れた中央と地方との財政関係の確立である。中央と地方の事務権、支出責任および財力に相応する制度を整備し、各分野の中央と地方のレベルごとの権限と支出責任とを合理的に分割し、各級政府が提供する公共サービスの権限と責任とが財政収支と財政能力に見合うように確保しなければならない。

　総じていえば『決定』は中国の特色ある社会主義行政体制を堅持し、整備するための壮大な青写真を描いている。われわれは習近平を核心とする党中央の周囲により緊密に団結し、基礎を強固として長所を発揚し、欠点を補って弱点強化に注力し、職責のさらなる明確化、構成の合理化、機能の最適化、運営の効率化、コストのいっそうのコントロール化、活力の

いっそうの豊かさ、法治のいっそうの発達、人民がいっそう満足する政府ガバナンスシステムの構築に努めなくてはならない。

註
1) 習近平．小康社会の全面的達成の決戦に勝利し、新時代の中国の特色ある社会主義の偉大な勝利を勝ち取ろう：中国共産党第十九回全国代表大会における報告．北京：人民出版社．2017：11．
2) 中共中央文献研究室．習近平関於社会主義政治建設論述摘編．北京：中央文献出版社．2017：109．
3)「条塊分割」：組織における命令系統の縦割りと横割り（訳者注）。
4) 中共中央文献研究室．習近平関於社会主義政治建設論述摘編．北京：中央文献出版社．2017：109．
5) 中共中央文献研究室．十八大以来重要文献選編：中．北京：中央文献出版社．2016：63．
6) 肖捷．完善国家行政体制．求是．2019（22）．
7) 国務院発刊『関於加快推進全国一体化在線政務服務平台建設的指導意見』．人民日報．2018-08-01（3）．
8)「権責発生制」：会計期間での費用と収入が当期の損益に計上されるかどうかを基準にした経済業務の処理制度（訳者注）。
9)「守信連合激励・失信連合懲戒制度」：政府の各部門と税関・検査検疫・税務・金融・環境保護などの各分野が連動して優良企業へは優遇を、不良企業へはペナルティを与える制度（訳者注）。

第5章

社会主義基本経済制度と質の高い経済発展

改革開放以来、わが国は公有制を主体とし、多種の所有制経済が共同発展する所有制構造を、そして労働に応じた分配を主体とし、多様な分配方式が共存する分配制度と社会主義市場経済体制を徐々に形成しながら、わが国の経済の持続的かつ速い発展を推進してきた。党の第19期中央委員会第4回全体会議はわが国ですでに形成され、絶えず整備されている所有制構造、分配制度、市場経済体制などを社会主義の基本経済制度とする新たな理論の総括と要約を行っている。そこではこれを社会主義経済制度理論の重大な革新とし、習近平による新時代の中国の特色ある社会主義経済思想の最新の発展としている。社会主義の基本経済制度を堅持して整備することは社会主義制度の優越性をよりいっそう発揮させ、社会生産力を絶えず解放させ、発展させ、経済の質の高い発展を推進させるのであり、国家のガバナンス体系とその能力の現代化を実現する上で大きな意義を有している。

1. 社会主義経済制度理論の継承と発展

中国の特色ある社会主義基本的経済制度の形成と発展は、わが党のマルクス主義経済制度理論に対する堅持と継承、革新と発展に由来し、党と人民の偉大な創造である。

(1) マルクス主義経済制度の理論

マルクス主義は中国の特色ある社会主義の理論的基礎である。経済制度理論はマルクス主義政治経済学の重要な構成部分であり、中国の特色ある社会主義基本的経済制度理論はマルクス主義経済制度理論の継承と発展である。中国の特色ある社会主義基本的経済制度を科学的に認識するにはこうした理論・論理を深く把握しなければならない。

マルクス主義は経済制度が内包する政治法律制度とイデオロギーとの間

の弁証法関係を深く明示し、そこから人類社会発展の一般法則を明示するものである。

　マルクス主義政治経済学は、また交換関係と分配関係の重要性を明らかにしている。具体的には、社会生産の全過程における生産・分配・交換・消費などのプロセスは相互に関連し、相互に作用し、相互に制約し、中でも生産が最も決定的な作用を担っている。人間が経済活動に従事する目的は物質的利益を得ることであり、また物質的利益は最終的には分配関係によって実現されるために、生産関係によって決定される分配関係は「生産関係の反対側」と見做すことができる。また商品経済や市場経済とその発展過程の中で、市場交換や流通は非常に重要な地位と作用を有し、社会的・経済的効率に直接影響を与えるばかりか、人々の分配関係や物質的利益にも広範な影響を与える。マルクス主義政治経済学のこういった基本原理は社会主義基本的経済制度の形成と発展のための、最も一般的な科学的・理論的基礎を築き上げている。

　マルクスとエンゲルスは史的唯物論と政治経済学の理論的論理から出発して、社会主義が資本主義に取って代わる歴史的趨勢を科学的に示し、未来の社会・経済制度の基本的特徴を明らかとする。生産手段の社会的占有、社会生産の計画的調節、労働による分配と需要による分配、個人の自由で全面的な発展などがそれである。と同時に彼らは「いわゆる「社会主義社会」とは不変なものではなく、その他の社会制度と同様に常に変化し改革していく社会と見るべきである　」[1]ことを強調している。マルクスとエンゲルスによる未来社会の基本的な経済的特性の理論は、社会主義経済制度建設・実践のための指針として大きな意義を持っている。

　マルクスとエンゲルスによる未来社会についての理論的構想や過渡期の理論はいずれも科学的な予測の性格を帯びるが、それと同時に実践における社会主義の歴史的前提がマルクスとエンゲルスのそれとは異なっていることを認識しなければならない。社会主義の実践の中では、マルクスとエ

ンゲルスが指摘した社会主義の原則と方向を堅持するだけでなく、実情からの出発を堅持し、特定の歴史的条件に適した社会主義の基本経済制度と発展の道を模索・確立するよう努力すべきである。

(2) 社会主義の基本経済制度の形成と発展

　中国の特色ある社会主義の基本経済制度は、中国共産党が自覚的にマルクス主義の普遍的真理と中国の実情を結びつけることを堅持した実践の結晶であり、中国の革命、建設と改革の全体的過程から出発した。中国の特色ある社会主義の基本経済制度の実践論理であることを深く把握しなければならない。

　1949年10月の新中国成立以降、経済面では帝国主義の在華遺産を接収し、官僚資本を没収して国家の所有へと帰し、国有企業を設立し、新解放区[2]の土地改革を完成し、新民主主義経済を発展させた。1952年までにわが国の国民経済は全面的に回復し、国家と社会全体が新民主主義から社会主義へと転換する基礎と条件が整えられた。

　1953年、わが党は国家の社会主義工業化を段階的に実現し、国家による農業、手工業、資本主義工商業の段階的な社会主義改造という過渡期の総路線の逐次実現を提案した。1956年末までにわが国の農民、手工業労働者の個人所有の私有制は基本上、労働大衆集団所有の公有制へと転換した。資本家が所有する資本主義私有制は基本上、国家所有すなわち全人民所有の公有制へと変わった。農村では基本的に土地の公有が実現され、社会主義集団経済が確立した。ここに至ってわが国は基本的に国有制と集団所有制を基礎とする社会主義経済制度を確立し、中国史上最も深い制度変革と社会変革を実現した。と同時に、1953年の第1次国民経済五カ年計画の実施を目処にわが国は徐々に社会主義計画経済体制を確立していくこととなる。

　1956年以降、わが国は社会主義を全面的に建設し、社会主義発展の道

を模索する新たな歴史的時期へと入った。この建設と模索の過程の中で、党はわが国の生産力がなお立ち遅れている歴史的条件の下で、いかに社会主義を建設するのか、という問題についての経験を持たず、また思想認識上の不足もあって「反右派闘争」の拡大化、「大躍進」、人民公社化運動、「文化大革命」などの誤りが生じた。この歴史的な時期でもわが国の経済建設は一連の偉大な成果を収めたが、しかし実際には「一大二公（大規模で公共的）」の経済制度、均等主義の色彩が濃厚な分配制度、過度に集中した経済体制といった多くの深刻な弊害が存在し、そのために企業、労働者個人、地方政府など各方面の自主性・積極性・創造性が著しく阻害され、低調な生産効率・深刻な浪費・活力の不足を招くこととなる。生産力と経済発展の潜在能力が十分に発揮されず、人民の生活水準の向上の遅れなどといった結果に抜本的な改革を行わなければならなかった。

　党の第11期中央委員会第3回全体会議以来、わが党は国内外の社会主義経済建設の経験と教訓を深く総括し、人民を指導して改革開放の新たな発展の道を切り開き、わが国の社会主義経済制度の歴史的変革を実現してきた。1978年、党の第11期中央委員会第3回全体会議では「（合作社・人民公社の）労働者の個人保有地、家庭内副業および市場貿易は社会主義経済の必要な補充部分であり、いかなる人もむやみに干渉してはならない」[3]と指摘している。

　都市部と農村部の個体経済の回復と発展は、所有制構造の調整に突破口を開いた。その後、農村家庭連産承包責任制（農村家庭生産・経営請負制）の実施に伴い、わが国の郷鎮企業は急速な発展を遂げた。農村から都市への改革、農業から国有商工業への発展に伴って都市と農村での私営経済が発展した。価格改革の実行にしたがって市場メカニズムの役割は日増しに強まっている。それと同時に、経済特区や沿海都市の対外開放政策の実施に伴う外資企業や合弁企業などの非公有制経済も著しい発展を獲得した。所有制構造の多様化と同時に、分配においては過去の均等主義を特徴

とする分配体制から労働に応じた分配を主体とする多様な分配方式が共存する構造へと発展した。経済管理体制では高度に集中した計画経済体制から社会主義市場経済体制へと移行している。

　事実から明らかなように、わが国の経済制度、分配制度、経済体制の改革は相互に連携し、相互に作用し、同期して推進する過程であり、改革開放の大筋と重点であった。1990年代初頭までにわが国は公有制を主体とし、多種の所有制経済の共同発展と労働に応じた分配を主体とし、多様な分配方式が共存する所有制と分配制度の新たな枠組みを初歩的に形成してきた。と同時に、市場メカニズムの役割も絶えず拡大・強化されている。まさにこのような新しい経済制度と分配制度と市場メカニズムの促進の下で、わが国の経済は未曽有の急速な発展を遂げ、人民生活は急速に改善された。

　第14回党大会以降の社会主義市場経済体制の確立と発展に伴って、わが国の経済は引き続き急速に発展し、社会主義の基本経済制度は絶えず強固となり発展している。

　第18回党大会以来、習近平を核心とする党中央は、新時代においていかにわが国の社会主義の基本経済制度を堅持・整備し、質の高い経済発展を推進するのかをめぐり、理論と実践の結合の中で深く模索してきた。改革の全面的深化を安定な急成長で推進し、各方面の体制・仕組みの弊害を断固取り除き、全面的な改革に注力し、幾つもの面を突破して深く推し進め、改革の系統性・全体性・協同性の強化に力を入れ、改革の広く深い展開を持続的に拡大し、一連の改革措置を打ち出している。重要な分野とポイントの改革は飛躍的に進展し、主要分野の改革主体の枠組みを確立したことで中国の特色ある社会主義の基本経済制度はより強固に整備され、より成熟され、定型化された。

　このように経済ガバナンス体系とその能力の現代化のレベルは向上し、社会全体の経済発展と革新の活力は顕著に強化されている。世界経済の持

続的な低迷を背景としながらも、中国経済は発展した良好な勢いを維持・継続している。世界経済への貢献率が30％前後に達しているように、社会主義の基本経済制度の著しい優位性はさらに発揮され、顕在化されている。

(3) 社会主義経済制度理論の革新

中国の特色ある社会主義の基本経済制度の形成と発展は、わが党の社会主義経済制度理論の継承と発展の賜物である。

新中国の成立後、わが党は科学的社会主義の基本原理に基づき、1956年に社会主義改造を完成し、公有制を基礎とする社会主義経済制度を確立した。それと同時にわが党は社会主義建設の道への苦難の模索を行ってきた。毛沢東が1956年4月25日に発表した『十大関係論』はその端緒であり、これはわが党が中国の特色ある社会主義経済制度の構築を模索・確立した重要な理論的成果である。

党の第11期中央委員会第3回全体会議以来、わが党は実事求是、一切従実際出発（すべては実情から出発する）というマルクス主義思想路線を回復した。国内外の社会主義経済建設の経験と教訓を深く総括した上で、わが国が長期的に社会主義の初級段階にあるという基本的な判断から出発して、経済建設を中心とする改革開放の基本路線を確立した。そこでは鄧小平理論、「三つの代表」の重要思想と科学的発展観などの中国の特色ある社会主義理論の成果を形成し、わが国の社会主義経済制度に歴史的な変革を生じさせ、さらに絶えず強固・発展させるように導いている。

1992年開催の第14回党大会では、社会主義と市場経済とを対立させてきた伝統的な理論と観点を突破しようとはじめて社会主義市場経済体制の確立という改革目標が明確に打ち出された。

1997年開催の第15回党大会では、はじめて正式に「公有制を主体とし、多種の所有制経済の共同発展」をわが国の基本経済制度として確立し、党

規約に明記された。

　1999年採択の新憲法ではそれを国家制度として正式に確立し、加えて「労働に応じた分配を主体とし、多様な分配方式が共存する分配制度の堅持」がはじめて成立した。

　この一連の変革は、共有制と労働に応じた分配のみを可能としてきた社会主義経済制度の伝統的な理論と観点を突破するものであった。それと同時に、従来の概念や理論における「社会主義経済制度」と区別するために、「基本経済制度」という新しい概念が加えて打ち出され、あわせて「多種の所有経済の共同発展」を「基本的経済制度」の範疇に組み込み、それにより非公有経済とその発展を国家制度と国家発展の中の重要な地位として確立している。つまり「労働に応じた分配を主体に、多様な分配方式が共存する分配方式」とする新たな概念が提出されたことで、伝統的な概念と理論における単一な「労働に応じた分配制度」を区別し、労働に応じた分配以外の方式が分配制度の中で重要な地位を確立したのである。

　これらの新概念と新理論の提起は、中国の特色ある社会主義の基本経済制度理論の形成と発展の重要なメルクマールである。

　第16回党大会と第17回党大会では、公有制を主体として多種の所有制経済が共に発展する基本経済制度と二つの「毫不動揺」[4]の堅持がより強調され、わが党の社会主義基本経済制度理論はいっそう発展した。

　第18回党大会以降、わが党は制度建設をより際立った位置に据えている。党の第18期中央委員会第3回全体会議では、公有制経済と非公有制経済をわが国の経済・社会発展の重要な基礎とし、そのいずれもが社会主義市場経済の重要な構成部分であると提起された。公有制を主体とし、多種の所有制経済が共同発展する基本的な経済制度は中国の特色ある社会主義制度の重要な支柱であり、社会主義市場経済体制の根幹でもある。

　党の第19回中央委員会第4回全体会議で採択された『決定』は、はじめて公有制を主体に多種の所有制経済を共同に発展させ、労働に応じた分

配を主体に多様な分配方式を共存させており、社会主義市場経済体制を社会主義の基本経済制度として確立している。この重大な決定は、中国の特色ある社会主義基本経済制度理論を新段階へと発展させているが、これは社会主義経済制度理論の新たな発展といえ、マルクス主義経済制度理論の継承と革新である。

　上述したように、「経済制度」は歴史的なカテゴリーであり、異なる歴史条件の下では意義もまた異なる。マルクス主義政治経済学は、生産様式と生産関係における経済制度の地位を強調した。また伝統的な社会主義政治経済学は、生産資料公有制における経済制度の地位を強調している。中国の特色ある社会主義政治経済学は、公有制を主体とする前提の下で、そのほか多くの所有制の基本的な経済制度の地位を強調する。そして新時代における中国の特色ある社会主義経済思想は、分配制度と市場経済体制の経済制度地位を一歩踏み込んで強調し、基本的な経済制度理論体系を形成したのである。

　マルクス主義経済制度の理論から伝統的な社会主義政治経済学の経済制度の理論まで、中国の特色ある社会主義政治経済学の基本経済制度の理論から習近平の新時代の中国の特色ある社会主義経済思想の基本経済制度体系の理論まで、マルクス主義経済制度理論は鮮明に継承・発展されており、その客観的法則性の大筋を構成している。

2．社会主義基本経済制度が直面する挑戦

　わが国の社会主義の革命と建設、特に改革開放の偉大な実践において形成・確立された社会主義基本経済制度は、「実践によって検証された、巨大な優越性を持つ制度であり、社会生産力の解放と発展、人民生活の改善に有利だけでなく、社会の公平と正義の維持、共同富裕の実現にも有利である」[5]。それと同時に、公有制経済と非公有制経済が共に進む発展をい

かに実現するか、労働に応じた分配を主体とする多種の分配方式の共存と共同富裕との関係をいかに処理するか、力を集中させて大きな事柄を成し遂げることと市場とが資源配分において決定的な役割を果たすことをいかに同時実現するかは、われわれが社会主義基本経済制度の堅持と整備において直面する重大な課題であることを認識しなければならない。

(1) 公有制経済と非公有制経済との共同発展

　計画経済の時代では、人々は公有制・社会主義と非公有制経済・市場経済は相互に排他的で対立するものと見做してきた。わが国の改革開放の成功の鍵は次のようになる。わが党がマルクス主義の基本原理を中国の実情と結びつけることを堅持し、わが国が長期的に社会主義の初級段階の状態にあるという科学的判断を下して思想と実践的な発展を束縛する一連の伝統的で誤った観念を打破し、経済の建設を中心に置く発展を頑強な道理とする上で、この生産力の解放と発展こそを社会主義の本質ととらえ、一部の人民と地域を先んじて富ませることを許可した点である。最終的に共同富裕の実現などの新理念と新観点は、社会主義の初期段階の理論を核心とする中国の特色ある社会主義の政治経済学理論を形成し、また実践を通じて公有制を主体とし、多種の所有制経済が共同発展する所有制制度を徐々に確立させていった。

　この所有制制度は一方では生産資料の公有制という社会主義本質的規定と科学的社会主義の基本原則を堅持・継承し、もう一方では史的唯物主義の基本原理と中国の生産力発展の不備・不均衡という基本国情を根拠にして非公有制経済の社会主義初期段階における重要な役割を十分に肯定している。

　実践によると、こうした所有制制度は党の経済活動に対する集中・統一指導を堅持・強固とするのに有利で、力を集中させて大きな事柄を成し遂げる制度の優位性を十分に発揮するばかりか、各経済主体の積極性と創造

性を十分に引き出すことにも有利で、わが国の生産力の急速な向上と経済の持続的かつ急速な発展を力強く促進している。

同時に、われわれは理論からいっても実践から見ても、公有制を主体とし、多種の所有制経済が共に発展する所有制制度をどのように堅持・整備していくのかという点と、そして公有制経済と非公有制経済の共同発展の維持が新たな挑戦に直面している点に目を向けなければならない。

指摘しなければならないのは、公有制の主体的地位と異なる所有制との間にある平等な競争は二つの異なる次元の問題であり、公有制の主体的地位の堅持と異なる所有制の間の競争の強化は矛盾しない、ということである。

これは一方では、いかなる社会の経済的要素も単一ではなく、多種の経済的な要因が存在するが、それらの地位と役割は同じではないことを指す。

マルクスはかつてあらゆる社会形態において、ある一定の生産がほかのすべての生産の地位と影響を決定し、それは一種の「あまねく照らす光」である、とした。主体の地位を占める公有制は、社会主義社会の「あまねく照らす光」であり、それは社会主義社会の性質を決定し、そしてほかの所有制経済の要素の地位と影響を決定している。公有制を主体とする条件の下での非公有制経済を私有制を基礎とする社会の非公有制経済と同一視するのは正しくない。

一方、市場経済ではさまざまな所有制の企業は価値規律によって調節されていて、等価交換の原則にしたがわなければならない。この意味でいえば両者の関係は対等な競争関係である。

実践の中で、公有制経済と非公有制経済はいずれもわが国の経済発展にとって重要な役割を果たす。そのためには公有制経済をいささかも揺るぐことなく強固とし、発展させなければならない。同時に非公有制経済の発展をいささかも揺るぐことなく奨励し、支持し、導いていかなければならない。具体的には、以下の役割があげられる。

1）公有制経済は経済活動に対する党の集中・統一指導、力を集中させて大きな事柄を成し遂げる社会主義制度の優越性の発揮、社会生産力の発展の促進、公共の蓄積と国家税収の増加、雇用圧力の緩和、国際競争力の強化、共同富裕の実現などに重要な役割を果たしている。

2）非公有制経済は改革開放以来、急速な発展を遂げ、わが国の経済発展、人民生活の水準の向上、革新の促進、雇用の増加、わが国の国力、国際的地位、競争力の向上に重要な貢献をし、わが国の経済安定の重要な基礎、国家税収の重要な源、技術革新の重要な主体、金融発展の重要な拠りどころとなり、わが国の経済の持続的で健全な発展を支える重要な力である。

3）現在、わが国の経済発展が直面している国際環境と国内条件には深刻かつ複雑な変化が生じている。発展の外部環境と条件から見ると、現在、世界はまさに100年に一度の未曾有の大きな変局の中にあり、国際情勢は錯綜し複雑となっている。不安定で不確定な要素が上昇し続けており、わが国の発展の外部環境におけるリスクと挑戦の要素は明らかに増加している。国内の状況から見ると、経済成長方式の転換、経済構造の最適化、質の高い経済発展の推進は難関突破の重要な時期にある。まだ社会主義の初期段階にある発展途上国にとって、発展は依然として第一の重要任務である。そのために発展を促進するさまざまな要素を動員しなければならず、各種の所有制経済が市場競争の中で各自の優位性を発揮し、相互に促進し、共に発展し、各種の市場主体の活力を引き出すことを実現する必要がある。

もう一方で、社会主義基本経済制度の顕著な優位性の一つは、公有制経済と非公有制経済の優位性が相互補完・相互促進・相互融合・共同発展を実現できることにある。

第一に、公有制経済は利潤の最大化を唯一の目標とするわけではない。国家の経済と政治の安全を守り、国家の発展戦略への寄与が公有制経済の重要な任務である。したがって国家の経済と民生に関係する重要プロジェ

クト、公共財とサービスおよび莫大な額の投資、長期にわたる投資回収や少額の収益、引いては収益が見込めないプロジェクトなど国家の発展と人民の生活に必要なすべての業界・分野・製品・プロジェクト（例えば高速鉄道・電力網・空港・道路網などのインフラ建設）に対して、公有制経済はいずれも国家の需要に応じて投資と建設を行っている。その製品やサービスの価格も短期的に予想される期待の獲得だけではなく、国家全体の経済発展の必要に応じて確定し、それによって生じるプラスの外部効果あるいは波及効果は非公有制経済のコストを下げ、その成長と発展を促進することができる。

第二に、公有・国有経済の配置と構造の最適化を通じて国有資本の前進と後退、合理的な流動のメカニズムを整備し、公有制の統制力・影響力・競争力を強化し、それによって公有制経済の主体的役割と国有経済の主導的役割をよりよく発揮できる。経済運営の安定性と協調性が増強し、運営経済の変動を減少させ、公有制経済のマクロ経済の安定器的役割も発揮できる。また国有企業の技術革新における積極的な役割と戦略的サポートの役割を発揮し、非公有制経済の技術進歩と産業構造のアップグレードをけん引し、わが国の製造業のグローバル産業チェーンとバリューチェーンの地位を向上させる。

最後に、公有制経済と非公有制経済の株式の持ち合いを通じて両者の相互促進を実現し、相互が競い合い、それぞれの長所を発揮し、共に発展する。もちろんのこと、国有資産の保護にも注意を払う必要がある。国有資産の流失を防止し、両者の間で発生する可能性がある押し出し効果（クラウディングアウト）と資源と市場の上での過当競争、引いては悪性競争の問題もある。

(2) 労働に応じた分配と多様な分配方式と共同富裕との関係

分配は経済発展の重要な問題といえ、分配の問題の核心はどのように効

率と公平の関係を認識して処理するかにある。これまでは長期にわたって「効率を優先し、それに合わせて公平を考える」ことや「最初の分配は効率を重視し、再分配は公平を重視する」という観点が比較的に広く普及していたが、このことは引いては所得分配制度や政策にまで影響を与え、わが国の経済成長や国民生活の向上に悪影響を及ぼしてきた。したがって労働に応じた分配を主体とすること、多様な分配方式が共存すること、そしてこれらと共同富裕との関係を理論的かつ正確に認識しなくてはならない。個人所得分配制度の設計と改革の実践の中で、どのように効率性を重視し、効率性の向上と公平とを心がけるかは先進化の奨励・効率性の向上・最大限の活力の刺激に有利となるばかりか、両極化を防止し、共同富裕を着実に実現し、全人民に改革と発展の成果を共有させる上でも有利といえるのであり、理論的にも現実的にも意義のある重要な問題である。

　マルクス主義政治経済学によると、生産は分配を決定し、生産手段所有制と直接生産過程での生産関係は分配関係と個人所得の分配状況を決定するが、分配は生産に反作用すると指摘される。すなわち分配の問題を適切に処理し、社会公平に注意を払うことで生産と市場効率の向上を促進できるわけである。

　所得分配の改善は人民の消費能力を高め、国内消費を中国経済の成長をけん引する新たなエンジンとなる。したがって効率と公平の両立は可能ではあるものの、一定の条件が必要となる。

　わが国はなお社会主義の初期段階にあるために、社会主義の初期段階の生産力の発展レベルによって決定されたわが国の所有制構造は公有制を主体とし、多種の所有制が共存する。これによって労働に応じた分配を主体とし、多様な分配方式が共存する分配制度が決定される。

　非公有制経済の分配方式は要素による分配である。土地やそのほかの自然資源・資本・技術・知識・管理・情報・データなどの生産要素が各自の貢献に応じて分配に参加することを許可し、それによってより多くの資源

と要素が効果的に使われるように引き寄せ、各種の市場主体の活力を刺激し要素と資源の使用効率の向上をもって生産力の発展は促進される。しかし要素の占有には不平等と不均等性が存在し、要素の貢献による分配方式は所得格差の拡大という弊害を生む。

これ以外にも、わが国は社会主義国家であることから公有制経済の主な分配原則は労働に応じた分配であり、多く働いた者は多くの報酬を得て、少ししか働かない者は少ない報酬を得るということを通じて、物質的利益の原則を承認し合理的な所得分配の格差を認めることは、労働者のモチベーションの向上に有利といえ、二極化を解消し、共同富裕を実現することにも有利である。したがって理論上からいえば、社会主義の初期段階であっても、労働に応じた分配を主体に多様な分配方式が共存することと共同富裕との間には完全な対立関係はない。そればかりか分配の公平を効率向上の手段とすることも可能であって、効率向上を促進する前提の下で社会の公平を実現できように努力しなくてはならない。

実践の中で、労働に応じた分配を主体とし、多様な分配方式の共存と共同富裕との関係を正確に処理するためには、われわれは個人所得の分配問題の処理を平均主義で片付けてはならず、また分配の公平に関わる正義を無視してならない。

計画経済時代におけるわが国の平均主義の所得分配は、労働者の労働意欲に深刻な影響を与えた。改革開放後のしばらくの間、わが国のジニ係数は絶えず上昇し、これは現在もなお高い水準にあって個人の所得分配の格差は拡大の一途をたどっている。いずれの状況も効率と公平の関係をより適切に処理し、両者を共に実現しなければならないことを示している。わが国は社会主義国家であるが社会主義の根本的な任務と目的は、社会生産力の解放と発展であって、共同富裕を最終的に実現させることにある。そのためにわれわれは人民中心の発展思想を貫徹する必要があり、社会主義所得分配制度の健全化と整備を通じて、所得分配をより合理的かつ公平に

促進し、効率向上の基礎の上に共同富裕を実現しなくてはならない。

　『決定』は「人民を中心とする発展思想を堅持し、民生を絶えず保障・改善し、人民の福祉を増進し、共同富裕の道を歩むことの顕著な優位性」を指摘している。われわれが追求する発展とは人民に幸福をもたらす発展であり、われわれが追求する豊かさとは全人民の共同富裕である。

　また『決定』は人民中心の発展思想を堅持し、共同富裕を実現する上でいかなる戦略的配置を敷くのかを述べている。すなわち社会主義制度の優位性を発揮し、都市・農村の発展を統括的に計画し、貧困脱却の難関攻略などの発展戦略を実施することで「一部の人をまず豊かとさせ」、「先に豊かになった者がまだ高裕の途上にある者を助ける」ことを堅持し、効率と公平を両立させることで生産力を大いに開放するだけでなく、社会の公平と正義も実現するのである。

　人民中心の発展思想を実現するには、経済・社会発展の各段階において、整備・健全化された制度体系による徹底した実行が必要となる。そのためには、育児・教育・所得・医療・養老・住居・救済などの面で公共サービス制度体系を確立し、全人民をカバーする社会保障システムを完備し、普遍的・基礎的・包括的な民生建設を強化し、より十分でより質の高い雇用の実現に有利な雇用促進メカニズムを健全化し、そして貧困を解決する長期的かつ効果的なメカニズムなどを確立しなければならない。

　また公平と効率とを両立する分配制度を通じて、さらに合理的で秩序ある所得分配を実現する必要があり、内需をいっそうけん引し、制度的な方式で発展の不均衡と不備の問題を解決し、そこから経済の質の高い発展を促進する。

(3) 力の結集と資源配置において市場が果たす役割

　力を集中させて大きな事柄を成し遂げることは、わが国の社会主義制度の顕著な優位性である。この優位性に則り、われわれは新中国の成立後の

資金・技術・人材・物質のすべてが非常に不足している状況下で、独立した工業システムと国民経済システムを確立し、西側先進国が数百年かけて完成した工業化の過程を数十年で成し遂げた。

　国力を挙げた「両弾一星」の研究開発の成功は国家の安全を保障し、中国の国際的地位を高めた。改革開放後は新時代へと突入し、高速鉄道、神舟号の打ち上げ、嫦娥（月探査衛星）による月探査、量子通信衛星の「墨子」号、大興空港をはじめとする最新のインフラ建設など、困難を克服しリスクに打ち勝って数多の「不可能」を実現し、次々と「中国の奇跡」を生み出している。これらはすべて党中央の集中・統一指導の下で、力を結集して上下が心を一つにして勝ち得たものである。

　しかしそれと同時にわが国は発展途上の大国であり、地域間の発展レベルの差は大きく、昨今の複雑な国際・国内情勢の下で各種のリスクと挑戦に対応しなければならない。

　質の高い発展を実現するには経済建設と改革開放のトップダウン設計を強化し、全国一体となった取り組みを堅持し、各方面の積極性を呼びおこし、力を集中させて大きな事柄を成し遂げる必要だけではなく、資源配置における市場の決定的な役割を十分に発揮し、社会主義制度と市場経済の有機的な結合を実現し、わが国の国力の成長と人民生活の向上を促す必要がある。

　社会主義の基本経済制度の顕著な優位性は、力を集中させて大きな事柄を成し遂げることである。マルクスの社会再生産理論は、経済の持続的発展の実現には社会生産の各部門同士で合理的な比例関係が維持されなければならず、この関係は市場によって自動的に達成できないばかりか、時によっては市場により妨害され破壊されると説く。また市場は価格などの市場信号と需給関係システムを通じて資源の配置と調節を行い得ても、遅滞性・盲目性・短期性などの特徴と弊害が存在する。これに対して力を集中させて大きな事柄を成し遂げることはマクロ性・長期性などの特徴を有し、

中長期的な発展戦略と現代化建設の推進を支える顕著な制度的優位性を示している。

国家発展計画戦略を指導指針とし、財政政策・貨幣政策・雇用政策・産業政策・投資政策・消費政策などのマクロ経済コントロール制度体系をもってしてはじめて国民経済の持続的で安定した成長の実現が可能となるのである。

新しい発展理念を貫徹し、質の高い成長と発展を実現し、現代化工業システムを建設するにはトップダウンの設計と統一計画を両立させ、資源と力を集中して重点を確保し、協同作用を通じて重点突破を達成する必要があるだけではなく、すべての主体の積極性と創造性を引き出し、スピードと効率を高める必要がある。

別の観点から見ると、一般的には力を集中させて大きな事柄を成し遂げる方法が必要となって解決すべき問題とは、例えば貧困脱却の難関攻略、生態保護、核心技術や重大科学技術プロジェクトの難関攻略などのように、いずれも市場が解決したがらなかったり、できないものであり、引いては本来社会が解決すべき問題やボトルネックなのである。だからこそ力を集中させて大きな事柄を成し遂げるという社会主義基本経済制度の顕著な優位性を十分に発揮し、中央と地方の関係を統括的計画し、個人の利益と集団の利益、一部の利益と全体の利益、目前の利益と長期の利益とを統括的に計画し、各方面の積極性を十分に引き出すべきなのである。

それと共に政府の職責体系を最適化し、「見えざる手」と「見える手」を同時にうまく使いこなし、資源配置における市場の決定的な役割を発揮させ、また政府の役割を発揮させることで市場の役割と政府の役割の相互補完・相互協調・相互促進の局面を形成する。

こうして発展効果を高めながら人民の利益を確実に守り、人民大衆の幸福感や獲得感を絶えず向上させるのである。

したがって資源配分における市場の決定的な役割と政府との役割をより

よく発揮する原則を堅持し、政府と市場との関係を正しく処理し、有効な市場と有為な政府を基礎とする上に中央と地方の二つの積極性を引き出すことを実現しなければならない。

現在、中央と地方は職責関係の面でまだ完全に整理しきれておらず、「統」と「分」、「放」と「管」、「条」と「塊」、「塊」と「塊」、「事」と「財」、「権」と「責」が未区分という問題があって、制度の優位性の発揮に深刻な影響を与えている。そのために中央と地方の二つの積極性を十分に発揮させる体制・仕組みを健全にし、社会主義市場経済の条件下での重要な革新技術の難関を突破する、新型挙国体制の構築を模索しなければならない。

第一に、党中央の権威と集中・統一指導の断固たる擁護、第二に、全国の一体性の堅持、第三に、末端の創始精神の尊重、第四に、法治保障の強化である。

力を集中させて大きな事柄を成し遂げる上で最重要となる財政関係に関していえば、権限と責任が明確で財力が協調し、地域のバランスが取れた中央と地方の財政関係を確立しなければならない。

3．社会主義基本経済制度を堅持・整備する目標と任務

今、世界は100年に一度の未曾有の大きな変局を経験していて、わが国はまさに中華民族の偉大なる復興を実現する重要な時期にある。人民の素晴らしい生活に対する新たな期待を絶えず満たすためには、社会主義基本経済制度を堅持・整備し、資源配分における市場の決定的な役割を十分に発揮し、政府の役割をよりよく発揮し、新しい発展理念を全面に貫徹しなければならない。供給側の構造改革を主軸とすることを堅持し、現代化経済体系の建設を加速させてわが国の経済の質の高い発展の実現を推進しな

ければならない。

(1) 質の高い発展の実現

　質の高い発展は、発展速度の追求から発展の質の重視へと転じ、新たな発展理念をもって指標とする。人民をもって中心とする発展は、社会の生産力を大いに解放・発展させ、これを通じてより多くの社会の富の創造し、人民大衆の日増しに増大する素晴らしい生活に対する需要をよりよく満たす発展である。質の高い発展は社会主義の基本経済制度を堅持・整備する任務と目標であり、中国の特色ある社会主義基本経済制度はわれわれに質の高い発展を実現するための制度的基盤と保障を提供している。

　第一に、革新は発展をリードする原動力であり、発展の質と効率を向上させる基礎の所在である。革新への志向を堅持し、革新への駆動を着実に実行してこそ、成長の新たな源泉を絶えず切り開くことができる。ここ数年、人工知能・ビッグデータ・5G通信・ブロックチェーンなどに代表される情報技術、遺伝子技術・再生医学・合成生物学などに代表されるバイオテクノロジーなど、次々と新製品・新業態・新モデルが生み出されて新たな段階の科学技術革命と産業革命をけん引し、科学技術の革新能力も各国の核心の競争力となっている。わが国は発展途上国であり、また製造業大国でもあるために科学技術革新のけん引作用を発揮し、自主革新能力の向上を加速する必要がある。同時に、供給側の構造改革を主軸とすることを堅持し、設備の更新および技術改革への投資に対するサポートに力を入れることを強化し、製造業の最適化とアップグレードを推進する必要がある。体制・仕組みの革新を通じて国際競争力のある先進的な製造業クラスターを築き、産業の基礎能力と産業チェーンの現代化レベルを引き上げ、現代化した経済システムの建設を加速させる。

　第二に、協調的発展は持続的で健全な発展の内的要求であり、社会主義制度の優位性を際立ってあらわしている。金融と実体経済の協調的発展の

面では、金融が実体経済にサービスを提供し、先進的な製造業を推進し、実体経済を振興する体制・仕組みを確立・健全化し、民営企業と中小・零細企業の融資の難題を緩和している。都市と農村の関係では農村振興戦略を実施し、都市と農村との融合発展の体制・仕組みを健全化する。地域の協調的発展の面では、質の高い発展が地域の協調的発展に新たな要求を提起している。地域の協調的発展とは、それぞれの地域が同レベルの経済発展を達成することではなく、各地域の条件に基づいて合理的な分業・最適な発展の道を歩みながら、地域協調発展の新たなメカニズムを構築し、無秩序で非効率な競争、産業構造の収斂現象を解消し、主体機能区戦略を実行し、空間ガバナンスを整備し、明確な主体機能・相互補完の優位性・協調的発展といった、有機的に融合した質の高い発展の地域経済配置を形成することにある。

　第三に、グリーン発展は永続発展の必須条件であり、人民の素晴らしい生活への憧れの重要な体現である。生態を優先し、グリーン発展を志向する質の高い発展モデルを模索し、経済発展と生態環境保護の建設の関係を統括的に計画し、青空防衛戦と汚染防止の攻防戦に打ち勝ち、生産・生活・生態の調和の取れた発展を推進しなければならない。

　第四に、開放は国の繁栄と発展のために避けて通ることのできない道であり、中国が世界に溶け込むための必然的な選択である。開放への方向性を堅持し、発展空間を開拓しなければならない。対外開放は中国経済の目覚ましい成果を収めた重要な要因の一つである。中国経済の未来のさらなる発展の実現のために、中国共産党第19期中央委員会第4回全体会議では「よりハイレベル開放型の経済新体制の建設」、「より広い範囲、より広い分野、より深いレベルでの全面開放の実施」、「規則、規制、管理、基準などの制度型開放の推進」を打ち出し、開放による改革と発展と革新を促している。国際経済関係では多国間枠組み内での協力を強化し、貿易と投資の自由化を推進し、多国間貿易体制を維持し、資金流通の開放、互いに

利のあるウィンウィンの道を堅持し、より開放的で、包容的で、普遍的で、バランスの取れたウィンウィンに向けて発展する経済のグローバル化を推し進め、開放型世界経済と人類運命共同体を構築する。これらすべてはわが国の対外開放を深化させ、質の高い発展を実現するための方向性を示している。

　第五に、共有は中国の特色ある社会主義の本質的な要求であり、社会主義発展の根本的な目的である。質の高い発展を推進するには供給側に注目するだけでなく、消費需要の重要な役割も重視しなければならない。わが国は14億人の巨大な消費者層と4億人以上の中間所得層の強大な購買力を有し、巨大な市場の優位性をそなえている。消費者規模の拡大と水準の向上は、経済成長を持続的に引き上げる原動力の源泉であり、国際競争に参加する上での重要な優位性ともなる。質の高い発展をサポートするには、市場監督管理が公平な競争の維持、消費者の権益の維持において重要な役割を発揮しなければならない。消費者志向のイノベーションは産業の革新発展の重要な方向である。消費者の権益をしっかりと守ることのみならず、良好な市場環境を構築してこそ強大な国内市場の潜在力を掘り起こし、企業の発展空間を開拓し、発展の質を高めることができる。

(2) 経済制度の優位性を経済ガバナンス効能へと転換するには

　ガバナンス空間の多様化、ガバナンス主体の多元化とガバナンス問題の複雑化とリスク化、そして各国間の経済と制度の競争に直面している現在において経済制度の優位性を経済ガバナンスの効能へと転換するには、政府と与党の持つガバナンス権威、掌握しているガバナンス技術、動員できるガバナンス資源および問題の対応能力が要となる。

　中国の状況からいえば、中国の特色ある社会主義経済制度の優位性を経済ガバナンスの効能へ転換するにあたり際立った制度的優位性が一つある。それは、われわれの基本的な経済制度が人民を中心とし、人民の福祉の増

進を拠りどころとすることである。したがって人民が発展の成果を分かち合い、人民が制度建設に参与し、人民が制度配置に同意することは、経済制度の優位性を経済ガバナンスの効果へと転換しようとする最大の支えと保証をつくり上げている。

　経済制度の優位性を経済ガバナンスの効能へと転換させるには、制度建設を主線として改革を推進しなければならない。そのためには、われわれは制度の革新を通じて経済発展の中で遭遇した新しい状況や問題を解決する必要がある。またわれわれがすでに実施している効果的なガバナンスの経験を長期的に実施できる制度へと転換し、ガバナンス制度の体系と仕組みを充実させながら改革による国家制度とガバナンス体系の建設を推進し、システム完備、科学的規範、有効な制度体系の運行を構築し、それによってわが国の制度の優位性を国家ガバナンスの効能へと転換させる必要がある。

　経済制度の優位性を経済ガバナンスの効能へと転換させる重要な側面は、ガバナンス手段と政策ツールの豊富性・多様性・柔軟性である。公有制を主体とし、多種の所有制経済を共同で発展させ、労働に応じた分配を主体とし、多様な分配方式が共存する社会主義市場経済体制で構成される基本経済制度によって、われわれは複雑に絡み合った国際環境と国内の困難で並大抵ではない改革・発展・安定の任務に直面しても、より大きくより弾力性のある調整の余地をより多くより柔軟で効果的な政策手段を持つことができた。それによって調整のタイミング、テンポ、度合いを適時・適切に把握し、現代化した経済システムを建設し、質の高い発展を実現する上で安定した前進をさせ、わが国の経済にますますの強靱性と変動抵抗性をそなえさせるのを可能とした。

　例えば目下のところ、輸出が低迷し、経済成長の動力の転換や経済構造の調整が進む中で内需をけん引して市場投資を促進するために、政府は減税や料金引き下げで投資を促す一方、民生の改善と保障も必要となってい

る。この二つの任務の一つは財政収入を減らし、いま一つは財政支出を増やすことだが仮に単純に財政赤字だけに頼って解決した場合は、政府の債務負担を増加するだけでなく経済の安定にも影響を与える。しかしわが国には十分な国有資産と国有経済があるために、もともと困難で、引いては解決できない問題は中国にとっては比較的容易なものとなっており、国有資産の一部を割り当てたり、国有企業に企業利潤の一部を財政へ上納するよう要求する。

そのほかにも国有企業と公有経済が存在することで、財政・貨幣・雇用・産業・地域・価格などのさまざまな政策手段の協調と協力が可能となっている。これを通じてマクロ政策の安定の必要性、ミクロ政策の活性の必要性、社会政策の底入れの必要性という原則に則り、安定成長、構造調整、民生支援、リスク防止、雇用促進、期待の安定を統括的に推進し、システミックリスクを発生させないという最低ラインを守り、安定の中に前進を求める活動の総基調を堅持し、経済運営を合理的な範囲内に保てるのである。

(3) 現代化強国の戦略目標を実現する経済制度

中国の特色ある社会主義基本経済制度は、「二つの百周年」の奮闘目標を実現し、引いては中華民族の偉大なる復興という中国の夢を実現するための制度的保障である。

新中国の成立以来、わが党は人民を指導して世界でも稀有な経済の急速発展と社会の長期安定の奇跡を創造した。中華民族は立ち上がり、豊かとなり、さらには強くなるという偉大な飛躍を迎えた。これは公有制を主体とし、多種の所有制経済の共同発展という基本的な経済制度の保障を抜きに語れない。

社会主義の基本経済制度は、社会主義制度と市場経済を有機的に結合し、実践によって検証された巨大な優位性を持つ制度である。これは社会生産

力の解放と発展、人民生活の改善に有利であるばかりか、社会の公平と正義の維持、共同富裕の実現にとっても有利である。

現代化強国の実現という目標からいえば、発展はすべての問題を解決するための基礎と鍵であり、革新・調和・グリーン・開放・共有という新しい発展理念を堅持・貫徹し、公有制経済をいささかも揺るぐことなく強固とし、発展させ、非公有制経済の発展をいささかも揺るぐことなく奨励し、支持し、導くものである。労働に応じた分配を主体とし、多種の分配方式が共存する分配制度を堅持し、資源配分における市場の決定的な役割を発揮し、政府の役割をよりよく発揮し、改革開放を全面的に深化させ、経済のグローバル化に積極的に加わり、グローバルガバナンスの改善に積極的に参与し、よりハイレベルな開放型経済を発展させ、新型の工業化・情報化・都市化・農業の現代化の同時発展を促し、わが国の経済力と総合国力を絶えず強化しなくてはならない。

同時に、わが国は人民の素晴らしい生活への需要をより満足させ、前進途上にあるさまざまなリスクや挑戦に打ち勝ち、「二つの百周年」の奮闘目標を実現し、中華民族の偉大なる復興という中国の夢を実現するためにも、社会主義の基本経済制度の堅持と整備にいっそう力を入れなければならない。

4．社会主義の基本経済制度を堅持・整備する措置

「二つの百周年」の奮闘目標を実現する上で新時代の改革開放を前進させ、リスクと挑戦に対応して主導権を勝ち取るために、われわれは必ず中国の特色ある社会主義制度を堅持・整備し、国家のガバナンス体系とその能力の現代化を推進しなければならない。

(1) 公有制を主体とし、多種の所有経済の共同発展を堅持・整備し、各種の市場主体の活力を引き出す

　国有経済と国有企業の改革を引き続き深化させるには、第一に、公有制の多様な実現形態を模索し、国有資本・集団資本・非公有資本が株式を持ち合い、相互に融合する混合所有制経済の発展を奨励し、各種の所有制資本が長所を取り入れ合いながら短所を補い合って相互に促進して共同発展を実現することが必要である。

　第二に、国有経済の配置の最適化と構造調整を推進し、国家の安全と国民経済の命脈に関わる重要な業種と分野にさらに多くの投資を行うことで国家の戦略目標に奉仕させ、国有経済の競争力・革新力・制御力・影響力・リスクへの抵抗力を強化し、国有資本を強く豊かに大きくすることである。

　第三に、国有企業の改革を深化させ、中国の特色ある現代企業制度の整備を加速し、国有企業の賃金決定メカニズムを改革し、中堅社員の株式保有制度を推進し、経営層の任期制と契約化管理を健全化・整備し、国有企業の発展の活力と内因原動力を引き出すことである。

　第四に、資本管理を主とする国有資産の監督管理体制を形成し、国有資本の投資と会社運営の機能・役割を効果的に発揮しながら企業により多くの自主権を与え、国有企業の市場主体としての立場をいっそう強化することである。

　中小企業の発展を支援する制度を健全とし、非公有制経済の健全な発展と非公有制経済の関係者の健全な成長を促進する。そのためには第一に、法制の面では、民営経済、外資系投資企業の発展を支援する法治環境を健全化する必要がある。権利の平等、機会の平等、規則の平等の原則に基づいて公平に反する法律法規・条項を整理し、各種の隠れた障壁を取り除く。2019年に中国は『中華人民共和国外商投資法』とその関連法規を可決し、国際経済貿易規則との連携を強化し、その透明性を高めている。国家知識

産権局を編成し直すことで法執行力を強化し、違法コストを引き上げるわけである。

　第二に、政策体系の面では、親近清白な政商関係の政策体系を整備し、構築しなければならない。各級政府はネガティブリスト制度の制定と執行、商事制度改革を主な内容とするビジネス環境のガバナンスを通じて、「放管服（行政のスリム化と権限委譲、緩和と管理の結合、サービスの最適化）」改革、特に行政審査・承認制度の改革を深化させ、ビジネス環境を最適化し、政府サービスの効率をさらに高め、官僚と企業家の関係をより規範化・透明化することで経済の質の高い発展をよりよく促進させるのである。

　第三に、市場環境の面では、各種の所有制主体が法に基づいて資源要素を平等に使用し、公開・公平・公正に競争に参加し、等しく法律の保護を享受できる市場環境をつくり上げることで競争を奨励し、独占に反対することである。党の第18期中央委員会第3回全体会議では「国家は各種の所有制経済の財産権と合法的利益を保護し、あらゆる所有制経済が法に基づき生産要素を等しく使用し、公開・公平・公正に市場競争に参加し、法律の保護を同等に受け、法に基づき各種所有制経済を監督管理することを保証する」と指摘している。このために2018年3月に国家市場監督管理総局などの新機構が立ち上げられた。既存の政府機構に対して大幅な調整を施すことで市場が資源配分の決定的な役割の発揮と政府の役割のよりよい発揮を制約する体制・仕組みの弊害を取り除き、非公有制企業の特許領域への参入についての具体的な手段を制定し、非国有資本の国有企業改革への参与を導入し、外商投資ネガティブリストの改訂作業を完遂して、参入以前の国民待遇とネガティブリストの管理制度を全面的に実行している。

　農村の土地集体産権制度の改革を深化させ、農村の集団経済を発展させ、農村の基本経営制度を整備させる。農村集団所有制は公有制の重要な構成部分であり、農村集団財産権の運用メカニズムを革新し、農村集団財産権

の抵当・担保などの機能を整備することで農民集団の資産権利を保障し、集団資産の価値維持・付加価値を確保しなければならない。

　同時に、農村の基本経営制度を整備し、統合・分割結合の二層経営メカニズムを堅持し、農業経営方式を革新し、農村経営主体を豊かとし、家族経営・集団経営・協同経営・企業経営の共同発展を推進し、現代的な農業産業体系・生産体系・経営体系を構築し、農業の社会化サービス体系を健全化し、小規模農家と現代農業の発展との有機的な連携を実現する。

　農村振興戦略の実施を通じて農村農業の優先的発展と国家の食糧安全を保障する制度・政策を整備し、都市・農村融合発展の体制・仕組みを健全化する。そのことで農業の供給側構造改革を積極的に推進し、農業生産構造を絶えず調整・最適化し、土地制度改革を積極的かつ着実に推進させるのと同時に、食糧生産の安全を保証する。

(2) 分配のメカニズムの改革・整備

　わが国の所得分配は合理的とはいえない。特に初回分配に占める賃金の割合は低く、また中所得層が脆弱なことから需要のアップグレードが制約され、経済成長の新旧原動力の転換期が先延びとなり、経済成長と発展ばかりか共同富裕という社会主義の根本的目標の実現にも不利となっている。そのために第一次分配・第二次分配・第三次分配の体制・仕組みの改革を深化させ、労働に応じた分配を主体とし、多様な分配方式が共存する分配制度をさらに整備し、効率と公平の有機的統一を実現しなければならない。

　まず第一次分配の段階では、多く働くことで多くの報酬を得ることを堅持し、労働所得の重点的な保護、特に現場の労働者の労働報酬を増加する。賃金決定と正常な成長メカニズムを健全化し、企業の賃金集団協議制度を整備して賃金収入の支払い保障制度を強化し、賃金が国民所得に占める割合と初回分配における労働報酬の割合を高める。

　同時に、労働・資本・土地・知識・技術・管理・データなどの生成要素

は市場によってその貢献が評価されるが、その貢献に応じて報酬が決定される仕組みを健全化する必要がある。

次に第二次分配の段階では、税収・社会保障・移転支払いなどを主要な手段とする再分配調整メカニズムを健全化し、税収の調整を強化し、直接税収制度を整備し、その比重を徐々に高めていく必要がある。

それと同時に、関連制度と政策を整備し、都市・農村、地域、異なる集団間の分配関係を合理的に調節しなければならない。

また第三次分配とは、社会の力が自発的に民間の寄付、慈善事業、ボランティア活動などを通じて弱者を救済する行為であり、再分配のための有益な補充である。第三次分配の役割を発揮し、慈善などの社会公益事業を発展させることをいっそう重視しなければならない。

そして最後に、分配制度の改革と改善を通じて分配秩序の規範化、正しいインセンティブの形成、勤労によって富むことの奨励、合法的な収入の保護、低所得者の収入の増加、中小企業経営者の経営的収益の向上と安定、中所得層の拡大、高すぎる収入の調節、裏収入の整理・規範化、不法収入の取り締まりが必要である。

(3) 社会主義市場経済体制の改革・整備

市場主体の活力を奮い立たせ、市場と価値規律の作用の十分な発揮を阻害する問題を克服するために『決定』は高基準市場システムの建設、社会主義市場経済体制の改革と整備の推進について重要な施策を行っており、その指摘するところは次の通りである。

第一に、公平を原則とする財産権保護制度を整備・健全化し、法に基づいて各種の財産権を平等に保護することである。と同時に、知的財産権の侵害に対する懲罰的な賠償制度を確立し、企業の商業秘密保護を強化する。競争を奨励し、イノベーションを奨励し、知的財産権を保護することでイノベーション経済の発展をさらに促進させる。

第二に、競争政策の基礎的地位を強化し、公正な競争制度を整備し、公正な競争審査制度を着実に実行し、独占禁止および不正競争禁止の法執行を強化・整備することである。市場参入のネガティブリスト制度を全面的に実施し、生産許可証制度を改革して破産制度を健全化する。消費者権益の保護を強化し、集団訴訟制度の構築を模索する。

　第三に、要素市場制度の建設を推進して要素価格の市場決定、自主的で秩序ある流動性、効率的で公平な配置を実現し、要素の市場化配置を整備することである。

　第四に、資本市場の基礎的制度の建設を強化し、金融システムを健全化・整備し、高度な適応性・競争力・普遍性を有する現代金融システムを建設し、金融リスクを効果的に防止して取り除き金融の実体経済へのサービス能力を高めることである。金融は実体経済へのサービスと人民生活へのサービスを基本としながら、サービス機能を強化して金融サービスの重点を見定めなければならない。同時に、融資構造および金融機関システム、市場システム、製品システムを最適化し、国家産業の発展の方向に一致させ、主業を実体経済・先進的技術・売れ行きのよい製品・一時的な困難に直面している民間企業へ集中することで重点的に支援し、実体経済の発展のためにより質の高い、効率的な金融サービスを提供する。

(4) 科学研究管理体制と科学技術革新体制の改革・整備

　国際競争が絶えず激化し、国際的に各種の不安定で不確実な要素が増え、世界経済の成長が乏しくなるという大きな背景の下、科学技術の革新能力は国家の核心競争力としての地位をさらに際立たせている。中国は人口こそ多いものの一人当たりの資源保有量は低く、また製造業大国であるものの製造業強国ではない。したがって質の高い成長と「二つの百周年」の奮闘目標を実現するには、社会主義基本経済制度の制度的優位性を十分に発揮し、新たな発展理念を貫徹し、科学技術体制の改革の深化を通じて企業

の技術革新能力を加速し、科学技術の人材の発見・育成・奨励メカニズムを整備し、それによって科学技術革新のけん引作用と科学技術の革新の経済成長に対する駆動作用を発揮しなければならない。

最初に国家実験室システムを健全化し、社会主義市場経済の条件下で重要な核心技術の難関突破に向けた新型挙国体制を構築し、国家戦略的科学技術力を強化し、基礎研究への投入を拡大し、オリジナルなイノベーションを奨励・支援する体制・仕組みを健全化する。科学精神と職人気質を発揚し、革新型国家の建設を加速し、総合的な国家科学センターの建設を通じて世界的科学技術革新の新たな高みを築き、質の高い科学技術革新を質の高い発展の固有エネルギーとし、自主的な革新能力の向上を加速する。

次に、企業を主体とし、市場を指標とし、生産部門・学校教育部門・科学研究部門を深く融合した技術革新の新たなシステムを確立し、大中小企業および主体となる融通革新を支持し、科学技術による成果の転化を促進するメカニズムを革新し、新たな原動力を積極的に開拓し、標準引領（国が高度発展期に突入し、高度な競争に参加する）を強化し、産業基盤の能力と産業チェーンの現代化レベルを高める。

同時に、先進的な製造業の発展を推進し、実体経済を振興する体制・仕組みを健全化する。製造業は実体経済の基礎であり、実体経済はわが国の発展の基礎であり、未来の発展戦略の優位性を構築する重要な支えでもある。自主革新の強化を通じてハイエンド製造・知的製造を発展し、わが国の製造業のモデル転換とアップグレードを推進し、それによってわが国の製造業と実体経済を大量的なものから質の強いものへと転換するよう推進しながら、経済の質の高い成長と「二つの百周年」の奮闘目標を実現するために確固たる基礎を打ち立てる。

また今日の世界の科学技術革命や産業変革は日進月歩となっている。デジタル経済が凄まじく発展し、人類の生産と生活に大きな影響を及ぼしている。わが国が質の高い成長を実現するためにはデジタル経済の発展を重

視してデジタルの産業化・産業のデジタル化を推進し、デジタル経済と実体経済の深い融合を導く必要がある。同時に、経済ガバナンスの基礎データベースを最適化しなければならない。

最後に、科学技術の人材を見い出し、その育成や激励メカニズムを整備し、科学研究の法則に合致する科学技術の管理体制と政策体系を健全とし、科学技術評価体系を改善し、科学技術の倫理ガバナンス体制を健全とする必要がある。

(5) 対外開放の拡大と開放型経済新体制の構築

改革開放してからの40年余りの中国の実践は、対外開放の絶え間ない拡大が体制・仕組み改革を深化させ、わが国の経済・社会の発展を推進させる重要な原動力であったことを証明している。近年、国際的に保護貿易主義、一国主義が増加しているにも関わらずグローバリゼーションに逆行する思潮が台頭し、世界経済の発展に不利な影響をもたらしている。しかしこのような情勢の下で、世界第二位の経済体である中国は依然経済のグローバル化と国際協力の推進を堅持し、より大きい範囲で、より広い分野で、より深いレベルの全面的開放を実施し、製造業・サービス業・農業の開放拡大を推進するだけでなく、それと同時に、外資の合法的権益を保護する一連の法律法規を打ち出し、国内外の外資企業の公平な競争を促進し、よりハイレベルな開放型経済を積極的に発展させて開放による発展の促進を実現している。

中国の経済発展が高速成長から質の高い発展へと転じる新たな段階において、国際・国内の両市場と両資源の巧みな活用と国際経済貿易摩擦によりよく対応するためには、わが国の製造業のグローバル産業チェーンとバリューチェーンの中高次元への発展を推進し、わが国の輸出と加工貿易を引き続き発展させなくてはならない。それだけでなく、国際輸入博覧会の開催などの方法を通じて積極的に輸入を拡大し、対外貿易の多元化を開拓

し、自由貿易と多国間貿易体制を維持し、あわせて人民元の国際化を着実に推進し、貿易大国から貿易強国への転換を実現する。

またハイレベルな開放型経済を建設するための重大な措置として、わが国は外商投資に関する一連の法律・法規を制定・公布し、外商投資参入前の国民待遇のプラスネガティブリスト管理制度を健全化し、市場参入を継続的に緩和し、外商投資の国家安全審査、反独占審査、国家技術の安全リスト管理、信頼に値しない実体リストなどの制度を健全化し、渉外経済貿易法規および規則体系を整備している。規則・規制・管理・基準などの公開・透明化を推進し、対外投資政策やサービス体系を健全に促進し、市場運営のコストを低減し、市場運営効率を高め、安定・公平・透明をもって予測可能なビジネス環境を構築している。

ここ数年、わが国は上海など多くの地域に自由貿易試験区を建設し、あわせて海南省に中国の特色ある自由貿易港の建設を進めている。資本の自由流動と自由交換、条件付きクロスボーダー債券の発行やクロスボーダー投資合併・買収等の業務の模索を行い、金融機関の外資持株比率の緩和・外資金融機関の業務範囲の拡大等を行って自由貿易試験区・自由貿易港などの対外開放高地の建設を加速・促進している。グローバル経済のガバナンスのメカニズムを改善するために経済のグローバル化をより開放的、包摂的、普遍的、均衡的、ウィンウィンへと向けるような発展を推進している。わが国は「一帯一路」の共同建設だけでなく、国際マクロ経済政策の協調メカニズムを構築し、人類運命共同体の構築を推進し、世界の経済・政治などのリスクと挑戦に対応し、異なる国、異なる階層、異なる人々が経済グローバル化がもたらすチャンスを共有できるようにしている。

註
1) マルクス・エンゲルス. マルクス・エンゲルス選集：第4巻. 3版. 北京：人民出版社,

2012：601．
2)「新解放区」：新中国成立以後に解放された地区（訳者注）。
3) 中共中央文献研究室．三中全会以来重要文献選編：上．北京：中央文献出版社，1982：8．
4) 二つの「毫不動揺」：動揺することなく公有制経済を強固に発展させ、動揺することなく非公有制経済発展を奨励・支持・指導すること（訳者注）。
5) 本書編纂グループ．『中国の特色ある社会主義制度の堅持と整備、国家ガバナンスのシステムとガバナンス能力の現代化の推進における若干の重大な問題に関する中共中央の決定』輔導読本．北京：人民出版社，2019：38．

第6章

社会主義先進文化制度と全人民共通の思想基盤

党の第19期中央委員会第4回全体会議は、「社会主義先進文化の繁栄と発展のための制度を堅持・整備し、全人民が団結して奮闘する共通の思想的基盤を強固にする」という重大な政策決定を下し、新時代の社会主義文化制度建設のあるべき方向性を示し、その青写真を描いている。
　今日の世界は100年に一度の未曾有の大きな変局と中国の特色ある社会主義の新時代への突入という新たな情勢と挑戦に直面している。この中で社会主義先進文化の制度の建設は中国共産党中央の政策決定と配置に標準を合わせて、中国の特色ある社会主義制度をしっかりと把握して堅持・整備し、国家のガバナンス体系とその能力の現代化の原則的要求を推し進め、マルクス主義のイデオロギー分野における指導的地位の根本的制度を堅持し、社会主義の核心的価値観によって文化制度建設をリードし、その制度建設によって文化体制改革を全面的に深化することを堅持し、社会主義先進文化制度の繁栄と発展を全力で推進している。

1．社会主義先進文化制度の建設が直面する情勢と挑戦

　世界と国内の情勢を正しく認識し、歴史的チャンスを把握し、勇敢に挑戦に臨むことは、国家の文化制度建設の最も重要な問題といえる。現在、世界はまさには100年に一度の未曾有の大きな変局を迎え、中国の特色ある社会主義は新時代へ入り、すでに文化は日を増すごとに一国の総合国力、中でも特にソフトパワーを反映するものとなっている。これらの重大で深い環境の変化は、先進的な文化建設にあたって新たな文脈を与えている。

（1）世界情勢における文化のソフトパワーの役割
　今、世界は一巡した新たな発展・大変革・大調整の時期にある。一巡した科学技術革命と産業革命が成長を生み出しつつあり、グローバルガバナ

ンス体系と国家秩序の変革が加速推進し、大国間の戦略的ゲームが全面的に激化し、新興市場国と多くの発展途上国が急速に発展し、人類文明の発展は新たなチャンスと挑戦に直面している。習近平は「世界は百年未曾有の大きな変局にある」[1]という戦略判断を下すのと同時に、中国は「近代以来の最高の発展時期にある」と指摘するように両者は同調して混じり合っており、相互に激しく揺さぶられている。「変局」の内包するところを深く把握して「変局」の本質と主たる矛盾をしっかりとつかんでこそ、「変局」が民族復興の歴史的偉業に及ぼす影響を明確に見極めることができる。

変動の核心は「変」にある。さまざまな要素の競争とせめぎ合いは変局を再構築する基本であり、文化のソフトパワーは総合的な国力に影響を及ぼす重要な要素である。文化のソフトパワーは国家の総合的な国力と現代化の程度を測る重要な要素であり、文化に基づいて国家が有する凝集力と生命力を集中的に反映し、またそれに由来する吸引力と影響力でもある。

世界の歴史が繰り返し証明するように、大国の文明的様相を培うには政治・経済・軍事などのハードパワーの支えを必要とするだけでなく、さらには制度・文化・イデオロギーなどのソフトパワーの浸透が必要となる。あたかも習近平が指摘したように、文化のソフトパワーの向上は世界の文化構造における中国の位置付け、中国の国際的地位と国際的影響力、「二つの百周年」の奮闘目標と中華民族の偉大なる復興という中国の夢の実現と関係している。世界の新たな流動的な情勢にいかに科学的に対応して国家の文化のソフトパワーをいかに形成するかは、中国共産党の先進的な文化制度の建設を推進する上で新たな要求を提示している。

(2) 複雑化する文化生態

第18回党大会以来、党と国家は歴史的な変革を遂げ、歴史的な成果を収め、中国の特色ある社会主義は新時代へと突入した。思想・文化分野の

変革から見ると、文化の基本的観点がより力強く打ち出され、文化への自信がより明らかとなったことで文化のソフトパワーは著しく向上している。

　第19回党大会は民族復興のロードマップとタイムテーブルを制定しているが、これは文化強国を建設し、文化復興を実現するテーマの中に本来はあるべき意義といえる。すなわち2020年から2035年までの15年間で現代化を基本的に実現し、社会文明レベルを新たな高度へと到達させ、国の文化的ソフトパワーが著しく強化し、中華文化の影響はより広く深くなる。そして2035年から2050年までのさらに15年を費やして富強・民主・文明・調和の美しい現代化の強国を築き上げ、中華民族の偉大なる復興を実現する、というものである。

　新たな時代に文化復興の青写真を計画するのと同時に、文化生態はますます複雑な様相を呈している。現代化した国家の文化生態系は多元的であり、そこでは主流文化、エリート文化と大衆文化が往々に競争的な共存をみせている。今世紀になってから文化形態は複雑で多様となり、各種の文化思潮は互いに激しく揺れ動き、一部の否定的で有害な思潮、例えば歴史の虚無主義や普遍的な価値などは人々にも一定の影響を与えている。インターネットの飛躍的な発展は文化形態の多様化、チャンネル、その受け手の多元化を促している。上述の文化生態構造のさまざまな複雑性は、新時代の先進的文化制度の建設に新たな要求を提起している。

(3) 文化への自信とマルクス主義に基づく文化建設

　文化への自信は一つの国家、一つの民族の発展の中でより基本的な、より深淵な、より持続的な力である。習近平は「文化への自信」を鮮明に打ち出し、中国の特色ある社会主義の道、理論、制度、文化の「四つの自信」という政治表現体系を構築し、新時代の文化建設のために核心理念を提供した。文化への自信とは、道への自信、理論への自信、制度への自信の中に本来はあるべき意義である。道への自信、理論への自信、制度への

自信とは、極言すると文化への自信を固めることである。文化への自信は、国運の盛衰、文化の安全、民族精神の独立性に関わってくる。

　文化への自信を固め、マルクス主義による文化建設を統率しなければならない。理論強党は中国共産党の鮮明な特色であり顕著な優位性でもある。文化への自信を固めることの重要な体現とは、中国共産党が革命・建設・改革を指導する歴史的プロセスの中で中華の優れた伝統文化を継承・発揚し、革命文化と社会主義先進文化をつくり出し、生み出してきたことにある。中国共産党が成立して直ちにマルクス主義を自らの旗印に描き、マルクス主義の指導の地位を終始堅持してきたのは、この100年の党史の真実を描写している。マルクス主義は中国共産党の単なる指導思想であるだけでなく、文化に対する不動の自信を構成する気力である。これはマルクス主義そのものが科学理論であることに由来するだけでなく、それが中国共産党が党を管理し、党を統治し、国政を運営する指導思想だからである。

(4) 緊迫する先進文化制度の建設

　改革の全面的な深化は、新時代における「四つの全面」の戦略的配置の重要な一翼を担っている。中国共産党は制度建設をより際立った重要な位置に置き、文化体制の改革を全面的に深化させてきた。2013年に開かれた中国共産党第18期中央委員会第3回全体会議では、『改革の全面的深化における若干の重要な問題に関する中共中央の決定』が採択され、そこでは「中国の特色ある社会主義制度を充実・発展させ、国家のガバナンス体系とその能力の現代化を推進する」ことを改革の全面的深化の総目標とし、文化体制改革に対するトップダウンのプランを立てている。

　第19回党大会以降、改革の全面的深化という総目標がいっそう明確にされ、社会主義先進文化制度の建設を加速する要求はさらに緊迫しているかのように見える。党の第19期中央委員会第4回全体会議は、国家のガバナンス体系とその能力の現代化の推進を加速し、さらなる成熟、さらな

る定型化した中国の特色ある社会主義制度の形成に努めることを強調した。これは改革の系統性、全体性と協同性に対していっそう高い要求を提起しており、いっそう成熟的で定型化した先進文化制度体系の繁栄と発展の任務が重要かつ緊迫となっているのを示している。

2．社会主義先進文化制度が繁栄・発展する上での要求

　社会主義先進文化制度とは、中国の特色ある社会主義制度を堅持・整備し、国家のガバナンス体系とその能力の現代化を推進するための重要な構成要素であり、共通の理想・信念、価値観、道徳観を堅持し、中華の優れた伝統文化・革命文化・社会主義先進文化を発揚し、全人民の共通の思想基盤を強固にするという顕著な優位性を示すものである。社会主義の先進文化の発展、人民の精神力の幅広い結集は国家のガバナンス体系とその能力の現代化を支えるものであり、そのためには次のような原則的要求をしっかりと把握する必要がある。

(1) 文化への自信を確固とする

　高度な文化への自信がなければ、文化の繁栄・興隆がなければ、中華民族の偉大なる大復興はあり得ない。「文化への自信」とは文化の戦略的地位と役割を再定義し、文化の自覚に対する新たな高みを体現している。それは中華民族の偉大なる復興の実現を支え、科学的な社会主義の発展の潮流をリードし、最終的には人類文明の発展のために中国の経験を提供するという特別な気風を有する文化形態である。これは単に中国共産党と中国の社会主義の認識の枠組みから文化を見ることから脱却し、転じてはより広く、より壮大な中華民族の復興史、世界社会主義の500年の歴史、人類文明の発展史という三大歴史空間の次元から文化の問題を認識し、それに

よって文化認識の方向性を豊かとし、文化発展の域を高め、文化建設の枠組みを開拓し、先進文化制度建設の理念的基礎を構築して、先進文化の前進すべき方向をしっかりと把握することを示している。

(2)「五つの任務」をめぐって

旗印を掲げ、民心を集め、新人を育成し、文化を興し、イメージを提示することは、先進文化制度が担う使命・任務である。旗を掲げるとは、マルクス主義、中国の特色ある社会主義の旗を高く掲げることである。マルクス主義は実践によって証明された科学的真理である。習近平による新時代中国の特色ある社会主義思想は現代中国のマルクス主義であり、習近平による新時代の中国の特色ある社会主義思想をもって全党を武装し、人民を教育し、工夫しながら学んで理解し、精通し、実践し、それを人心に深く浸透させて根付かせなければならない。

民心を集めるとは、正しい世論の方向性をしっかりと把握し、基本的な観点を力強く打ち出すということである。情報化時代は人々の生産方式・生活方式・思考方式を変え、世論の影響はインターネット時代に顕著となっている。基本的な観点を打ち出してプラスエネルギーを壮大としながら、正しい世論によって導き、全党・全国人民の士気を鼓舞して民心を結集させなければならない。

新人の育成とは、徳を立てて人材を育成し、文化をもって人間を教化する社会主義精神文明を建設し、社会主義の核心価値観を育成して実践し、他人にひけらかすことなく黙々と人民の行いを導き、人民の思想的な自覚・道徳の水準・文明的素養を高めさせて民族復興の大任を担うことのできる時代の新人の育成である。

文化を興すとは、中国の特色ある社会主義文化の発展の道を堅持し、社会主義文化強国を建設し、中国の特色ある社会主義文化における中華の優秀な伝統文化・革命文化・社会主義先進文化という三つの文化形態の弁証

関係を十全に統合することである。

　イメージの提示とは、対外発信力の構築を推進し、中国の「物語」をよく伝え、中国の「声」をよく伝え、中国の多面的で全面的な真実の姿をはっきりと世界に示し、国家の文化的なソフトパワーと中華文化の影響力を高めることである。

(3)「二為」と「双百」[2] の堅持

　人民のために奉仕し、社会主義のために奉仕する文化建設を堅持し、百花斉放、百家争鳴を堅持することは中国共産党が歴史的に形成し、長期にわたって堅持してきた文化建設の基本方針である。文化建設とは人民のために奉仕し、社会主義のために奉仕するものであって、文化発展の独自の法則にしたがいつつ、文化の複雑性や多様性を尊重することである。そしてマルクス主義の指導を堅持する前提の下で文化が互いに参考し合い、互いに競争し合い、互いに結合し合い、互いに創造・転化し合うといった文化の多様な発展が許容される。文化発展の活力を十分に満ち溢れることを歴史と実践は証明している。

(4) 創造的転化と革新的発展の堅持

　歴史を忘れないことが未来を切り開き、継承に長けてこそ革新に長けることができる。優れた伝統文化は一つの国家、一つの民族の伝承と発展の根本である。中華民族の5000年余りの歴史の中で育まれ発展した中国の伝統文化は、中華民族が創造し伝承してきたすべての文化の総合であり、そこには精華もあれば糟粕もあるが、中華の優秀な伝統文化はその中の精華である。立党以来、中国共産党の伝統文化に対する基本的な態度は批判的な継承・発展であった。革命の時期に毛沢東は「われわれの歴史的遺産を全面的に学習する」との意見を提出し、彼の『新民主主義論』では「封建性の糟粕を取り除き、民主性の精華を吸収する」と述べられてい

る[3]。新中国建設の時期に毛沢東は「昔のものを現在に役立たせ、外国のものを中国に役立たせる」とする見地を提案した。改革開放以降になると、中国共産党はより理性的な態度によって伝統文化に相対してきた。習近平は「伝統文化の創造的転化、革新的発展を実現に努め、それを現実の文化と融合し、通じ合うようにし、共に文化をもって人間を教化するという時代の任務に役立たせるべきである」[4]と述べている。

　伝統文化の創造的な転化、革新的な発展を推進するには全面的かつ科学的に中国の伝統文化を認識しなければならず、すべてをそっくりそのまま真似して書き写すのではなく、識別しながら対処して止揚しながら継承し、その精華を吸収しながらも糟粕を取り除き、古のものを現在に役立て、古をもって現在の鑑とすることを堅持し、時代の発展の需要に適応しなければならない。

(5) 中国の精神、中国の価値、中国の力の構築

　社会主義の先進文化制度の繁栄と発展を堅持・整備するその目標とは、全民族の文化創造の活力を奮い立たせ、中国の精神、中国の価値、中国の力のよりよい構築にある。これは先進的な精神と価値体系を人間の資質へ内在化し、人間の自覚的な行動へと転換させる過程である。愛国主義を核心とする民族精神と改革・革新を核心とする時代の精神を積極的に発揚し、そして社会主義の核心的価値観を積極的に育成・実践してこそ中国の力を結集できるのであり、14億の中国人民の知恵と力を結集することで中国の夢の実現のためにたゆまず奮闘する壮大な力を形成できる。中国の精神、中国の価値、中国の力の三者が緊密につながって有機的に統一されることで中華民族の「同心円」は巧みに描けられるのであり、中華民族の偉大なる復興のために永遠に枯れることのない精神の原動力が提供される。

3. イデオロギー分野におけるマルクス主義の指導的地位

　社会主義先進文化制度はイデオロギー分野におけるマルクス主義の指導的地位の制度を根本としながら、社会主義の核心的価値観によって文化を建設する制度をリードし、人民の文化的権益を保障する制度を健全化し、正しい方向を堅持した世論誘導活動のメカニズムを整備し、そして社会的利益を第一に据えて、社会的利益と経済的利益とが一致する文化創作生産を基本内容とする体制・仕組みを確立・健全化させる。

　中国共産党第19期中央委員会第4回全体会議は、イデオロギー分野におけるマルクス主義の指導的地位を根本的制度としてはじめて明確に打ち出したが、これは党と国家事業の長期発展に関わり、わが国の文化の前進方向と発展の道に関わる重大な制度的革新である。

(1) マルクス主義の指導的地位を堅持する必要性

　イデオロギー分野におけるマルクス主義の指導的地位を堅持する根本的制度は、党の本質的属性を厳守し、党の団結と統一を強固とする必然の要求である。中国共産党はマルクス主義政党であり、成立の日よりマルクス主義を指導としてきた。マルクス主義を選択したからこそ中国共産党は近代政党が林立し、情勢が不安定な時代でも頭角をあらわすことができ、中華民族の偉大なる復興を導く強固な指導の核心となり、先進性と純潔性を常に保つ気鋭の政党となったのである。まさにマルクス主義を終始指導として堅持してきたからこそ、中国共産党は中国の革命・建設・改革を指導して歴史的な成果を収め、近代以来の中華民族の偉大なる復興へと向かう「三つの偉大な飛躍」を実現したのである。マルクス主義に対する信奉を確固とし、マルクス主義の指導的地位を固く守ることは何世代にもわたる共産党員の使命の要求である。

イデオロギー分野におけるマルクス主義の指導的地位の根本的制度の堅持は正しい発展の道を堅持し、国家の長期的安定を実現するための必然的な要求である。歴史の経験が示すように、国家の動揺、政権の交代は往々に思想分野の混乱や指導思想の動揺からはじまっている。ソ連の衰亡および一部の国家にみられた「カラー革命」が中国に対して与えた示唆とは、偏りのない道の保証がマルクス主義の指導的地位を固めてはじめて可能となることである。

　体制の転軌、社会の転換、利益の多元化、思想の多様化がすすむ昨今ではマルクス主義の指導的地位は厳しい挑戦に直面している。もしイデオロギーの「変数」を中国の発展と安定を促進させる「増分」へと変えたいのであるのならば、「真経」をよく念じなけれならない。マルクス主義とは中国共産党員の「真経」であり、真にマルクス主義の立場・観点・方法を運用し、マルクス主義を用いて各種の誤った思潮を排斥することを習得しなくてはならない。

　イデオロギー分野におけるマルクス主義の指導的地位の根本的制度の堅持は思想の基礎を確固とし、精神力を凝集し、文化建設の正しい方向を保証し、新時代の使命を担うための必然の要求である。中国共産党はマルクス主義と中国の実践とを結びつけることで一連の重大な理論成果を形成してきたが、習近平による新時代の中国の特色ある社会主義思想はマルクス主義の中国化の最新成果であり、現代中国のマルクス主義、21世紀のマルクス主義である。それはマルクス主義の基本原理を継承・発展させ、共産党の執政規律、社会主義建設の規律、人類社会の発展規律を深化させており、どのような中国の特色ある社会主義を堅持・発展させ、どのように中国の特色ある社会主義を堅持・発展させるか、という問いへの回答である。この肝心な点をしっかりつかんでこそ、中国の特色ある社会主義文化建設の舵を取ることができる。

(2) 党の理論学習教育・学理研究体系の構築

　イデオロギー分野におけるマルクス主義の指導的地位の根本的制度を堅持するために何よりも重要なのは、党の理論学習教育・学理研究の体系を構築し、習近平による新時代の中国の特色ある社会主義思想を全面的に貫徹・実行することである。

　党の革新理論で全党を武装して人民を教育する学習教育体系を健全化する。党委員会（党組）の理論学習センターグループなどといった、各レベルの学習制度を整備する。習近平による新時代の中国の特色ある社会主義思想の学習・教育を学んで理解し、精通し、実践するといった要求に則って深く推進し、この思想の学習をマルクス・レーニン主義、毛沢東思想、中国の特色ある社会主義理論体系と同じく貫通して一つにまとめ上げて党史、新中国史、改革開放史、社会主義発展史と同じく学習し結合させ、新時代における中国の特色ある社会主義を堅持・発展させる偉大な実践と同じく結合し、その理論と歴史と実践論理を正確に把握する。

　「初心を忘れず、使命を銘記する」というテーマの教育制度を基礎に「絶えず深く進み、現実へ進み、心の中へ進む」という理論宣伝を推進し、「鍵となる少数」が絶対多数を導きながら党員幹部が一般大衆を導くことを堅持するために指導幹部の学習に力を入れ、「全面的かつ系統的に学び、適時にフォローアップして学び、深く考えて学び、実情と結びつけて学ぶ」ことを堅持する。理論学習の方法と手段を革新し、インターネットプラットフォームも十分に利用する。

　中国の理論を用いて中国の実践を説明する学理研究体系を健全とする。マルクス主義の指導を堅持し、中国共産党の革新理論体系を研究と教育の全過程に貫徹することで、明晰な理論の自覚、確固たる政治的信念、科学的思考方法へと転化・整備させた学理研究体系の確立が求められる。マルクス主義理論の研究と建設プロジェクトを深く推進し、マルクス主義による指導の堅持を思想理論の建設、哲学・社会科学の研究、教育・教学など

へ全面的に実行する。学校における思想・政治活動を強化・改善し、そこに関わる全人員、全過程、全方位での人材育成の体制・仕組みを確立する。世界一流大学、一流学科の建設の推進に力を入れつつ、中国の特色ある哲学・社会科学の学科体系、学術体系、言語体系（国家政策等の影響力を含意とした論説体系）の三大体系の構築を加速させ、中国の理論を用いた中国の実践を解釈させ、中国の実践を用いた中国の理論を発展させ、理論の解釈力、話語の説得力、実践の推進力の強化を堅持する。

(3) 党のイデオロギー活動の強化

イデオロギー分野におけるマルクス主義の指導的地位の根本制度を堅持するためには党のイデオロギー活動を全面的に強化し、イデオロギー活動の管理制度体系を構築し、党のイデオロギー活動の体制・仕組みの優位性を発揮しなければならない。その核心的優位性は党の全面的指導を堅持し、イデオロギー活動の新たな枠組みを形成し、イデオロギー活動の主たる陣地（本拠地）を占有し、イデオロギー活動の責任制を実行することにある。

イデオロギー活動の新たな枠組みの構築に力を入れる。中国共産党のイデオロギー活動に対する全面的な指導は統一的に計画され、各方面のいずれにも配慮した役割を発揮させなくてはならない。「大宣伝」の理念を樹立し、「一盤棋（一体化）」を堅持し、党委員会の統一的な指導、党と政府とが力を合わせた共同管理、宣伝部門による組織的な協調、関連部門と地方との役割分担と責任負担を通じて社会全体が協同・協力するイデオロギー活動の枠組みを構築する。この枠組みは宣伝部門の統一的計画と協調のメカニズムの優位性を十分に発揮でき、連絡の疎通・活動の指導・督促と審査を強化し、優位性の相互補完・部門の連携・上下が連働した全体的な大きな力を形成できる。

「大合唱」を堅持し、イデオロギー活動と行政管理、業界管理、社会管理とのより緊密な結びつきを推進し、労働組合、共産主義青年団、婦人連

合などの人民団体を広く動員し、社会の力の思想宣伝活動への参加を積極的に支持するように導き、思想宣伝の活動チームを強化し、幹部・大衆の主体的な役割を発揮し、全社会の「好声音（よき声）」を結集し、強力な主流となる世論の陣地を形成する。

イデオロギー活動の陣地における指導権のしっかりとした掌握。陣地はイデオロギー活動の拠りどころであり、正しい思想を占有しなければ誤った思想が占有してしまう。党と政府が主宰するメディアは党と政府の宣伝の陣地である。必ず党の名の下で党の手中にあって党と人民の代弁者にならなければならず、また伝播手段の建設と革新を高度に重視して報道・世論の伝達力、誘導力、影響力、公信力を高めなければならない。

インターネットは現在の世論闘争の主戦場であり、イデオロギー活動の最前線となっている。インターネットコンテンツの建設を強化し、インターネットに関わる総合ガバナンスシステムを確立して清朗なインターネット空間を構築する必要がある。

大学はイデオロギー活動の最前線の陣地であり、マルクス主義の学習と研究、社会主義の核心価値観の育成と発揚、人材保障と知的支援を提供する重要な任務を担っている。思想・政治理論の科目は学校の思想と政治活動の主な手段であり、学校の思想・政治教育を強化・改善し、そこに関わる全人員、全過程、全方位的な人材育成の体制・仕組みを確立しなければならない。学校の思想・政治教育を強化し、思政科目の革新改革を深く推進し、小学校・中学校・高等学校・大学の順に追って漸進的に、かつ螺旋式にエスカレートする思政科目を開設する。具体的には思政科目の教材の適切な作成、思政科目の担当教員の役割の発揮、良質な教学資料の作成、質の高い模範授業を世に送り出すこと、である。

また大学では重点マルクス主義学院の建設をけん引として、質の高いマルクス主義理論学科をしっかりと建設し、良質の教授陣を編成し、マルクス主義の宣伝教育の屈強な陣地を築き上げなくてはならない。

イデオロギー活動の責任制の全面的な実施。これはイデオロギー活動に対する党の全面的な指導を強化する重大な措置である。第18回党大会以来、習近平が思想宣伝活動を強化・改善し、イデオロギー宣伝の責任制を厳格に実行することを強調しているように、思想宣伝部門は国を守る責任があり、国を守る責任を負い、国を守る責任を果たさなければならない。党が宣伝を管理し、党がイデオロギーを管理し、党がメディアを管理することの揺ぎない堅持が必要である。各級の党委員会の責任をしっかりと握り、任務の実行を大雑把とせずに、陣地の管理を怠らず、責任の追及をおざなりとしないようにする[5]。イデオロギーの陣地の建設と管理制度を整備し、管轄・主宰と属地管理の管理原則を着実に実行し、党の宣伝に対する、党の大学に対する全面的な指導を強化する。

　また政治原則の問題、思想認識の問題、学術的観点の問題に注意しながら誤った観点に対しては敢えて剣を振るい、旗印を鮮明として誤った観点に反対する。これと同時に、具体的な問題の具体的な分析を堅持しつつ政治原則・思想認識・学術の観点を正しく区別し、「汎政治化」することなく、各方面の積極的な要素を最大限に引き出して消極的な要素を解消する。

(4) マルクス主義がリードする文化発展

　イデオロギー分野におけるマルクス主義の指導的地位の根本制度を堅持し、マルクス主義によって文化の発展を統率しなければならない。このためには現代中国文化の発展の座標系を的確に把握し、マルクス主義と一般的な文化形態との関係を正確に認識しなければならない。

　マルクス主義は主導的な文化としての主流のイデオロギーであり、価値観の担い手と伝播者であり、文化建設のコントロールの中心である。それは文化の多様な複雑性と多機能性を認めながら文化を吟味・批判する機能を保持している。マルクス主義による文化の発展を統率とは、その指導の地位を堅持して文化発展の社会主義の大いなる方向性を保証することで

あって、マルクス主義がそのほか一切の文化に取って代わるのではない。

　マルクス主義とそのほかの文化とは、一元主導・多元併存の関係にある。マルクス主義の指導の下での多元な文化構造は、中国の特色ある社会主義文化の多元化した発展である。これが改革開放以前における高度に一元的で一体的な文化形態との顕著な違いである。マルクス主義は開放的で、科学的で、時代と共に進む理論体系であり、各種の思想、理論の探求、革新を歓迎し共に人類文明の発展を促進するものである。

4．社会主義の核心的価値観がリードする文化制度の建設

　社会の価値体系の中で核心の価値観は主流の地位にあり、指導的な役割を果たしている。社会主義の核心的価値観は中国の実践に根ざしており、国家の重要な安定装置である。社会主義の核心的価値観でもって文化制度の建設を導くことの堅持は、社会主義文化建設の規律に対する中国共産党の認識が新たな高みに達したことを示している。

(1) 社会主義の核心的価値観がリードする文化制度建設の意義

　社会主義の核心的価値観は現代中国発展の時代的命題への回答である。いかなる社会にも多様な価値観や価値基準が存在する。異なる民族と国家で生まれ形成された核心価値観はそれぞれに特徴がある。一つの民族、一つの国家の核心価値観は必ずこうした民族と国家の歴史文化と符合し、こうした民族と国家が解決すべき時代の問題と適合しなければならない。

　社会主義の核心価値観は、2006年に提唱された「社会主義核心価値体系」に由来する。第18回党大会ではその中から24文字が選び抜かれて要約されている。それは国家・社会・公民の三つのレベルの価値要求を一体化し、どのような国家を建設し、どのような社会を建設し、どのような公

民を育成するのか、という重大な問題に深く回答するものである。24文字の表現から見るに、富強・民主・文明・調和は国家レベルの価値目標であり、自由・平等・公正・法治は社会レベルの価値指向であり、愛国・勤勉・信義誠実・友愛は公民個人のレベルの価値準則である。この三つは中華文化の肥沃な土壌に根ざし、人民の長期的な奮闘を指導するわが党の偉大な実践に鋳込まれ、現代中国の発展に適応して時代の問題に回答を与えている。

　社会主義の核心価値観の育成と発揚は、民族の魂を凝集して基盤を強くして根本を固める基礎プロジェクトである。社会主義の核心価値観は国家の重要な安定装置である。核心の価値観は一定の社会文化の中で軸の役割を果たし、文化の性質と方向性を左右する最も深いレベルの要素である。一つの民族、一つの国家にもしも共通の核心価値観がなければ、民族の魂は定まるところはなく、行くところもなく拠りどころをなくすであろう。この点について習近平は「人類社会の発展の歴史が示しているように、一つの民族、一つの国家にとって最も永続的で深層的な力は、社会全体が共通に認める核心価値観である」[6]と指摘している。

　中国共産党第19期中央委員会第4回全体会議は、「社会主義の核心価値観をもって文化建設制度をリードすることを堅持する」と創造的に提起した。実践が示すように、社会主義の核心価値観の育成と実践は、新時代における中国の特色ある社会主義を堅持し、発展させるための重要な任務であり、偉大な闘争を行い、偉大なプロジェクトを建設し、偉大な事業を推進し、偉大な夢を実現するための魂を込めたプロジェクトである。またこれは現代中国の精神の集中的な体現であり、全人民の共通価値の追求が凝縮された中華民族の連係をつなぎ止めるのに必要不可欠な精神的紐帯である。核心価値観の育成・実践は世界文化の激動の中で民族精神の独立を保ち、民族精神の背骨を張る戦略的支柱でもある。

(2) 社会主義の核心的価値観を確固とする

社会主義の核心的価値観をもって文化制度の建設を導くことを堅持するには、まず理想・信念教育を礎石としなければならない。理想・信念は「バラスト」、「マスタースイッチ」であるために、理想・信念の動揺は最も危険な動揺となり、理想・信念の崩壊は最も危険な崩壊となる。まさに確固とした理想・信念を持っているからこそ、党は100年近くの歴史の中で常に人民を率いて危険を乗り切り、障害を越え、困難をものともせずに前進し、立ち上がり、豊かとなり、強くなる偉大な飛躍を成し遂げたのである。

次に法律政策体系を保障する必要がある。核心的価値観の樹立と強化は内面化と外面化の相互補完の過程である。教育の指導は基礎だが、しかし教育だけでは遥かに足りるものではない。法律政策の強力な保障がなければ、社会主義の核心価値観が根を下ろすのは容易ではなく、現実の道徳規範の欠如や価値の歪曲行為に対しても有効な抑制ができなくなるであろう。

(3) 社会主義の核心的価値観の内面を豊かとする

歴史の中から栄養を汲み取り、社会主義の核心的価値観の内包レベルを豊かとする。まずは愛国主義を核心とする民族精神と改革・革新を核心とする時代精神の発揚をしっかりとめぐらせて、愛国主義・集団主義・社会主義をしっかりと結びつける。100年近くの党史、70年の新中国史、40年余りの改革開放史の担い手とする必要があり、それらは党の奮闘の歴史を書き留めるだけでなく、中国共産党員の偉大な精神も支えている。中国共産党が人民を指導して革命・建設・改革を行ってきた歴史過程の中で「二つの精神」と「三つの主義」を感得し、それらに新たな時代の内在を与えて中華民族の求心力と結集力を強めるのである。

次に優秀な伝統文化から栄養を吸収し、中華の優れた伝統文化の伝承・発展プロジェクトを推進することである。悠久の歴史を持ち、広く奥深い

中華の優れた伝統文化には、中華民族の最も深い精神的追求が蓄積され、中華民族の最も根本的な精神遺伝子が含まれているが、これは知らず知らずのうちに中国人の思考方式と行動方式に影響を与えている[7]。習近平は「われわれが中国人として生まれて、その最も根本にあるのは中国人の独特な精神世界であり、人々が日々気づかずに用いている価値観なのである。われわれが提唱した社会主義の中核的価値観は、中華民族の優れた伝統文化の伝承と昇華を十分に具現している」[8]と指摘している。

中華の優秀な伝統文化の中で「天人合一（天と人とは一体である）」、「誠者、天之道也。思誠者、人之道也（誠の心とは天の道にしたがうことであり、誠を思うことは人の正しい道である）」、「言必信、行必果（いった以上は必ず実行し、行う以上は断固やり遂げる）」、「仁者愛人（仁者は慈愛に満ちた人である）」、「己所不欲、勿施于人（自分が人にして欲しくないことを他人にしない）」などは、いずれも社会主義の核心価値観のさまざまなレベルに深く影響している。中華の優れた伝統文化に立脚しながら伝統文化の時代価値や世界的意義を持つ部分を抽出し、中華民族の最も基本的な文化遺伝子を現代文化に適応させ、現代社会と調和させ、道徳価値の役割を際立たせ、豊かな思想・道徳資源を巧みに利用して社会主義核心価値観を涵養する重要な源泉としなければならない。

(4) 社会主義の核心価値観のキャリアを革新する

青少年への理想・信念教育の一斉した共同管理メカニズムの整備。若者の価値観は未来の社会全体の価値観を決定する。若者は価値観の形成と確立にあたる時期であるために、この時期における価値観の育成は非常に重要である[9]。2018年に北京大学の教員と学生の座談会の席上で習近平は「社会主義の核心価値観をたゆまず育成・発揚し、広範な教員と学生とを社会主義の核心価値観の確固たる信奉者、積極的な伝達者、模範的な実践者へと導く」[10]ことを強調している。青少年の群体を重視し、青少年

の理想・信念教育を一斉に共同管理する枠組みを整備し、各方面の力を動員して教育・指導を加えなければならない。中でも特に大学教育を重視し、学校運営のあるべき政治方向をしっかりと固め、人材育成システムを完備し、育成方式を革新し、青年人生の「第一のボタン」をしっかりと留め、確固とした青年マルクス主義者を育成し、民族復興の大役を担える時代の新人を育成する。

　ボランティアサービス体系の健全化。ボランティアサービスは社会文明が進歩する上での重要な指標であり、社会主義の核心価値観を育成し、実践するための効果的なキャリアである。近年、わが国のボランティアサービス事業は絶えず発展し、『志願服務条例』、『関於推進志願服務制度化的意見』、『関於支持和発展志願服務組織的意見』などの法律条例が発表されている。ボランティアサービス体系を健全化するにはボランティアサービス組織の発展、ボランティアチームの育成、ボランティアサービスプロジェクトの構築、ボランティアサービス保障の充実などの面で工夫を凝らさなければならず、インキュベーションの育成メカニズムの健全化に力を入れ、ハイレベルで専門化されたチームを編成し、模範性が強く、影響力の大きいボランティアプロジェクトを計画するといった良好なボランティアサービス政策環境の構築が求められる。

　公民への道徳建設のプロジェクトの実施。2001年の『公民道徳建設実施綱要』は、公民への道徳建設が全民族の素質を高める基礎的作業過程であると提起している。第19回党大会では、社会全体の文明レベルを高めるために公民への道徳建設プロジェクトの深い実施がいっそう強調された。2019年10月に公表された『新時代公民道徳建設実施綱要』では、その問題の方向性がさらに突出され、習近平は党員指導幹部、青少年、各界著名人などの重要グループと重点分野の道徳建設に対して保障の法治、サイバー空間、エコ文明、対外交流などの面での重点的な強化に力を注いで体現せよ、とする重要演説と具体要求を行っている。これを指導としなが

ら公民への道徳建設プロジェクトを実施するには、習近平の道徳建設に関する重要講話を深く学習・理解することを重視し、公民への道徳建設の責任感と使命感を確実に強めるのが必要である。社会主義の核心価値観を先導に末端の基礎を大いに固め、末端の需要に照準を合わせて基礎活動を革新し、新時代の文明実践センターと県レベルのメディアミックス（異なるメディア媒体による相互補完的な宣伝活動）センターの建設を着実に推進し、基礎となる本拠地を固め、美徳の故事をしっかりと語りつつ、特にサイバー倫理の建設の強化に力を注いでネットがポジティブエネルギーの集散地になるよう推進していく必要がある。

信頼を旨とする建設の長期的な枠組みの整備。社会全体をカバーする信用調査体系を健全とし、各分野が連動した信用情報記録を確立して、情報の常態化した収集・共有・使用に関する常態化したメカニズムを形成する。失信懲戒制度の構築を強化し、複数の部門と地域及び業界を跨ぐ信用保護連合への奨励と失信懲戒連合への懲戒を連動させたメカニズムを整備して、信用に対する「レッドリスト」と「ブラックリスト」を公にすることで信用に足る人物へは利益を与え、信用に足らない人物へは制限を加えるようにしながら信用保護を奨励し、信用を損なう場合はペナルティを与える社会の共通認識を形成する。同時に、信義を重んじ約束を固く守る中華民族の伝統的な美徳を大いに発揚し、信頼に値する条約を制定し、業界の自律を強化し、全社会の信頼に値する意識と信用レベルの絶えない向上を推進する。

(5) 一元主導で多元共存した文化構造の建設

文化構造を社会主義の核心価値観によって貫徹することを重視し、文化の配置を整備する。社会主義の核心価値観は中華の優れた伝統文化、革命文化の中の栄養吸収から生まれた、社会主義の先進文化の精華である。中華の優れた伝統文化を継承・発揚し、創造的な転化と革新的な発展を実現

し、文化の精華を深く敷衍し、国民教育の一貫性を貫き、文化遺産を保護・伝承し、文芸創作を育み、生産生活に溶け込み、宣伝・教育に力を入れて国内外の文化の交流と相互理解を推進しなくてはならない。革命文化を堅持・運用し、社会主義の先進文化を発展させ、党史・国史の学習を重視し、革命資源（革命時代の革命遺跡、革命に関する文化財、革命人物の精神などを伝える資料）を巧みに利用して革命の伝統を発揚し、革命の遺伝子を伝承し、現代化を志向する、世界を志向する、未来を志向する民族的・科学的・大衆的な社会主義文化の発展を推進しなければならない。

　社会主義の核心価値観で社会の思潮をリードすることを重視する。社会の思潮は政治意識・政治価値観に対する反映であり、人々の価値の選択に影響する。日を追うごとに複雑化し多元化する社会の思潮の局面に直面して、社会主義の核心価値観で各種の思潮を導くことを実現する必要がある。これには次の点が必要となる。マルクス主義の指導的地位を揺るぐことなく堅持し、党の最新の理論的成果で全党を武装し、人民を教育し、中国の特色ある社会主義の共通の理想を用いて民族の力を結集し、民族精神と時代精神を用いて闘志を鼓舞し、社会主義の栄辱（栄誉と屈辱）観で気風を導き、そして全党、全国、各民族人民の団結奮闘の思想的基盤を固めることである。また差異を尊重し多様性を包容しながら四つの基本原則を堅持し、「百花斉放・百家争鳴」の方針を堅持することである。このように是非を明らかとして勇敢に剣を振るい、思潮に対する効果的な整合を実現し、その中の積極的な要素と消極的なそれを弁別し、積極的な要素を参考・吸収して学びながらも消極的な要素には理性的な指導・教育・批判を加えて、これが人民の思想を侵食することを防止し、一元主導で多元共存な雁陣構造を努力して形成しなくてはならない。

5．制度建設による文化体制の改革

　制度の問題には根本性・全局性・安定性・長期性がそなわっているが、制度の建設は文化体制の改革を全面的に深化させる根本的かつ長期的な対策といえる。新時代以来、文化制度の建設が文化体制改革の全方面の各段階に貫かれたことで、文化の活力が十分に放出されて文化事業は繁栄し発展している。

(1) 人民の文化権益を保障する制度の健全化

　人民の文化的権益の保障は文化体制の改革を深化させる根本的な出発点であり、人民中心論を堅持する活力に溢れた具現である。人民の文化権益は人民が自由かつ平等に社会の文化活働の生産と創造に参与し、社会文化の成果を十分かつ公平に享受できる権利である。社会主義文化は本質的に人民が共に建設し、共有できる文化である。文化の発展は人民のために、文化の発展は人民を拠りどころとし、文化発展の成果を人民が共有することは社会主義文化建設の根本的となる出発点であり立脚点である。

　「人民を中心とする」活動の方向性の堅持。文化建設の根本的な問題となるのは「どのような人のために」という問題である。新時代において、人民の素晴らしい生活に対する憧れはいっそう強くなり、先進文化の質の発展に対して新しく、より高い要求を求めるようになった。人民の文化的権益を保障してこそ、人民へより豊かで栄養のある精神の食糧を提供し、人民の文化的獲得感・幸福感を高め、人間の全面的な発展を促進できる。人民は文化建設の主体であり、人民の生活は全文化産品が取っても尽きることのない、用いても尽きることのない無尽蔵の源泉といえ、人民の需要は文化産品の根本的な価値である。そのために文芸に従事する者は人民と呼吸を共にし、運命を共にし、心と心を共にし「人民の喜びを喜び、人民の憂いを憂い、喜んで人民大衆のために奉仕をする」ことを自覚しな

ければならない。哲学・社会科学に従事する者は人民を中心とした「研究志向」を堅持し、人民が歴史の創造者であるという観点を堅持し、人民のために学問をするという理想を樹立しなければならない。同時に、文化産品創作・生産・伝播の誘導・激励メカニズムを整備し、広範な文化・文芸の従事者は人民の精神・文化的需要を満たし、人間の全面的な発展の促進を作品創作の出発点と立脚点となるように推進しなければならない。その作品は人民を主体にしながら彼らを謳歌・表現し、人民を作品における最高の評価者とする。生活に深く入り込み、人民に根を下ろして文化の創造を行いながら謙虚に人民に学び、生活に学び、人民の偉大な実践と多彩な生活から栄養を汲み取る。文化産品の創作には人民を熱愛する必要がある。文化に従事する者が成果を収めようとするのならば、人民を真摯に愛し、持続的に愛さなければならない。誠心誠意に人民を叙述し、人民を描写し、人民を歌い上げ、大衆に愛される文化の傑作を世に出さなければならない。

公共文化サービス体系の整備。わが国では、すでに政府の主導によって都市・農村をカバーし、社会が参与し、サービスが均等な公共文化サービス体系が基本的には形成されている。文化サービス施設を例にすると、2018年末現在、全国には公共図書館が3176箇所、文化館が44464箇所、博物館が4918箇所存在する。新時代に都市・農村での公共文化サービス体系を整備するには、都市・農村の文化資源の配置を最適化しなければならない。都市と農村、発達した地域と発展途上の地域ではそのニーズが異なるために、公共文化の建設を一つのパターンとしたり「画一的に処理」にしてはならず、都市と農村との調和と連働・資源の共有を堅持するのと同時に、貧困地区・民族地区・辺境地区に対しても適切にこうした措置を傾けなければならない。末端文化の恵民（人民に利益をもたらす）プロジェクトがカバーする範囲を拡大し、実効性の強化を推進し、より多くの大衆が歓迎する文化の傑作を生み出し、大衆の評価とフィードバックの仕組みを構築し、文化の恵民プロジェクトと大衆の文化的ニーズとの有効な

連結を促進しなければならない。大衆が喜んで参加しやすい文化活働のプラットフォームを構築し、大衆がさまざまな形式の文化活働の場を建設することを奨励し、大衆が文化建設の中で自己を表現し、自己を教育し、自己のために奉仕するように誘導しなければならない。社会の力が公共文化サービス体系の構築に参加することを奨励し、競争の仕組みを導入して、公共文化サービスの方式を革新しながら公共文化サービスの社会化を推進するのである。

(2) 世論誘導活動のメカニズムの整備

　正しく方向付けられた世論の誘導は、文化体制の改革に偏りがないことを保証する潤滑油である。世論活動をしっかりと行うことは国政運営、国家安定という大事であり、旗印と道、党と国家の前途と運命に関わる。歴史と現実が示すように世論の力は決して過小評価できない。人心とは最大の政治であり、世論分野におけるその醸成は、多くの国で発生した「カラー革命」の「ドラマー」となる。社会利益の訴求の多元化に伴って社会の矛盾と衝突は増加し、人民の話題は高いレベルで推移している。また新たなメディアの発展は深い変化をもたらしている。インターネットは民情に関わる事件の重要な役割を演じており、報道による世論の誘導の難度はそれによって大きくなっているが、報道による世論の活動の理論・方式・手段にはなお脆弱な部分が存在している。現在、思想世論の領域にはおおむね赤色・黒色・灰色の「三つの部分」[11]があり、正しい方向性を堅持する世論誘導活動のメカニズムを整備しなければならない。

　世論誘導の主要原則の科学的な把握。これには党によるメディア管理の原則の堅持と正しい世論の誘導、肯定的な宣伝を主とする原則の堅持が含まれている。「党によるメディア管理」は、報道・世論の分野における党の全面的指導を反映し、党の報道事業が党の原則を堅持するための必然的な要求でもある。時代がどのように発展し、メディアの構造がどのように

変化してもこの原則と制度は変わることはない。

　政治家が新聞・雑誌・テレビ局・ニュースサイトを運営することを堅持しなければならない。党と政府が主宰するメディアは必ず党の名の下で、必ず党の手中にあって、必ず党と人民の代弁者とならなければならない。党によるメディア管理の原則を新メディア分野に貫徹し、すべての報道情報サービスに従事させ、メディア属性と世論動員機能をそなえた伝播プラットフォームを管理の範囲に組み入れ、すべての報道情報サービスと関連業務の従事者に対する参入許可の管理を実行しなければならない[12]。また団結・安定・激励といった肯定的な宣伝を堅持し、精神を高らかに歌い上げ、ポジティブエネルギーを発揚し、原則の是非、政治原則の問題には大胆に剣を振るい声を挙げるように指導を強化しなければならない。また肯定的な宣伝を改善・刷新して伝播のルールを把握し、思想性・報道性・可見性（報道内容が魅力的で鑑賞価値のあること）を有機的に統一しなければならない。

　正しく方向付けられた世論誘導の活動メカニズムを構築しなくてはならない。そのためには第一には、オンライン・オフラインが一体となり、国内宣伝と国外宣伝とが連動する主流世論の枠組みを構築することである。わが国の発展が日増しに世界に溶け込むにつれ、国内宣伝と国外宣伝の境界線はますます曖昧となっており、国内宣伝と国外宣伝とが連携・連動するメカニズムの構築がいっそう急務となっている。意識の転換に力を入れ、国内報道に対しては国外宣伝の意識を持ちつつ、生じ得る国際的な影響を考慮しなければならない。また国外報道に対しては国内宣伝を意識して国内の視聴者の気持ちに配慮しなければならない[13]。国外と国内の両大局をあわせて国内宣伝と国外宣伝との活動の統一的な計画を高度に強化し、中国の伝えたいことと海外の受け手が聞きたいことを結びつけ、「陳情（真情を述べる）」と「説理（道理を述べる）」を結びつけ、「自己講（自らが話す）」と「別人講（他人が話す）」を結びつける。主流となる世論を大

きく強くし、主流となるメディアの伝播力・指導力・影響力・公信力を発揮し、オンライン・オフラインの同心円を形成し、党の声をより公開して伝え、より広く伝え、より深く伝えるようにする。

　第二に、世論の監督制度を整備し、重大な世論と突発した事件に対して世論を誘導するメカニズムの健全化である。世論の分析・研究・判断と早期警戒の仕組みを整備し、「発生する可能性のある問題を前もって対処する」ようにすべきである。社会のホットな話題を誘導するメカニズムを完備し、人々が関心を持つホットな問題を掘り下げてその解釈や説明をほどこし、人々が発展への自信を強めて合理的な期待を形成できるように誘導する。重大な世論の協調と連動した処理メカニズムを完備し、迅速な対応・効果的な誘導・正確な調整をほどこして「コップの水しぶき」が世論の暴風となるのを防止する[14]。また監督責任を強化して科学的で正確で法に基づいた建設的な監督を行わなければならない。

　第三に、ネットワークに関する総合ガバナンス体系の確立・健全化である。インターネットは現在直面している「最大の変数」であり、ネットワークの敷居の低さ、情報源の匿名性、情報伝播の利便性と迅速性などの特徴はその管理に挑戦をもたらしている。習近平はインターネットという関門を越えなければ、長期執政という関門は越えられないと幾度も述べている。ネット管理は複雑である。ネット上の情報管理サイトは主体的な責任を負うべきであり、政府の行政管理部門は監督管理を強化しなければならない。主管部門と企業は密接な協力・協調の関係を構築し、過去にしばしば見受けられた「放任すれば混乱をきたし、管理を強めれば死に到る」という現象を避けながら共同管理と良好な相互作用を一斉につかむという新たな道を歩み、ネットワークのガバナンス能力を全面的に高め、清朗なネットワーク空間を構築しなければならない。

　中国の物語を如才なく語り、中国の声を適切に伝える。この問題の鍵は世論のコンテンツの建設なのだが、メディアの融合によって変化するのは

情報コンテンツの伝播方式なのであって、コンテンツが良質ならば大衆の興味関心を引くことは変わらない。特に情報が爆発的に増加している今日では良質なコンテンツは相対的に少なくなっていて、そのニーズはさらに差し迫ったものとなっている。それと同時に、中国が世界の中央舞台に近づくにつれて国際社会の中国への関心は日増しに高まり、世界はますます中国に対する理解を望んでいる。

しかしながら「中国脅威論」・「中国崩壊論」といった論調も依然耳に響いているように、全体的な国際世論の構造は西側が強く、われわれは脆弱とするように中国の言語体系はなお確立されてはおらず、世論はさらに複雑・敏感・不確実である。そのためには中国の物語を如才なく語り、真実で多面で全面な中国を世界に示さなければならない。正しい声で先入観を持たせることで、否定的な世論や奇矯で怪しげな議論を封じる。中国の特色ある社会主義、中国の夢、中国人、中華の優れた文化および中国の平和的な発展の物語を巧みに語らなくてはならない。現代中国の実情が時代と共に進んでいることに合わせて、新時代のマルクス主義をしっかりと述べなくてはならない。習近平が強調したように、これは全党に関わることであって各部門・各戦線でも講じる必要がある。統一的な計画と協調を強化し、各種の資源を統合し、国内宣伝と国外宣伝の一体的な発展を推進し、交響楽を奏でて大合唱を響かせ、中国の物語の語り口をますます精細なものとし、中国の声をますます響かせなくてはならない[15]。

(3) 社会的利益と経済的利益とを統一した文化創作生産体制の健全化

社会的な効果・利益を第一に置き、社会的利益と経済的利益とを統一した文化創作生産の体制・仕組みは、文化体制の改革の活力をかき立てる上で信頼に足る保障である。このメカニズムは文化創作の気風を浄化し、全民族の文化創造の活力を刺激するのに有効である。そのためには社会的な効果・利益を第一とし、社会的利益と経済的利益とを統一した文化創作の

生産体制を確立し、健全化しなければならない。

　社会主義の先進文化の発展法則をしっかりと把握し、文化生産の活力を引き出す。文化創作生産それ自身には法則があり、文化産品は一般的な物質産品と異なる。それは一種の精神的な産品であって、鮮明な文化とイデオロギーの属性を有し、一定の精神が内包され継承されている。優れた文化商品は社会意識、社会風習、人々の思想や感情に持続した影響を与える。もちろん文化産品も商品属性がそなわった産品であるのだが、しかしその作品を評価する根本的な基準の多くは、社会属性のあらわれであり社会価値のあらわれである[16]。

　社会主義市場経済の条件の下では、文化産品もその経済効果と利益を考慮しなければならない。商品の価格は常に価値の上下をめぐって変動するが、文化産品の価格も必ず価値と一致しなければならない。しかし両者に矛盾が生じた場合は、社会の効果と利益を犠牲にしてこれらを得ることはできない。そのために人民の精神文化の需要を満たすことを文化生産の最終目的とするだけでなく、社会主義市場経済の要求を反映させなければならない。文化の管理体制と生産経営メカニズムを足がかりに文化の革新と創造の活力を奮い立たせなければならない。

　良好で健全な政策環境の提供。現代の文化産業システムと市場システムを健全とし、質の高い発展を指向とする文化経済政策を整備する。一連の政策法規を通じて文化企業の社会的責任制度の履行を整備し、文化と観光の融合発展体制・仕組みを整備し、文化産業の発展を保護し、新型の文化業態の健全な発展メカニズムの構築を推進しなければならない。現在、わが国はすでに『映画産業促進法』、『芸術品経営管理弁法』などの法律や法規が公布されている。

　文芸創作への指導の強化。文芸活働に対する党の指導を強化し、広範な文芸従事者を頼みとしながら、文芸の規律を尊重し、遵守するという二つの原則をしっかりと把握する。文芸従事者が心を落ち着かせ、研鑽を重ね

て創作に打ち込めるように導き、文芸チームの建設を強化し、諸芸も見事で人格も高貴な名人・大家を多数輩出し、多くのハイレベルのクリエイターを育成しなければならない。加えて文芸評論の活動も重視すべきである。これは文芸創作の鏡であり、多くの優れた作品を生み出し、気風を導き、審美を高める重要な力である。単純な商業基準によって芸術基準に取って代えることはならず、文芸作品と商品とを完全に同一視すべきではない。その品位を重んじ、格調を重んじ、責任を重んじることを提唱し、低俗で下品で世俗に媚びたものを排斥する活動の仕組みを整備し、時代に恥じない優れた作品を創作する。

註
1) 堅持以新時代中国特色社会主義外交思想為指導 努力開創中国特色大国外交新局面. 人民日報, 2018-06-24 (1).
2) 「双百」: 中国共産党が 1956 年に打ち出した文学・芸術 (「百花斉放」)、思想・学術 (「百家争鳴」) に関して発展・進歩・繁栄を促す方針 (訳者注)。
3) 毛沢東. 新民主主義論 毛沢東選集: 第 2 巻. 2 版. 北京: 人民出版社, 1991: 707.
4) 習近平. 習近平 国政運営を語る (日本語版): 第 2 巻. 北京: 外文出版社, 2018: 350.
5) 挙旗幟聚民心育新人興文化展形象 更好完成新情勢下宣伝思想工作使命任務. 人民日報, 2018-08-23 (1).
6) 中共中央宣伝部. 習近平総書記系列重要講話読本 (2016 年版). 北京: 学習出版社, 2016: 189.
7) 本書編纂グループ. 『中国の特色ある社会主義制度の堅持と整備、国家ガバナンスのシステムとガバナンス能力の現代化の推進における若干の重大な問題に関する中共中央の決定』輔導読本. 北京: 人民出版社, 2019: 284.
8) 習近平. 習近平 国政運営を語る (日本語版): 第 1 巻. 北京: 外文出版社, 2014: 188.
9) 中共中央文献研究室. 十八大以来重要文献選編: 下. 北京: 中央文献出版社, 2014: 172.
10) 習近平. 在北京大学師生座談会上的講話. 北京: 人民出版社, 2018: 6-7.
11) 習近平. 習近平 国政運営を語る (日本語版): 第 2 巻. 北京: 外文出版社, 2018: 367.
12) 本書編纂グループ. 第十九回党大会報告輔導読本. 北京: 人民出版社, 2017: 317.
13) 本書編纂グループ. 『中国の特色ある社会主義制度の堅持と整備、国家ガバナンスのシステムとガバナンス能力の現代化の推進における若干の重大な問題に関する中共中央の決

定』輔導読本. 北京：人民出版社，2019：293.
14）本書編纂グループ.『中国の特色ある社会主義制度の堅持と整備、国家ガバナンスのシステムとガバナンス能力の現代化の推進における若干の重大な問題に関する中共中央の決定』輔導読本. 北京：人民出版社，2019：294.
15）中共中央宣伝部. 習近平総書記系列重要講話読本（2016年版）. 北京：学習出版社，2016：211.
16）中共中央宣伝部. 習近平総書記在文芸工作雑談会上的重要講話学習読本. 北京：学習出版社，2015：66-67.

第7章
人民の素晴らしい生活の需要を満たすために

第18回党大会以来、経済・社会の不断の発展に伴った党と国家の事業発展の総体的な布石の中で社会保障制度建設の役割は絶えず転換している。都市・農村を統一的に計画する民生保障制度を堅持・整備し、人民の日増しに増大する素晴らしい生活への需要を満たすことが重要な発展のエンジンとなっている。

　党の第19期中央委員会第4回全体会議は、民生保障制度に対して新たな明確な要求を提起した。すなわち育児・教育・所得・医療・養老・住居・救済などの面における国家の基本公共サービス制度体系を健全化すべきことが述べられたが、これは民生保障制度の堅持と整備のための方向性を示している。

　党の第19期中央委員会第4回全体会議では、都市部と農村部を統一的に計画する民生保障制度が12方面の制度と連携し、中国の特色ある社会主義制度体系を共に支えていることを強調している。都市部と農村部を統一的に計画する民生保障制度の堅持と整備はトップダウン設計の重要な一環であり、都市部と農村部を統一的に計画する民生保障制度も絶えず発展・整備されている。これは特に民衆の生活と密接に関連する雇用・教育・養老・住宅・医療などの分野で反映されているが、人民の日増しに増大する素晴らしい生活への需要を満足させるためには絶えずこれらを邁進する必要がある。

1．雇用促進のメカニズムの健全化

　改革を全面的に深化する過程の中で党中央と国務院は一貫して雇用活動を高度に重視し、雇用促進を非常に重要な位置に置き、一連の重大な政策の決定と重要な配置を行い、公平な雇用制度と環境を絶えず構築している。

(1)「起業による雇用促進」政策の整備

　第18回党大会の報告は「より質の高い雇用の実現を推進する」とし、労働者の就業観念の転換を導き、多くのルート、多くの就業のあり方の雇用を奨励し、起業による雇用を促進し、大学卒業生を重点とする若者の就業活動や農村から移ってきた労働力、都市と農村部の困難人員、退役軍人の雇用活動をしっかりと行うべきことを指摘している。そのために職業技能訓練を強化し、労働者の就業・創業能力を向上させ、雇用の安定性を強化する。また人力資源の市場を健全とし、就業サービス体系を完備し、雇用促進への失業保険の役割を強化する。労働基準体系と労働関係の協調メカニズムを健全とし、労働保障監察と係争調停の仲裁を強化し、バランスの取れた労働関係を構築する。中国共産党第18期中央委員会第3回全体会議で採択された『改革の全面的深化における若干の重要な問題に関する中共中央の決定』は「就業・創業の体制・仕組みの健全化」をすべきことを強調している[1]。

　2014年の政府活動報告で「雇用は民生の基本である」ことが再度述べられたように、雇用優先戦略と積極的な就業政策の実施を堅持し、就業・起業環境を最適化し、イノベーションによる起業を勧めながら創業で雇用を促進することが必要になる[2]。そこで2014年の「大衆による起業・革新」の呼びかけでは、960万平方キロメートルの土地を利用した「大衆による創業」、「草の根の起業」の新たな波をまき起こし、「大衆による創新」、「人々によるイノベーション」の新たな形勢をつくらなければならないとしている。

　また2015年の政府活動報告では「大衆による起業、万人による革新の推進は、雇用の拡大、住民の所得の増加につながるだけでなく、社会の縦方向の流動と公平・正義の促進にも役立つ」と述べている。2015年6月、国務院は『国務院関与一于大力推進大衆創業万衆創新若干政策措置的意見』を公布し、まず大衆による起業、万人による革新を推進する重要な意

義を十分に認識すべきことを提起している。大衆による起業、万衆による革新の推進は社会全体の革新の潜在能力と起業の活力を引き出す効果的な手段である。

(2) 雇用・起業を促進するメカニズムの健全化

　政府は雇用活動を最優先の課題に挙げている。その一方では、雇用優先の戦略と人材優先発展の戦略の実施を堅持し、積極的な雇用政策の実施をより際立った位置に置き、労働者の自主就業、市場調節による就業、政府による雇用促進と起業奨励の方針を貫いている。またその一方では、総量と構造を共に重視しており、需要と供給の両面で力を発揮し、雇用政策とマクロ政策を協調し、市場と政府の役割を統一的に発揮し、普遍性と差別化を結びつけるという基本原則を堅持しながら比較的に十分で質の高い雇用を実現し、雇用情勢の総体的な安定を維持している。

　第18回党大会開催以降、5年間に全国で6500万人を超える雇用が創出されている。すなわち6500万人近くの若者の雇用問題を解決し、2790万人余りの（国有企業労働者の）一時期帰休者の再就業問題を解決し、880万人余りの都市部の困難者の就業問題を解決しているが、その中には28万世帯のゼロ就業家庭を含んでいてダイナミッククリアランスを実現している[3]。それと同時に貧困脱却の堅塁攻略の戦いでは、480万人余りの農村の立卡困難者（貧困の程度に照らし合わせてその最低生活を保障する、台帳を基本とした貧困対応策）の就業移転問題を解決している。

　また第19回党大会報告では雇用が最大の民生であり、雇用の質を高めることが改めて強調された。ここ数年、経済成長率が減速している状況の下で、都市部の新規就業者は毎年1300万人[4]を超えている。なお主要な就業目標は合理的な範囲にあるとはいえ、14億人の人口を有する発展途上の大国で十分な雇用を実現するのは容易ではない。

　中国共産党第19期中央委員会第4回全体会議はより十分で、さらに質

の高い雇用に有利な促進メカニズムを健全化すべきことを明確に指摘している。雇用を民生の基本とすることを堅持し、雇用優先政策を実施し、より多くの就業を創出するのが肝要となる。公共の雇用サービスと生涯職業技能訓練の制度を健全化することで、重点グループの就業支援システムが完備されてくる。起業による就業の促進、複数のチャンネルによる柔軟な就業メカニズムを確立しながら、就業の困難な人々に対して底上げ支援を実施しなくてはならない。労働関係の協調メカニズムを健全化し、調和の取れた労働関係を構築して人々の全面的な発展を促進するためにより有利な条件をつくり出す必要がある。

2．生涯学習のための教育システム

習近平は人類の発展における教育事業の重要な地位と役割を重視すると同時に、教育の公平と質にいっそうの関心を寄せている。

2013年3月17日、習近平は第12期全国人民代表大会第1回会議の閉幕式において中国人民は、一つに人生が輝けるチャンス、二つに夢を実現するチャンス、三つに祖国と時代と共に成長・進歩するチャンスという、三つのチャンスを共有・享受していると述べている。教育はこの三つのチャンスを実現するための重要な手段である。また習近平はその閉幕会で教育を受けさせ学校へ通わせることを普及して発展の成果をより多く、より公平に全人民に行き渡らせなければならないとも述べている[5]。

2013年9月26日、習近平は国連「グローバル・エデュケーション・ファースト」イニシアチブ一周年記念活動に出席した際に「全民教育と生涯教育の発展、学習型社会を構築に努め、すべての子供に教育を受ける機会を提供し、13億人の人民がより良い公平な教育を受けるよう努力する」[6]と述べた。「幼有育所（公平な就学前教育）」、「学有所教（党の教育方針を全面貫徹させながら人民が満足する教育の提供）」、「学習型社会建設」

などの思想指導の下で、習近平は教育の公平についてより具体的な指示を出している。

　習近平は 2014 年 5 月 28 日の第 2 回中央新疆工作座談会において「より多くの優秀な人材を教育に身を投じさせるには、国家の教育経費を新疆に多く投じる必要がある」[7] と指摘した。

　第 19 回党大会の報告は「教育の公平を促進し、徳育・智育・体育・美育のいずれの面で優れている社会主義の建設者・後継者を育成する必要がある」[8] と提起する。

　つまり教育事業の重点の一つは、都市と農村の義務教育の一体化した発展、農村の義務教育などの面にあると指摘しているのである。第 19 期中央委員会第 4 回全体会議ではさらに党の教育方針を全面的に貫徹し、教育優先の発展を堅持し、人民が満足する教育に焦点を当て、徳育を優先して人を育てる体制・仕組みを完備し、教育分野の総合的な改革を深化し、師徳師風の建設を強化し、徳育・智育・体育・美育・労育を全面的に発展させて社会主義の建設者と後継者を育成する、と提起された。

　都市・農村の義務教育の一体化した発展を推進し、就学前教育、特殊教育、高校段階の教育普及を保障するメカニズムを健全化し、職業技術教育、高等教育、継続教育の統一的で協調的な発展メカニズムを整備する。また民間による教育運営、合同の学校運営を支持・規範化する。そして都市・農村をカバーする家庭教育の指導サービス体系を構築するのである。インターネット教育と人工知能の優位性を発揮し、教育と学習法を革新し、一人一人に向き合い、一人一人に適したより開放的で柔軟な教育体系の発展を加速し、学習型社会を建設する [9]。これらはいずれも新時代の教育の発展に指導的方向性を与えるものといえよう。

(1) 教育機会の不平等と都市・農村における教育資源の不均衡

　第 18 回党大会以降、教育公平を推進・保障するために党と国家は一連

の措置を制定して非義務教育の段階における教育機会の不均等、都市・農村の教育資源の不均衡問題を解決し、全社会に普遍的で公平な教育を享受させ、貧困地域と貧困家庭の就学年齢人口が教育を受ける機会を増やしている。革命老区（旧革命の舞台となった各本拠地）・貧困地区・農村地区の基礎教育を対象とした「全面的な基礎教育改革」は、教育を通じた社会の公平を実現するための重要な民生プロジェクトである。2013年12月4日に国務院は『教育部 国家発展改革委員会 財政部関于全面改善貧困地区義務教育薄弱学校基本弁学条件的意見』を採択している。

　第18回党大会以来、わが国の教育建設の全体的な質はある程度で向上し、教育建設と経済発展の同調性は次第に強化され、教育方面への財政投資は年々増加している。これと同時に、わが国の各段階の教育を受ける人数と教育インフラ建設の数量は全体的に上昇の状態を呈していてわが国は現在、教育の全体レベルは世界において中・上位ランクに入っている。

　第一に、教育の全体的な発展レベルも世界の中・上位ランクとなっている。各級・各種教育の入学率はいずれも中高所得国の平均レベルを上回っていて新規労働者の中で教育を受けた年数は13.3年に達しており、そのうちの高等教育の割合は45%を超えている。

　第二に、教育事業が党と国家戦略全局に奉仕する能力が著しく強化され、大学は毎年800万人近くの専門人材を、職業学院は毎年1000万人近くの技術技能人材を送り出していて教育を主な内容とする人文交流はすでに中国の特色ある大国外交の重要な支柱の一つとなっている。

　第三に、教育の公平さが大きな突破を遂げている。中西部の農村での教育が顕著に強化され、中西部地域と農村地域の子供たちがよりよい就学条件、より高い一級教育、より質の高い教育を受ける機会が増えている。

　第四に、教育の質が着実に向上したことで世界の大学ランキングにおけるわが国の大学の順位が大幅に上がり、一部の学科はすでに世界一流レベルに達しているか、または世界一流レベルに近づきつつある。

第五に、教育体制の改革が「深水区（重点レベルに到達すること）」を加速的に越えたために試験・学生募集制度の改革、現代大学制度、私立学校の分類管理、教材管理、現代教育の監督指導システムの建設などといった一連の重大な改革が順を追って徐々に進められ、深く推進されている。
　第六に、教育保障のシステムが日増しに整備されている[10]。

(2) 教育の公平を促進するための努力

　中国共産党第19期中央委員会第4回全体会議では、全人民の生涯学習に奉仕する教育システムの構築が提起されたが、これは教育制度の堅持・整備の全体目標である。中国共産党第19期中央委員会第4回全体会議の精神を徹底して実行し、「幼有所育」、「学有所教」という国家の基本公共サービスの制度体系をさらに健全化するものである。
　「幼有所育」、「学有所教」を健全とするに際して、第一に必要となるのは、就学前教育のメカニズム、特殊教育のメカニズムを健全とし、高等学校段階の教育を保障するメカニズムの改革の普及である。
　就学前教育についてわが国の『国家中長期教育改革と発展計画綱要（2010〜2020年）』は、2020年までにわが国では就学前1年教育と基本となる就学前2年教育を普及させ、条件のある地域では就学前3年教育を普及させるとしている。
　特殊教育については、第一に、特殊教育への重視度を高め、特殊教育に関する法律・法規を整備し、さまざまな措置を講じて肢体障害、知的障害などの少年児童の教育問題を解決し、社会全体が特殊教育の発展に関心を寄せ、支持する雰囲気を形成する。第二に、特殊教育体系を絶えず整備しながら地域に見合った、その人に見合った障害者への就学前教育・基礎教育・高等学校教育などを充実させ、程度の異なる教育を受けられるようにする。第三に、特殊教育に携わる教員の養成システムを絶えず整備することである。第四に、特殊教育を保障するメカニズムを絶えず健全化する。

高等学校の教育段階では、第一に、高等学校の質の高い教育資源を拡大して教育発展のボトルネック問題を解決し、そして第二に、高校のカリキュラムの改革を推進する。

教育の発展は教育の公平を促進するだけでなく、国民の素養を高め、現代化建設のためにより良質な労働力を提供し、社会ガバナンスの面でも積極的な意義を有している。社会ガバナンスのプロセスでは、教育の発展は、社会ガバナンスの人材を提供するだけでなく、調和の取れた公正な社会の雰囲気形成を生み出すことにも貢献している。教育の公平を重視し、あわせて「公平で質の高い教育」を絶えず実践していること自体が社会の進歩のあらわれである。教育の公平を解決し、教育の質を高める過程で改革は教育を受ける人が教育を受ける機会をより多く与えるだけでなく、より多くの社会の調和要素をもたらす。だからこそ、効率的な社会ガバナンスの実現に有利なのである。

3．全国民を対象とした社会保障システムの整備

第18回党大会以来、社会保障制度の建設は継続して推進されている。第19期中央委員会第4回全体会議では社会保障について重要な配置が行われ、全人民をカバーする社会保障システムの整備が要求された。保障すべきものをすべて保障するという原則を堅持し、都市部と農村部の統一的計画、持続可能な基本養老保険制度、基本医療保険制度を健全化し、保障水準を着実に向上させなくてはならない。基本養老保険に関しては、全国的な統一計画制度を速やかに構築する。社会保障の移転と接続、遠隔地での通院決済制度の実行を加速し、社会保障基金の管理を規範化し、商業保険を発展させる。社会救助、社会福祉、慈善事業、優遇救済・就業斡旋などの制度を統一的に計画・整備する。退役軍人の勤務体系と保障制度を健全する。また男女平等、女性の全面的発展を促進する制度・メカニズムを

堅持・整備する。農村の留守児童や女性、高齢者へのケアサービス体系を整備し、障害者支援制度を健全化する。貧困脱却の堅塁攻略戦に断固として打ち勝ち、貧困脱却の堅塁攻略の成果を固め、相対的貧困を解決する長期的で効果的なメカニズムを構築する。複数の主体による供給、複数のルートによる保障、賃貸と購入を同時に行う住宅制度の確立を加速する。「老有所養（高齢者が社会と家庭に頼って必要な生活ケアと経済的な保障を受けること）」は人民の日増しに増大する素晴らしい生活への需要の重要な内容であり、「老有所養」をしっかり行うことは国家・民族・社会にとっても重大な意義がある。住宅保障はわが国の社会保障システムの重要な構成部分であり、広範な人民大衆の基本的な生活保障の需要の一つである。ここでは「老有所養」と「住有所居（老後までに安定した住居があること）」の両面から社会保障制度体系建設の加速・健全化を重点的に論述することは、社会の発展と進歩を推進する必然の選択である。

(1)「老有所養」の養老保障制度の健全化

　中国において高齢化は日増しに深刻となっている。国家民政部の『2018年民政事業発展統計公報』のデータによると2018年末現在、全国の満60歳以上の高齢者人口は2億4949万人で総人口の17.9%を占めている。そのうち満65歳以上の高齢者人口は1億6658万人で、総人口の11.9%を占めている[11]。60歳以上の高齢者人口が人口総数の10%を占め、あるいは65歳以上の高齢者人口が人口総数の7%を占める場合、その国や地域は高齢化状態にある、というのが国際的・一般的な見方である。この基準を参照すると中国はすでに高齢化社会に入っており、高齢化が徐々に深まる段階にある。世界保健機関の予測によれば2050年までに中国の人口の35%が60歳を超え、世界で最も高齢化が深刻な国の一つになる。中国の高齢化問題はすでに非常に際立っており、必然的に党と国家から高度に重視され、社会の広範な関心を引き起こしている。

高齢化社会の到来は、養老保障制度の建設と医療保健事業の発展に圧力をもたらした。このために養老資金の支出、社会保障制度の設計、附随するインフラの建設や養老サービス体系の構築などが社会発展と足並みを揃えることを求めていて、人口の高齢化に伴う養老問題に対する社会の声はますます高まっている。習近平は「膨大な高齢者の大衆の多方面的なニーズを満たし、人口高齢化がもたらす社会問題を適切に解決することは、国家の発展の全局に関わり人民の福祉に関わる」[12]と指摘している。「第13次五ヵ年計画綱要」は、トップダウン設計を強化し、人口戦略・出産政策・雇用制度・養老サービス・社会保障システム・健康保障・人材育成・環境支援・社会参加などを支えとする、人口の高齢化に対応したシステムの構築を明確に打ち出している。これは中央政府が「第13次五ヵ年計画綱要」期間中に人口高齢化に対応するために行った重要な戦略的な制度配置であり、経済社会の発展に対応するために打ち出した重大な民生措置でもある。

　ここ数年、党と国家は人口の高齢化とそれに伴う養老問題をより重視し、「老有所養」の国家による基本公共サービス制度体系はさらに健全となっている。2014年2月21日、国務院は『国務院関于建立統一的城郷居民基本養老保険制度的意見』を発表し、社会統一計画と個人口座を結合する制度モデルを堅持・整備し、個人納付・集団補助・政府補助を結合した資金調達ルートを強化・拡大し、基礎年金と個人口座年金を結合した待遇給付政策を整備し、「長く納めれば多くもらえる」、「多く納めれば多くもらえる」という制度の奨励を強化し、基礎年金の正常な調整メカニズムを確立し、サービスのインターネットワークを健全とし、その管理レベルを高めながら加入者へ便利で迅速なサービス提供をするように決定している。

　時代の要請に対応する形でわが国の年金制度の並行改革は全面的にスタートし、深い方向へと発展している。党の第19期中央委員会第4回全体会議は都市と農村を統一的に計画し、持続可能な基本養老保険制度の健

全化を打ち出し、基本養老保険を全国に統一的に敷く制度の確立を加速し、高齢者のケアサービス体系を整備し、人口の高齢化に積極的に対応するように求めている。その上で在宅コミュニティ機構が協調し、医療・扶養と健康と扶養とを結合した養老サービス体系を速やかに建設し、「老有所養」に対して重要な配置を行っている。わが国の高齢者事業は新たな発展を得るであろう。

(2)「住有所居」の住宅保障制度の健全化

　住宅制度改革の深化は供給側の構造改革を推進し、経済・社会の良好な発展を促進する必要があるばかりか、小康社会の全面的完成を推進し、人民の期待に応えるための必然的な要求でもある。第18回党大会以来、習近平を核心とする党中央は人民の住宅問題を高度に重視し、人民の居住を保障するために絶えず新しい措置を講じている。

　政府を主体とする基本的な住宅保障の提供の堅持。わが国政府は現代化建設の過程の中で住宅保障制度の建設を非常に重視してきた。国は住宅保障に継続して力を入れており、一連の政策を打ち出し、既存の政策体系をさらに整備し、公共賃貸の住宅、貧民街のバラック区域の改造、農村の老朽化住宅の改造、住宅積立金といった内容を含むシステムを構築している。住宅制度改革を今一歩深化させるには、政府を主体とする基本的な住宅保障の提供を堅持した上で市場の優位性を発揮し、市場メカニズムを導入し、市場の監督・管理を強化し、市場を主体とする多層的な住宅需要を満たさなければならない。購入と賃貸の同時実行と住宅賃貸市場の育成・発展は、住宅制度改革を深化させる重要な内容であり、都市部の住民の居住目標を実現するための重要な道である。

　党と国家は住宅保障の面で顕著な業績を収めているものの、わが国の住宅情勢は依然として厳しく住宅価格は高止まりしている。これを受けて第19回党大会では、住宅は住むためのものであって投機のためのものでは

ない、という位置付けを堅持し、複数の主体による供給、複数の手段による保証、賃貸と購入を同時に行う住宅制度の確立を加速し、全人民が安心して住めるよう再度強調している。第19期中央委員会第4回全体会議ではさらに複数の主体による供給、複数の手段による保障、賃貸・購入を同時に行う住宅制度の速やかな確立を提起している。

4．人民の健康水準を高める制度の強化

人民の健康は民族隆盛と国家富強の重要なメルクマールである。「病有所医（病むときに医療を受けられる）」の実現は、中華民族の偉大なる復興という中国の夢を実現する上での強固な健康基盤を築くものである。「病有所医」は医療改革の深化の重要な目標であり、人民を中心とする具体的な反映であり、党の初心と使命を実践する自覚的な行動であり、新時代の人民の日増しに増大する素晴らしい生活への需要を満たす重要な措置である。

(1) 国情に合致し全人民に恩恵を与える医薬衛生体制の構築

現在、工業化、都市化、人口高齢化と生態環境、生活スタイルの絶え間ない変化のために人々は多くの疾病の脅威と健康に影響する状況に直面している。医療衛生の発展レベルは人民の健康に影響するだけでなく、経済発展と社会の調和をも制約している。そのために改革は人民の健康を優先的に発展戦略の地位に置かねばならず、医療衛生体制の改革を推進する必要がある。医薬衛生体制の改革の深化は広範かつ難度の高い社会システムプロジェクトといえ、医療保障、医療サービス、公衆衛生、薬品供給、監督・管理体制の総合的な改革を統一的に推進しなければならない。わが国の人口は多く、一人当たりの所得水準が低いために都市と農村、地域ごとの格差は大きく、長期的には社会主義の初期段階にあるというのが基本の

国情である。医薬衛生体制の改革深化の決定は極めて複雑かつ困難な任務であり、漸進的なプロセスである。進むべき方向性と枠組みを明らかにしながら長期的な厳しい努力と粘り強い探求を続けてこそ、わが国の国情に合致した医薬衛生体制を着実に確立できる。

第18回党大会以来、習近平を核心とする党中央は人民を中心とする執政理念を堅持し、医療衛生事業の改革を絶えず深化させ、人民大衆の診療が難しく、また受診できたとしても医療費が高いという問題を解決してきた。党の第18期中央委員会第3回全体会議では、基本医療衛生制度の建設を力を入れて推し進め、分級診療制度（病気の優先順位と治療の難易度により等級を設け、異なるレベルの医療機関が治療を担当すること）、現代病院管理制度、全人民医療保険制度、医薬品供給保障制度、総合監督・管理制度といった五つの基本的医療衛生制度の建設努力を述べている。

中国医学・漢方薬の発展を推進し、その健康養生文化の創造的な転化、革新的な発展を実現する。なお医療従事者の心身の健康にも気を配り、その職業の評価を高めて医療を尊び衛生を重んじる良好な気風を醸成しなくてはならない。医療保障制度を整備し、省レベルにおける医療保険の統一を実現し、「過剰な処方」や「過剰な検査」といった医療現場での処置や他地域での診療の直接決済などを減少する。これらの改革措置は医療改革を深める重要なステップであり、また医療衛生の分野において社会的公平を促進する重要なステップでもある。

第19回党大会では「健康中国」という戦略思想を打ち出し、病気を予防し治療するという、骨のように硬い難題をまずもって解決すべきである、と指摘された。社会の主要な矛盾の変化は現実での社会生活の各方面、特に民生の建設にあらわれているが、医療衛生の面では「不均衡、不十分」の問題が際立ったものとなっている。医療条件の供給は、経済的に発達した地区に資源が集中する問題がある。このために貧困地域、貧困県を直接対象にして先進地域と対等な支援を行い、現地における医療衛生従事者の

無料育成は非常に重要な措置となる。

(2) なぜ全人民の健康が必要なのか

　第19回党大会以来、習近平を核心とする党中央は医療衛生事業改革のトップダウン設計をより強化し、「病有所医」の国家による基本公共サービス制度体系をさらに健全化させてきた。第19回党大会では、国民健康政策を充実し、全方位・全段階の健康サービスを人民大衆へ提供すると述べている。医薬衛生体制の改革を深化させ、中国の特色ある基本医療衛生制度と医療保障制度と良質で効率の高い医療衛生サービス体系を全面的に確立し、現代的な病院管理制度を健全とする。末端の医療衛生サービス体系と総合診療医チームの建設を強化する。薬品の高い付加価値による病院運営を全面廃止して医薬品の供給を保障する制度を健全化する。予防第一を堅持し、愛国衛生運働を深く展開し、健康で文明的な生活スタイルを提唱し、重大な疾病を予防・コントロールする。食品の安全戦略を実施し、人民へ食の安心感を抱かせる。中国医学と西洋医学を共に重視することを堅持し、中国医学・漢方薬の事業を伝承・発展させる。社会資本の出資で主宰される医療機関を支援し、健康産業を発展させる。

　公平の促進とは、基本医療制度の改革の中で意義があるべきものである。「病気による貧困、貧困による病気」の問題解決のために、国は健康貧困扶助を展開し都市と農村の発展を協調させながら、良質な医療資源を末端へ沈下させることを積極的に推進している。また分級診療制度体系をさらに整備し貧困大衆、障害者、女性と幼児などの弱者層に対する医療衛生保障を重点的に強化している。医療改革の提言・建言に参与するよう社会の力を積極的に誘導し、過剰な医療、薬価の過剰な高騰、医療保険基金の不適切な使用などの不良行為には監督と通報を強化するよう社会組織を導き、医療機関、医療保険取扱機関、製薬企業への拘束力をつくり上げていく。薬品価格の形成メカニズムを積極的に改革して科学的で合理的な医療補償

メカニズムを模索し、基本薬品制度の立法保障を推進し、薬品の監督・管理体系を整備する。

　安定した公共財政の投入メカニズムを確立し、遠隔地・農村への基本衛生資源投入を拡大する。医療の公益性の原則を堅持しつつ、公立病院を公益性の過程に再び位置付けることを積極的に推進し、医療衛生資源を公共製品として全人民へ提供し、大衆には負担となってしまう基本的な薬品、適切な診療、適切な技術を与えることで大衆の診療が難しく、また受診できたとしても医療費が高いという問題を効果的に緩和し、それと同時に衛生費用の急速な増加も効果的に抑制していく。医療衛生管理改革を絶えず深化させ、法律によって医療行為を規範化し、過剰な医療や「過剰な処方」を処罰する。都市と農村の衛生資源を効果的に統合しつつ、都市では病院設備の濫用、無秩序な競争、医療コストの転嫁などの非規範行為を是正し、農村部では医療技術者と医療設備を充実させる。衛生人材の育成とその使用制度を整備し、衛生人材の合理的な流動メカニズムを構築し、衛生人材資源の確保・調整を強化する。以上の措置を通じて、中国の国情に見合った資源節約型の医療改革の道を歩まなければならない。

　党の第19期中央委員会第4回全体会議では、人民の健康レベルを高めるための制度保障の強化がさらに強調された。ライフサイクルと健康の全過程への関心を堅持し、国民健康政策を充実させ、広範な人民大衆が公正に社会に対するあるべき要求と系統的に連続した健康サービスを享受できるようにする。医薬衛生体制の改革を深化し、基本的な医療衛生制度を健全化し、公衆衛生サービス・医療サービス・医療保障・医薬品供給保障の水準を向上する。末端を重点とし、予防を第一とし、予防と治療を結合し、中国医学と西洋医学を共に重視することを堅持する。公衆衛生防疫と重大伝染病の予防・抑制を強化し、特別な重大疾患に対する医療保険と救済制度とを健全化する。人民の体質強化に焦点を当てて全人民の健康維持に関する制度的措置の促進を健全なものとする。

新型コロナウイルスの感染が爆発してからというもの、われわれは人民の生命安全と身体の健康をまずもって第一に据えることを堅持しており、医療衛生の改革を加速させて感染症の予防とコントロールを強化している。

衛生事業と医療保障事業の不断の発展に伴ってわが国の人民の健康レベルは全体的に向上し、人民大衆の社会への安全感もそれに伴って向上している。人民の健康への安心感は社会安定の基本の前提であり、すべてのガバナンス活動が順調に展開するための基礎である。医療施設と社会保障がもたらす公平感は、民衆が自発的に社会に対するアイデンティティを確立し、民衆のより積極的な社会業務参与に有利となり、それによって調和の取れた社会の雰囲気を形成し、真の発展が可能となる。

都市・農村の民生保障制度の統一的な計画とは党の指導の下で、人民を主人公とした国家制度の下で、人民の福祉増進と人間の全面的な発展の促進に着目した重要な制度である。第19期中央委員会第4回全体会議において人民の福祉増進と人間の全面的な発展の促進は、公のための立党、人民のための執政を行う上での我が党の本質的な要求であり、わが党が終始人民を率いて幸福な生活を創造し、人間の全面的な発展を促進することを深く表明している、と強調された。

註
1) 中共中央文献研究室．十八大以来重要文献選編：中．北京：中央文献出版社，2014：536.
2) 中共中央文献研究室．十八大以来重要文献選編：中．北京：中央文献出版社，2014：850.
3) 尹蔚民．這五年，我們創造了超過6500万就業崗位．中国青年網，2017-10-22.
4) 中共中央文献研究室．十八大以来重要文献選編：中．北京：中央文献出版社，2014：5.
5) 第十二期全国人民代表大会第一回会議における講話．人民日報，2013-03-18（1）．
6) 習近平主席 国連「グローバル・エデュケーション・ファースト」イニシアチブ一周年記念活動でのビデオ祝辞．人民日報，2013-09-27（3）．
7) 法に基づいて新疆を統治し、団結し、安定し、長期的に建設することを堅持し、各民族の人民と団結して社会主義新疆を建設する．人民日報，2014-05-30（1）．
8) 習近平．小康社会の全面的達成の決戦に勝利し、新時代の中国の特色ある社会主義の偉大

な勝利を勝ち取ろう：中国共産党第十九回全国代表大会における報告．北京：人民出版社，2017：45．
9) 中国の特色ある社会主義制度の堅持と整備、国家ガバナンスのシステムとガバナンス能力の現代化の推進における若干の重大な問題に関する中共中央の決定．人民日報，2019-10-31（1）．
10) 新時代の中国の特色ある社会主義思想で教育強国の建設を加速する：第十九回代表大会代表，教育部党組書記部長陳宝生への取材（2017-10-21）．
http://www.moe.gov.cn/jyb_xwfb/gzdt_gzdt/moe_1485/201710/t20171022_317071.html.
11) 2018年民政事業発展統計公報（2019-08-15）．
http://images3.mca.gov.cn/www2017/file/201908/1565920301578.pdf.
12) 党委員会政府主導導社会参与全国民行動，推動老齢事業全面協調可持続発展．人民日報，2016-05-29（1）．

第8章
共同建設、共同ガバナンス、共有:
社会ガバナンス現代化の推進

社会ガバナンスは国家ガバナンスの重要な側面である。「共同建設、共同ガバナンス、共有」という社会ガバナンスの制度は、中国共産党が長期的な模索を経て徐々に確立し、国情・民情と社会発展の法則に合致することが証明されている制度であり、中国の特色ある国家制度と国家ガバナンス体系の重要な構成部分である。「共同建設、共同ガバナンス、共有」の社会ガバナンス制度を堅持・整備し、社会ガバナンスの現代化のレベルを絶えず高めることは、国家のガバナンス体系とその能力の現代化の推進というテーマの中であるべき意義を持ち、また習近平による新時代の中国の特色ある社会主義思想の重要な内容でもある。

1．活力と秩序：社会ガバナンス制度建設のテーマ

　どの時代にもその時代の問題がある。「時代に立脚して特定の時代の問題を解決してこそ、その時代の社会の進歩を推し進められる。時代に立脚して特定の時代の声に耳を傾けてこそ、社会の調和を促進する時代のラッパを吹き鳴らすことができる」[1]のである。中国では、社会ガバナンスはこのような「時代の問題」に直面しなくてはならない。明晰で正確な「問題意識」を確立してこそ、はじめて高みに登って遥か彼方を眺められるのであり、そして中国の社会ガバナンスの大局を深く理解し、正確に把握することで党中央が描く社会ガバナンスの青写真を全面的に理解し、効果的に貫徹できるのである。

(1) 社会ガバナンス制度の中心思想
　党の第19期中央委員会第4回全体会議は、社会ガバナンス制度の構築に関する戦略的配置を述べ、その全般的な指導方針を「党委員が指導し、政府が責任を負い、民主的に協商し、社会が協同し、公衆が参与し、法治を保障し、科学技術に支えられた社会ガバナンス体系を整備し、誰もが責

任を持ち、誰もが責任を果たし、誰もが共有する社会ガバナンスの共同体を建設し、人民の安定した居住と心楽しい労働や、秩序ある社会の安定を確保し、より高いレベルの平安な中国を建設する」としている。その具体的な内容は次の5つである。

第一に、新たな情勢の下で人民の中の矛盾を正しく処理する有効なメカニズムを整備すること、第二に、社会治安・予防・コントロール体系を整備すること、第三に、公共の安全体制・メカニズムを健全化すること、第四に、末端社会ガバナンスの新たな枠組みを構築すること、第五に、国家安全の体系を整備すること、である。この5点はさらに細かな任務に分けられる。これらの制度の設計はシステムの統合、相乗効果を際立ったものとし、物事の見通しがきいて微に入り細に入るものであり、強い問題指向と鮮明な実践の特色を反映する。

党の第19期中央委員会第4回全体会議における社会ガバナンス制度の建設に関する戦略的配置を深く理解し、正確に把握する上で鍵となるのは、これらの制度を統率・貫徹するために策定された中心思想の把握である。すなわち活力と秩序とを統合・配慮し、その有機的な統一の実現に力を入れることである。社会ガバナンスの具体的な活動は多岐にわたり、具体的な要求は千差万別であるが、結局のところは中国の現代化プロセスの発展と秩序の伸張に正しく対応させて、すべての積極的な要素を十分に引き出して社会に生き生きとした活気を溢れさせ、調和の取れた秩序とすることが必要なのである。『決定』は国家のガバナンス体系とその能力の現代化への改革全体をカバーする綱領的な文書でありながら、この問題には深く言及していないが、活力と秩序との統一と配慮は党と国家が社会ガバナンス活動を推進する上で終始一貫している精神である。

要点を的確につかみ俯瞰的に捉えた、こうした叙述は党の第19期中央委員会第4回全体会議での社会ガバナンスに関する決定を深く理解し、実行を貫徹するに際して一つの論理の本筋を提供している。この論理の本

筋を把握してこそ、『決定』の中の関連する内容に対しての認識は要をつかんで全体を解決し、一つの事柄から類推してそのほかをを理解できるものとなり、関連する内容に対しての実践はシンプルな手段で物事を整理し、節約しながら広く用いるものとなる。したがって中国史と世界史という高度な観点から「活力と秩序の伸張」のある社会ガバナンスの原因と結果を力を込めて描写する必要がある。中国の社会ガバナンス問題を観察し、思考するという座標の原点を確立し、そしてこれを基本に現在の中国の社会ガバナンスの中心となる任務、根本となる目標、思想となる路線とそれらに応じた行動計画を明示しなくてはならない。

(2) 民族復興と社会ガバナンスの「問題意識」

「重大な問題に導かれながら、重要な問題を捉えてさらに進んで研究し、思考する」ことこそが、わが国の発展が直面する一連の突出した矛盾と問題の解決を優れて効果的に推進できる[2]。問題とは思考と実践の出発点だが、社会ガバナンスは社会矛盾の予防と解消という第一線にあるために、正しい問題意識の確立が極めて重要となっている。問題意識の欠如や問題の見つけ方が正しくなければ、活動の方向性とモチベーションは失われがちとなる。それでは中国の社会ガバナンスにはどのような問題意識を確立すべきなのであろうか。その回答は非常に明確で、それは中華民族の偉大なる復興を実現することである。

習近平は、中華民族の偉大なる復興の実現は近代以来の中華民族の最も偉大な夢であると指摘している。この夢は「何世代にもわたる中国人の宿願を凝集し、中華民族と中国人民の全体的な利益を反映し、中国人一人一人の共通の未来への願望である」[3]、「われわれの責任とは、全党・全国各民族人民を団結させ、導いて、歴史のバトンを受け継いで中華民族の偉大な復興の実現に向けて引き続き奮闘努力し、中華民族が世界の諸民族の中でいっそう確固として力強く自立できるようにし、人類のために新たな、

より大きな貢献をすることにほかならない」[4]。これらの叙述は、中華民族の偉大なる復興の実現を中国共産党が今日の中国の全問題と考え、そして今日の中国の全活動を配置するための出発点・立脚点・最高到達点と見做していることを明示している。

　このような問題意識は、近代以降の世界史に見られた社会の変革や大衆の運動のうねりというテーマと躍動とを極めて正確につかみ、党中央の壮大な歴史的展望と深い歴史的洞察を反映している。間違いなく中華民族の偉大なる復興の実現は、中華民族と中国人民を結集させる共通の理想であるが故に現在における中国の最大の政治的かつ最高の目標なのであって、中国の全事業はこの目標から離れることなく、この問題意識ですべての政治的思考と実践を統率しなければならない。この根本的な問題意識から離れることで思考と実践は一面的に陥り、引いては誤った道へと迷い込みがちとなるが、これは他の領域でもそうであり、社会ガバナンスもまた然りである。

(3) 社会ガバナンスの中心任務と根本目標

　中華民族の偉大なる復興の実現という、歴史の高みから社会ガバナンスの問題を仔細に見ると、社会ガバナンスが直面している問題は山積しているが、結局のところ、こうした問題は現代化の進展に伴う「転換のパラドックス」を解決し、調和が取れ秩序があり、活力に満ちた現代社会を構築することで生じている。転換のパラドックスが引き起こす社会問題を緩和してもなお継続しなければならないのは、現在の中国の社会ガバナンスの中心の任務であって、活力と秩序との有機的な統一の実現は社会ガバナンスの根本の目標といえる。

　かいつまんでいえば、中華民族の偉大なる復興を実現するという問題意識は社会ガバナンスの中心となる任務を決定し、それを素早くしっかりとした体制・メカニズムの改革を介して発展と秩序のダイナミックなバラン

スと好循環の実現に力を入れるのである。これは破滅的な過ちを避ける一方で、国家ガバナンス体系の包容性・適応性・柔軟性を絶えず強化する面もあり矛盾へ対応する総合能力を高められる。そして根本となる目標とは活力と秩序の有機的な統一を実現し、活力に満ち、調和の取れた秩序ある社会の構築である。

(4) 共同建設、共同ガバナンス、共有の社会ガバナンス制度

　国政運営の過程の中で、中国共産党の社会ガバナンス問題認識はますます深まり、ますます豊かとなり、ますます全面的なものとなっている。特に第18回党大会以来、習近平を核心とする党中央は、大勢を見て大事をはかり、国外・国内の二つの大局、党と国家の活動の大局、改革の全面的深化の全局に立って問題を研究し、習近平による新時代における中国の特色ある社会主義思想を提起し、社会ガバナンスの強化と革新のために鋭利な思想の武器を提供してきた。中国の特色ある社会主義が新たな時代に入ると共に社会ガバナンスもまた新たな時代へと突入し、新たな長い道程に足を踏み出している。党の第19期中央委員会第4回全体会議は、社会ガバナンス制度の改善について新たなより高い要求を求めているが、これは社会ガバナンスの革新と強化の任務が非常に困難で緊迫であることを決定している。

　社会統治分野における制度建設の重要性と緊急性を理解し、党の第19期中央委員会第4回全体会議の国家のガバナンス体系とその能力の現代化推進に関する重大な意義と全体的要求を深く理解するには、やはり中華民族の偉大なる復興の実現という時代のテーマに立ち返る必要がある。現代化は、どの発展途上国も追求しなければならない社会的・政治的任務だが、発展途上国の現代化において最も困難なのは、現代化と制度化のバランスを保つことである。すなわち政治体制は、絶えず変化する社会の需要と異なる需要の間に発生する矛盾と衝突を適時に体制に組み入れるために、十

分な適応性、自主性、結束力を持たなければならない。仮に制度化のスピードが現代化のそれに遅れると、少なくとも騒乱を引き起こし、酷ければ革命が勃発する。ハンティントンの考えによると[5]、多くの第三世界の国が現代化への転換の過程で苦境に陥る原因は、その制度化のスピードが現代化のスピードに追いつかず、現代化によって引き起こされた社会構造の分化、政治的関心の倍増、各種の社会的矛盾との衝突を解消できないことにあるのだという。

　党中央の文書では「制度化」という概念こそ使われていないが、中心となる思想とは、体制・仕組みをより体系的で完全とするように求め、さまざまなリスクに対抗する能力を強化することである。これは「制度化」の意味と一致する。まさに習近平が指摘したように「より成熟し、より定型化された制度の形成から見ると、わが国の社会主義実践の前半期はすでに過ぎており、前半期のわれわれの主な歴史的任務は、社会主義の基本制度を確立し、この基礎の上で改革を進めることであったが、現在ではすでに良好な基礎を有している。後半期でのわれわれの主な歴史的任務は、中国の特色ある社会主義制度を整備・発展させ、党と国家の事業の発展のために、人民の幸福と無事息災のために、社会の調和と安定のために、国家の長期にわたって安定するために、より完全で、より安定し、より効果的な系統的な制度体系を提供することである。このプロジェクトは極めて壮大であり、小細工をした調整をすることなく、断片的な補修をすることもなく、全面的で体系的な改革と改善でなくはならず、また各分野の改革と改善の連動と集積であるべきで、国家のガバナンス体系とガバナンス能力の現代化において全体的な効果を形成し、全体的な効果を得る」[6]ことなのである。

2. 社会ガバナンスの科学理念と基本原則

　思想とは行動の先導者である。正しい行動を生み出すには、まずは正しい思想の路線が形成されなければならない。社会ガバナンスに関して、党の第19期中央委員会第4回全体会議は「党委員が指導し、政府が責任を負い、民主的に協商し、社会が協同し、公衆が参与し、法治を保障し、科学技術に支えられた」とする指導方針を打ち出している。従来と比較して重要な変化は、「民主的な協商」と「科学技術を支えられた」が追加されたことである。それと同時に、第19期中央委員会第4回全体会議では「誰もが責任を持ち、誰もが責任を果たし、誰もが共有する社会ガバナンスの共同体の建設」という新たな提案がなされている。これらの理念と原則は、新時代の社会ガバナンスの方向性を明確に示している。それと同時に理念と原則については、これまでにも多く語られてきているので、ここではいちいち再論するのは避ける。中央政府が定めた上記の指導思想を深く理解した上で「活力と秩序の伸張」という社会ガバナンスのテーマと新時代の政治・経済・社会などの各方面の情勢とを結びつけ、三つの科学的理念と基本原則について重点的に論述する。第一に党による全面的指導の堅持、第二に人民を中心とすることの堅持、そして第三に自治・法治・徳治の結合の堅持、である。

(1) 党による全面的指導の堅持

　党の第19期中央委員会第4回全体会議では次のように指摘されている。中国の特色ある社会主義制度と国家のガバナンス体系は、マルクス主義を指導とし、中国の大地に深く根を張り、深い中華文化の根幹を有し、深く人民から擁護された制度とガバナンス体系であり、また強大な生命力と巨大な優越性をそなえた制度とガバナンス体系であり、そして14億近い人口を擁する大国の進歩と発展を持続的に推し進め、5000年余りの文明

史を持つ中華民族が「二つの百周年」の奮闘目標を実現し、偉大なる復興の実現を確保する制度とガバナンス体系である。国家のガバナンス体系とその能力の現代化の意図とは、中国の特色ある社会主義制度と乖離したり、これを修正することではなく、それを堅持し整備することにある。中国共産党の指導とは、中国の特色ある社会主義の最も本質的な特徴であり、中国の特色ある社会主義制度の最大の優勢であって、党は最高の政治指導力である。それだからこそ中国の特色ある社会主義制度を堅持・整備するための核心とは、党の全面的な指導を堅持・強化し、党が全体を総括しながら各方面を強調させる指導制度体系を健全とし、党の指導を国家ガバナンスの各分野・各方面・各段階で実行することなのである。

長きにわたる革命と建設の過程の中で、中国共産党はすでに自らが民族の復興の重責を担うに足る政党であるのを証明している。目下のところ、党建設の新しい偉大なプロジェクトを通じて全面的な厳しい党内統治を強化し、党の先進性を維持・向上させ、国政運営能力を絶えず高めている。新時代における党の全面的な指導の堅持・強化は、共同建設・共同ガバナンス・共有という社会ガバナンス制度の堅持・改善にあるべき意義であり、必ず通らなければならない道である。

(2) 人民中心を堅持する

人民は歴史の創造者であり、人民は真の英雄であり、マルクス主義の社会発展の動力に関わる根本の論断である。人民を中心とする発展思想は、習近平による新時代の中国の特色ある社会主義思想の重要な構成部分であり、またマルクス主義の「人民史観」と「人を基本とする」科学発展観の新時代の継承と発展である。社会ガバナンスの人民を中心とする発展思想の徹底は、社会主義の道の堅持と党の全面的指導をする上での必然の要求である。社会ガバナンスにとっては、人民を中心とした発展構想・活動の方向付けを高度に重視しながら、自覚的な貫徹と人民中心を全活動を展開

する上での総要求と見做すのは、直接的で特殊的な意義がある。

　第一に、社会ガバナンスの中心的な仕事とは社会調和の促進である。社会矛盾の予防と解消の第一線に身を置き、複雑に入り組んだ現実の矛盾を目の前にしながら人民を中心とする発展思想を終始堅持してこそ、敵味方と人民内部との矛盾を正しく判別でき、正しく処理できる。2006年10月に開催された第16回中央委員会第6回全体会議では、「人を基本とする」ことが社会主義調和を構築する基本原則であることが確認され、さらに「人民を中心とする」ことは「人を基本とする」原則の本質と鍵であると明確に示された。現実の活動の中で、人民を中心とすることを堅持してこそ「人を基本とする」原則を十分に理解し、巧みに執行でき、本質を逸脱することなく社会ガバナンスの方式を改善できる。

　第二に、党の第11期中央委員会第3回全体会議以降、党と国家は「一つの中心、二つの基本点」という基本路線を徐々に確立してきた。党と国は共同富裕の実現が社会主義の本質的な要求であると再三強調しているにも関わらず、多くの人はその中の「一つの中心」、すなわち「経済建設を中心とする」ことを一面的に捉えてしまい、甚だしきに至ってはGDPのみが英雄と論じる、誤った理解が生じている。社会ガバナンスの主な活動の範囲は社会分野であって経済建設を主戦場としているわけではないが、こうした一面的で誤った理解の影響を受けやすくなってしまっている。人民を中心とする発展思想は「経済建設を中心とする」ことに対して、種々の一面的で誤った理解を克服するのに役立ち、社会ガバナンスのために良好な政治環境と社会環境をつくり出すのに有利に働くばかりか、「経済建設を中心とする」ことの正確な把握にも有利である。

　最後に、生活に困窮した大衆は社会ガバナンスの主要な、直接的な、そして常に直面する社会集団であり、時として軽視され引いては冷遇されやすい立場にある。人民を中心とする発展思想を打ち立てることは、生活に困窮した大衆に向けた社会ガバナンスの活動をしっかりと行うことへの必

要不可欠な激励と鞭撻である。2015年10月、習近平は最低生活保障人口について「人民を中心とする発展思想を堅持し、特定の人々が直面している特定の困難に対処し、彼らが実際の問題を解決するための手段を講じる」[7]と言及している。2016年1月のある演説では「共有理念の実質とは人民を中心とする発展思想の堅持であり、反映するのは共同富裕の要求の段階的実現である。共同富裕は、マルクス主義の基本的な目標の一つであり、わが国人民の古来からの基本的な理想の一つでもある」[8]と述べている。

(3) 自治・法治・徳治の結合の堅持

社会ガバナンスの中心となる任務は発展と秩序の伸張の解消であり、その根本目標は秩序と活力の統一の実現である。ガバナンスの手段においては道理に則りながら自治・法治・徳治の結合といった行動路線を堅持しなければならない。自治の基礎の役割を十分に発揮させることで、大衆の積極性と創造性が十分に湧き出てくるのであり、それによって社会全体の生気と活力を保つことができる。また法治による保障の役割と徳治の引導作用を十分に発揮させることで、大衆の積極性と創造性を効果的に組織・結集できるのであり、それによって社会全体の運行の規範的な秩序を保証できる。簡単にいえば、自治・法治・徳治が共に結びついてこそ、秩序と活力とを兼ねそなえた社会運営が可能となり、持続可能な発展と長期的な安定を実現できる。

自治の基礎作用を十分に発揮することは、大衆路線と人民を中心とした発展思想の社会ガバナンス領域における自然な延長だけでなく、新時代における社会ガバナンスの情勢の必然な要求でもある。社会ガバナンスの改革と革新は大衆路線を堅持しなければならず、実情を見ずに主観的に仕事を行ったり「家に閉じこもって修行」してはならず、人民の主体的地位を尊重し、人民大衆が実践活働の中で表明する願い、創造する経験、有して

いる権利、発揮する役割を尊重し、人民大衆に秘められた偉大な創造力を十分に奮い立たせなければならない。

　人民をしっかりとした拠りどころとするのは、社会の活力を引き出す万能の宝である。まさに習近平が指摘したように「人民は歴史の創造者であり、われわれの力の源である。改革開放が広範な人民大衆の心からの支持と積極的な参加を得られた最も根本的な原因は、われわれの改革開放の事業が当初から人民大衆の中に深く根を下ろしたものであったためである」[9]。中国は領土が広大で人口も多く、もともと複雑な地域、部門、階層、集団といった相違が存在している。中国の特色ある社会主義が新時代へと入るのに伴って大衆が求める構造・レベル・内容・スタイルなどは大きく変化しており、もし真心を込めて大衆路線を歩めなければ大衆の息吹を正確につかむことはできず、どれほどに心がよくても最終的には目的に到達できず、引いては真逆の方向へと進むことさえある。大衆とは生産と生活の第一線にその身を置いているもので、直面している問題、矛盾と条件をその肌で感じ、問題解決への方向・方式・方法について現実に即した判断と自分独自の要求を持っている。大衆の創始精神を尊重し、発揮してこそ大衆の知恵をよりよく集め、大衆の需要をよりよく満たすことができる。

　改革開放は中国の現代化のプロセスを高速道路に乗せ、社会全体の経済体制・社会構造・利益構造・思想観念はそれに伴って深い変化が生じている。特に小康社会の全面的完成が決定的な段階に入り、改革が難関攻略期と深水区へと突入している現在では、改革・発展・安定が直面する任務はかつてなく重く、矛盾・リスク・挑戦のもまたかつてなく多い。人民が主人公となる権利を保証し、政治参加を拡大し続けるのと同時に、政治参加の制度化を保証・推進し、各種の要求を秩序ある反映の実現が重要となる。

　法律は国家統治の国の宝であり、法治は国政運営の基本となる方式であり、人民大衆が秩序立って利益の訴えを表明し、秩序立って公共事務と社

会事務に参加する上での根本の保障でもある。そのために法に基づく国家統治の方針を堅持していれば、社会の活力の喚起が社会を乱す力へと転じることはない。長期にわたって中国の経済と社会生活の中には「放任すれば生き、生きれば乱れ、乱れれば収まり、治れば死ぬ」という現象が存在してきたが、この悪循環を暴き出して活力と秩序を両立させる根本的な活路は、法に基づく国家統治なのである。

人民主体の内在的な要求とは政治参画の絶えない拡大であり、法に基づく国家統治の内在的な要求とは大衆参加の規範性である。この参加性と規範性の間には潜在的な張力が存在し、それらの有機的統一の実現は容易ではない。活発で秩序ある公共の参加を保障するには、単に法律に頼るのだけではやはり不十分で、法治の保障のほかにも徳治による先導も必要となる。徳治の指導の下でのみ、すべての社会構成員が十分な公共精神を持つことを保障できる。そして法律の制定と施行が公共の利益に符合することを保障し、それによって個人と社会の関係、個人と集団の関係を効果的に統合し、活力と秩序の間の張力を解消できる。

要するに自治・法治・徳治は相互に反発し合うものではなく、むしろ統一できるものであり、また統一しなければならない。これは中国の特色ある社会主義の政治発展の根本の道であり、人民大衆の積極性・主体性・創造性を引き出し、社会の活力を奮い立たせて強化し、社会の安定と秩序を保障する根本の道でもある。

3．新時代における社会ガバナンスの活動計画

社会ガバナンスの現代化は一つの巨大なプロジェクトであり、関連する具体的な内容は複雑多岐である。共同建設、共同ガバナンス、共有の社会ガバナンス制度の堅持・整備をめぐっては、第19期中央委員会第4回全体会議は次の5つの方面での活動を計画している。第一に、人民の内部矛

盾を正しく処理すること、第二に、社会治安の予防・対策システムを整備すること、第三に、公共の安全体制・メカニズムを健全化すること、第四に、末端レベルの社会ガバナンスをいっそう強化すること、第五に、国家安全システムを整備すること、である。

(1) 人民の内部矛盾の正確な処理

　第19回党大会では、中国の特色ある社会主義は新時代へと突入し、わが国の社会の主要な矛盾は人民の日増しに増大する素晴らしい生活への需要と不均衡・不十分な発展との間の矛盾へと転化している、と指摘された。こうした社会の主要な矛盾の転化に伴って社会全体の矛盾の基本的な情勢も変化している。新時代の人民内部の矛盾の防止と解消をよりよく行うには、まずもって当面の中国社会における矛盾の基本的な情勢について、全面的かつ冷静な認識を持たなければならない。2013年のアジア太平洋経済協力会議の席上で習近平は「中国は大国であり、決して根本的な問題で破滅的な過ちを犯してはならない。そうなれば、挽回しようもないし埋め合わせもできない。われわれの立場は、大きな勇気を持って着実に進めなければならず、大胆に模索し勇気を持って開拓するのみならず、穏当かつ慎重に、熟慮した後に事を運ばなければならないというものである」[10]と述べている。この言葉は現在の中国社会における矛盾の基本的情勢を理解・判断するための新たな視角を提供し、そして新たな方向を明確に示している。その中でも特に「大国」、「根本的」、「破滅的」などの言葉は啓示的ですらある。

　第一に、中国は発展途上の大国であり、世界の現代化の歴史においては後発の発展国であるために国家主導の追い越し型の発展モデルを採用しなければならない。このような発展モデルは、西洋の現代化の過程で幾度も展開された社会矛盾と衝突が中国では短期間内に集中して爆発し、しかも敵味方、内外、新旧の矛盾が交錯しながら、その情勢が非常に複雑になる

ことを決定している。

　第二に、現在の社会衝突は基本的に大きく分散し、小さな規模で、非組織的という特性を維持しているが、しかし地域を跨ぎ階層を跨いだ大連合の、破壊的ともいえる社会衝突のリスクは無視できない。

　そして最後に、現代化が進展するにつれて、社会的矛盾がさらに深刻化する可能性がある。発展の加速は幅広い人民の共通の願いであり、世界の民族の森から中国が確固として自立する基本的な条件でもあるが、発展があれば矛盾が生じる。発展そのものは絶えず現状を打ち破り、絶えず現状を調整していく過程であるために、常に社会的地位の上下流動をもたらし、それによって矛盾が引き起こされるのである。

　このような状況の下では、効果的に社会の矛盾を予防・解消できるかどうかが重要な鍵となってくる。そのためには民生保障制度の健全化、重大な政策決定における社会リスク評価のメカニズムの整備、矛盾・紛争の多元な解消システムの構築などから重点的に取り組んで、社会ガバナンスの効能を有効に強化すべきである。

　第一に、民生保障制度を健全化し、民衆の素晴らしい生活を実現する過程で矛盾を減らすこと。多くの矛盾・紛争の発生源は、民衆の利益要求が効果的に解決されないことにあり、そのために民生問題が末端の矛盾問題を引き起こす重要な根源ともなっている。民生問題が社会的矛盾と社会的リスクへと転化するのを防ぐには、民生保障制度を絶えず突き固め、民生の利益を多く追求し、民生の憂いを多く解消し、民衆の獲得感・幸福感・安全感を絶えず増強し、さらに進んで矛盾のリスクが生じる可能性を根本から断ち切り、真に「庶民が実益を受け、社会が安定する」ことを実現しなければならない。

　第二に、重大な政策決定の社会リスク評価のメカニズムを整備し、矛盾を重大な政策決定の根源から事前に防ぐこと。これに対しては関連する重要な政策決定と制度配置の制定の中で、公衆と利害関係者が参加できる規

則・手続きを整備して法に基づく秩序ある民意の表明のルートを円滑とし、彼らと協調しながら最大のコンセンサスの獲得をしなくてはならない。政策決定が発表されるまでにも、法律制度の上でリスク評価を行い、社会の不安定を引き起こす予期せぬ結果が生じるのを減らすべきである。政策決定の初期執行において、科学的で公正で広範かつ権威ある第三者の評価メカニズムを導入して評価の中で問題を発見し、また問題解決の中で政策実施から生じ得る矛盾のリスクを解消する必要がある。

　第三に、矛盾・紛争を多元的に解決するシステムを構築し、迅速かつ効果的に矛盾を解決すること。わが国は社会の急激な転換の歴史的過程にあり、社会矛盾が多発し容易に発生する時期でもある。社会的矛盾のリスクの発生を恐れずに矛盾・紛争を解決する有効な方法を積極的に探すことが肝心である。これに対して司法資源を増やし、司法効率を高めるだけでなく、非科学的な資源配置や円滑を欠く紛争の解決方式のつながりといった問題も解決しなければならない。司法調停、仲裁、行政再議、訴訟などの矛盾・紛争解決制度の優位性を十分に発揮すると共に末端総合治理センター、人民調停センター、専門的な矛盾・紛争解決のプラットフォームなどといった組織とプラットフォームの構築を大いに強化し、各方面の資源と力を効果的に統合する必要がある。グリッドを基本単位とし、総合的な情報化をサポートとし、都市・農村の社区をカバーする社会ガバナンス体系を構築して、社会ガバナンスの重心をより下方へと移行するのを促進すると共に社会組織などの社会力が社会事務に参与して、矛盾・紛争の解消の中で重要な役割を発揮しなければならない。

(2) 社会治安の予防・対策システムの整備

　新時代において社会治安の予防・対策システムを整備するには、専門機関の業務と大衆路線を結合し、大衆的・互助的な自防自治活動を堅持し、社会治安の立体化・法治化・専門化・知能化のレベルを高め、問題連携・

業務連動・安全連携の業務メカニズムを形成し、各種リスクの予測・早期警戒・予防の能力を高めて社会治安対策の全体性・協同性・正確性をより強化しなければならない。

　第一に、立体化された社会治安の予防・対策システムを構築することである。2014年10月、党の第18期中央委員会第4回全体会議で採択された『法による国家統治の全面的推進における若干の重大な問題に関する中共中央の決定』は、「立体化された社会治安の予防・対策システムを整備し、管理・コントロールが社会の安定に影響する問題を効果的に防止・解消し、人民の生命・財産の安全を保障する」[11]ことを求めている。社会治安の予防・対策システムの革新を加速し、安全建設の現代化レベルを高め、体制・メカニズムを健全とすることは根本の保障であり、多方面からの参加、リスクの早期警戒の向上、安全評価の強化、部門間の連動調整などのメカニズムの革新を通じて予防・管理・対策の一体化、オンライン・オフラインの一体化を推進し、社会治安の予防・対策システムが活力に満ち、柔軟かつ高効率であることを確保しなければならない。

　第二に、社会治安の早期警戒・予測・予防の能力を強化することである。まず情報化により治安の予防・対策を導き、公安機関の立体的な予防・対策、迅速な処置、的確な取り締まり、便利なサービス能力を全面的に向上させ、各種の潜在的リスクに対する自動識別、鋭敏な感知、予測・早期警戒・予防の能力を全面的に向上させる[12]。次に情報化を治安の予防・対策の助力とし、ビッグデータと情報化によって治安の予防・対策の質と効率の改変を促進し、事後の受動的処理から事前の的確な予防・対策への転換を実現し、タイムリーに安全リスクの抜け穴を塞ぎ、未然に事故を防止する。最後に、情報化によって治安の予防・対策を向上させ、新たな技術、新たなモデルのプラスな優位性を最大限活用し、社会治安に危害を及ぼす各種問題のリスク形成の法則的特徴を正確に把握し、予防・対策の焦点をハイリスクの事件と人々に合わせて治安の予防・対策の精密性を高め

る。

　第三に、公共安全のモニター監視建設を推進することである。立体化された社会治安の予防・対策システムの建設の中で、公共安全のモニター監視システムは公共安全を守り、各種の違法犯罪を防ぎ、処罰する上で重要な役割を果たしている。地域間・部門間・階層間の公共安全のモニター監視資源の相互交換・相互接続を推進し、映像情報資源の掘り起こしと利用を深め、公共安全の映像の応用機能を最大限に開拓して社会の治安と人民の活動と生活の安全によりよいサービスをすべきである。

(3) 公共安全のメカニズムの健全化

　公共安全は一人一人に関わり、社会の調和と安定の基礎である。「公共の安全は多くの人々とつながっており、公共の安全の確保は人民大衆の生命と財産の安全に関わり、改革・発展・安定の大局に関わる。安全発展の理念を確固として打ち立て、公共の安全の維持を最も広範な人民の根本的利益の維持の中で自覚的に認識し、公共の安全活動をしっかりと行い、人民が安心して生活し、社会が秩序正しく安定し、国家が長期的に安定するために、全方位的で立体化された公共安全網を編成するように努力しなければならない」[13]。

　第一に、全方位的かつ立体化された公共の安全システムを構築することである。わが国はすでにハイリスク社会に入っている。公共安全に関わる事件が多発し、また容易に発生する時期にあり、公共の安全リスクの突発性・広汎性・不確実性などの特徴がより顕著となっている。この過程の中で公共の安全リスクの早期警戒・予測能力の構築を着実に強化し、公共の安全問題を解消する体制・メカニズムを整備し、公共の安全維持能力のダイナミック化・情報化・俊敏化のレベルを高める必要がある。各級政府、各主管部門、各業界の協会、社会の広範な民衆が多方面から参加して協調・連動する全方位的・立体的な公共安全の予防・対策システムの構築・

形成に努める。

　第二に、スマートガバナンスモデルを革新し、社会安全のガバナンスの精緻化を後押しすることである。第19回党大会報告は「スマート社会」という概念を提出し、そこでは社会の変化に応じてスマートガバナンスと総合ガバナンス、源からのガバナンスなどの基本的な方式を同時に重視し、同時に進めるべきである、とする。具体的にはインターネットの普及と現代科学技術の急速な発展に伴って科学技術は重要な生産力ツールとなっており、社会の場面とあり方を大きく変えているだけでなく、さらに伝統的な社会ガバナンスモデルに挑戦をしている、というものである。これに対しては長所を挙げ短所を避け、新技術・新業態・新モデルのプラスな優位性を最大に活用し、スマートガバナンスを革新しなければならない。そのためには第一に、精緻化されたガバナンス理念を確立し、階層間・部門間の情報障壁を打破し、社会安全のガバナンスの効率化を実現すること。第二に、技術化されたガバナンス手段を活用し、ビッグデータ・クラウドコンピューティング・人工知能などの方式を通じて、社会ガバナンスの政策決定の科学化・正確化のレベルを高めること。第三に、社会ガバナンス構造の知能化の進行を推し進めて「インターネット＋社会ガバナンス」方式を積極的に模索し、グリッドとネットワークを融合させて受動的対応から能動的予測・判断への転換を実現し、社会安全と突発的に生じるリスクへの調査・早期警戒と予防・対策能力を強化すること。

　第三に、わが国の緊急管理システムの特色と優位性を十分に発揮することである。「リスク防止・解消のメカニズムを健全にし、重大な安全リスクを源から防止・解消することを堅持し、問題が発生した時に災いとなる前に真剣に解決しなければならない。リスク評価およびモニタリング・早期警戒を強化し、危険物質・鉱山・道路交通・消防などの重点産業分野の安全リスクのスクリーニングを強化し、多くの種類の災害と災害連鎖の総合監視、リスクの早期識別、予報・早期警戒能力を向上させる」[14]。さら

に多くの主体間の協同を発揮し、中央・地方政府間の協同、部門の協同、政府・企業の協同、政府・社会組織との協同、企業の協同、企業同士の協同、社会組織同士の協同の役割[15]を含めた主体間の共同をさらに発揮し、わが国の緊急管理制度体系を整備し、重大な突発事件と公共安全の問題を防止・解決する能力に有力な保障を提供する。

　第四に、サイバーセキュリティを高度に重視することである。ネットワーク技術の絶え間ない発展と更新の反復にしたがい、ネットワーク化とデジタル化はすでに現代社会の典型的特徴となっているが、これによってもたらされた一連の安全リスクの問題に素早く対応しなければならない。サイバースペースはすでに海・陸・空・宇宙に続く「第5の空間」と見做されており、サイバースペースでの安全と秩序ある運行の維持は、現在とこれからにおいて直面する重要な任務である。ネットワークの総合管理は複雑なプロジェクトであり、制度・組織・技術・資源・観念モデルなどの面で統合的な調整の進行を必要とする。第一に、正しいインターネットの安全観を確立しなくてはならない。各国の発展の実情から見ると、サイバーセキュリティの脅威とリスクの問題は日増しに顕著となっている。しかしわが国のサイバーセキュリティの予防・抑制能力はまだ比較的脆弱であることから各級政府・企業組織・ネットユーザーの協力を効果的に動員し、共同してサイバーセキュリティを維持しなければならない。第二に、重要情報インフラ保護システムの構築を加速し、経済・社会発展の中枢と幅広い民生のニーズに関わる重要分野と業界に対してのネットワークセキュリティ保護を確実に行い、重要情報インフラの安全で安定した運用を確保することである。第三に、ネットワークの監督・管理を強化し、ネットワークの安全責任制を実行し、ネットワークの安全基準を設け、ネットワークの技術水準を向上させ、わが国のネットワーク安全の防御能力と対外抑止能力を強化し、清朗なネットワーク空間を維持しなければならない。第四に、サイバー犯罪や不法活動を厳しく取り締まり、これまでのやり方

でサイバー犯罪に対応するという、お決まりの考えや行動を打ち破り、科学技術による手段を活用しながら防犯意識を高め、強固なサイバーセキュリティの総合防御システムを構築することである。

(4) 末端の社会ガバナンスの強化

末端社会は社会ガバナンスが活躍する主要な場である。社会ガバナンスの強化と革新の鍵は末端にある。末端政府のガバナンス能力の強化をしっかりとめぐらせて、郷・鎮・街・道の末端ガバナンスにおける基礎的役割を強化し、社会参与の活力を引き出して、主流世論を誘導する能力の構築から政策の方向性を改善し、中国の国情に合致し、中国の特色をそなえた末端ガバナンスの道を歩む必要がある。

第一に、末端政府のガバナンス能力を強化することである。末端政府は社会ガバナンスの主導する力である。社会ガバナンスの効果と末端政府のガバナンス能力とは密接に関連している。政府の社会管理と公共サービスの任務が日増しに重くなり、民衆の利益への要求が絶えず高まっている環境の下で末端政府はガバナンス方式を絶えず転換しながら、協同による共同管理を重視し、法に基づくガバナンスを実践し、総合ガバナンス能力を向上する必要がある。

第二に、末端ガバナンスの中で郷・鎮・街・道の基礎的な役割を強化することである。2019年の政府活動報告は、社会ガバナンスの強化・革新には「社会ガバナンスの重心を末端へと移すことを推進し、社会調和を促進する『楓橋経験（1960年代初頭に浙江省諸暨市楓橋鎮において党幹部による大衆を動員して拠りどころとし、矛盾をなくし、逮捕者を減少させて治安を改善しようとする運動）』を広め、都市・農村の社区コミュニティのガバナンスの新構造を構築する」ことが必要であると指摘している。

第三に、社会参与の活力を呼び起こすことに力を注がなくてはならない。ある一定の意義において、社会ガバナンスのレベルの高低を推しはか

るには社会参加の程度が重要なポイントとなる。その一方では利益が融合し、多方面から参加するガバナンス共同体を構築し、利益への表明、利益に関する協議メカニズムを確立・健全とし、大衆が最も関心を寄せ、最も直接的で、最も現実的な利益の問題から着手しながら大衆の末端ガバナンスに参加する積極性・主体性・創造性を最大限まで呼び起こし、人々が参加し、人々がガバナンスを行い、人々が共有するという勢いある局面を形成しなければならない。またその一方では目下のところ、民衆が社会のガバナンスと公共事務に参加する行為が多くなったのではなく、むしろ少なくなったのであり、民衆の参与率が決して高いわけではなく低調であることをしっかりと認識しなければならない。意味のない参加やお決まりの参加という現状を変えない限りは、ガバナンス効果を発揮しにくいばかりか、民衆の参加意欲と社会ガバナンスの基盤をさらに弱体なものとしてしまう。したがって民衆を末端ガバナンスに参加させる過程では、参加率を高めるだけではなく、参加の効能感を最大限に高めなければならない。

　第四に、主流となる世論の誘導力の構築である。これに対しては伝統メディアと新興メディアとの分化の傾向を正確に把握・検討・判断し、異なる世論間のギャップを効果的に埋めることは、まさに社会の総合的なガバナンス能力を高める上で直面する重要な議題となってくる。そのためには第一に、ネット世論の力のあり方を変え、主流メディアを新メディア世論の場にしっかりと参加させて、主流世論の相対的な力と誘導力を強化することが必要となる。第二に、民衆の合理的な意見と訴えの表明を直視する前提の下で深く参加させ、滞りをなくして人々の思想を開放させ、主流メディアのネット社会のガバナンスにおける「安定器」と「導流器」の役割を十分に発揮させる必要がある。第三に、核心価値体系を整備し、社会の共通認識を構築し、多数の民衆が承認し、遵守する価値体系を形成することである。

(5) 国家安全システムの整備

　国家安全は、国家の安定のための重要な基礎であり、経済と社会発展の前提条件であり、また社会ガバナンスの重要な側面でもある。社会ガバナンスは国家安全の重要な支えであり、国家安全の維持は社会ガバナンスの重要な内容である。新時代の社会ガバナンスは「総体の国家安全観」を指導としてこれを国家安全の重要な位置に置き、体制・メカニズムを絶えず革新し、国家安全保障壁を共同で構築し、改革開放と社会主義の現代化の建設のために安全で良好な環境を構築しなければならない。国家安全は人民の安全を宗旨とし、政治の安全を根本とし、経済の安全を基礎とし、軍事・文化・社会の安全を保障としなければならない。この4方面には目標があり、手段があり、中心があり、守る壁があり、相互につながり、相互に支持し合って一つの厳密な総体を構成している。

　第一に、「人民の安全を宗旨とする」ことである。すべての国家安全活働とは人民の安全を守ることを最高の価値と目標にしなくてはならない。この価値や目的から乖離した活動は、政治的にも法律的にも合法性を失うこととなる。「人民の安全」の目的の確立は根本から国家の安全活働の進む方向を規定し、「国家安全」の濫用を防止している。このような目的は、中華人民共和国が人民民主独裁を実行する政権であるという国家の性格と、誠心誠意人民に奉仕するという中国共産党の目的によって決定されたものであり、習近平が一貫して主張し繰り返し提唱してきた、人民を中心とする発展思想と活動の方向とも符合している。「人民の安全」の目的に基づいて国家の安全は、人民が共に建設し共有する過程にあるべきものである。すなわち国家の安全とは人々が参加し、国家の安全とは人々が分かち合うものであり、国家の安全とは人民のためにあり、国家の安全は人民を拠りどころとするものなのである。

　第二に、「政治の安全を基本とする」ことである。ここでの「政治の安全」に包摂されるものは広範であって、国家の主権統一と領土保全の防衛

だけではなく、中国共産党が指導して創建した中国の特色ある社会主義政治体制を守ることも含まれている。近代以降の中国史がすでに証明しているように国家の主権統一と領土保全を守るためには、中国共産党の指導を堅持し、中国の特色ある社会主義の道を歩まなければならない。そのために政治の安全の核心となる内容とは、党の指導と中国の特色ある社会主義の道を守ることである。

　第三に、「経済の安全を基本とする」ことである。国家安全は経済発展を基礎としなければならず、経済建設という中心を緩むことなくしっかりと握り、経済の発展から離脱し、これを妨げないようにしなくてはならない。また経済の発展には経済の安全保障という問題もある。現在は「国際経済協力と競争の局面には大きな変化が生じており、グローバル経済のガバナンス体系と規則は重大な調整に直面していて、海外導入と海外進出の深さ、広さとスピードのいずれにおいても過去とは比べものにならないし、外部の経済リスクに対応し、国の経済の安全を守るプレッシャーも過去とは比較できないものになっている」[16]のである。このような状況で経済の安全に重きを置かなければ、経済発展の生命力は極めて脆弱となり、引いては暗礁に乗り上げかねない。もしもこのような状況が起きれば、国家の安全は根のない木となり、源のない水となり、最後には崩壊するだろう。

　第四に、「軍事・文化・社会の安全を保障とする」ことである。軍隊とは長きにわたって一国が生存し発展するための基本保障である。特に中国のような台頭中の第三世界の大国が直面する内外の情勢は非常に複雑である。国防と軍隊の建設は国家の安全保障の強固な後ろ盾である。対外的には国家独立と国際平和を守るにしても、対内的には災害救援・暴動の平定・反テロ・反分裂にしても、軍隊は取って代わることのできない役割を果たしている。強固な国防がなければ、強大な軍隊がなければ、平和と発展は保障されない。

註

1) 習近平．中国・浙江省発展のための新理念（中国語版）．杭州：浙江人民出版社．2007：235．
2) 習近平．『改革の全面的深化における若干の重要な問題に関する中共中央の決定』に関する説明．求是．2013（22）．
3) 中共中央文献研究室．習近平総書記重要講話選編：北京：中央文献出版社．2016：19．
4) 習近平．習近平 国政運営を語る（日本語版）：第1巻．北京：外文出版社．2014：4．
5) Samuel Phillips Huntington：アメリカの国際政治学者（訳者注）．
6) 第十八期三中全会の精神を学習・貫徹と改革の全面的深化をテーマとした省・部レベル主要指導幹部セミナーの開講式上での習近平の重要講話：中国の特色ある社会主義制度の改善と発展 国家のガバナンス体系とガバナンス能力の現代化推進．人民日報．2014-02-18（1）．
7) 習近平．中国共産党第十八期五中全会第二回全体会議での談話（抜粋）．求是．2016（1）：1-3．
8) 習近平．中国共産党十八期五中全会の精神を学習・貫徹するための省・部レベル主要指導幹部のテーマ研究討論グループでの講話．人民日報．2016-05-10（2-3）．
9) 習近平．思想を適切に党の十八期三中全会の精神に統一する．求是．2014（1）：3-6．
10) 習近平．改革開放を深化させ、共に素晴らしいアジア太平洋をつくろう：APEC・CEOサミットでの演説．人民日報 2013-10-08（3）．
11) 法による国家統治の全面的推進における若干の重大な問題に関する中共中央の決定．求是．2014（21）：3-15．
12) 趙克志．対加強社会治安防控体系建設提出要求：加強完善立体化信息化社会治安防控体系 以優異成績慶祝新中国成立70周年．人民公安報．2019-08-14（1）．
13) 習近平．在中共中央政治局第二十三次集団学習時強調：牢固樹立切実落実安全発展理念 確保広大人民群衆生命財産安全．人民日報．2015-05-31（1）．
14) 習近平．在中央政治局第十九次集体学習時強調：充分発揮我国応急管理体系特色和優勢 積極推進我国応急管理体系和能力現代化．人民日報 2019-12-01（1）．
15) 童星．総合応急管理的演化与超越：以部門関係為中心的考察．南国学術．2019（4）：560-572．
16) 習近平．第十八期五中全会二回全体会議における談話（抜粋）．求是．2016（1）：1-3．

第9章

エコ文明制度体系の整備、人間と自然との調和・共生の促進

エコ（生態）文明制度体系の確立と整備は、エコ文明分野における国家のガバナンス体系とその能力の現代化を実現する内在的要求であり、重要な任務である。エコ文明制度はエコ文明建設における指導性・規範性・制限性の行動準則と行動規範の体系化・制度化された配置の総体である。党の第19期中央委員会第4回全体会議で採択された『決定』では、「エコ文明の制度体系を堅持・整備し、人間と自然の調和・共生を促進する」と明確に提起されている。このようにわが国のエコ文明制度の建設と制度革新の方向はより明確となっている。

1．エコ文明制度体系の戦略的意義

エコ文明制度体系の堅持と整備は、わが国の社会主義エコ文明建設の重要な任務であり、またわが国の社会主義エコ文明建設の重要な支えでもあり、重大な戦略的意義を有している。

(1) 生態環境の制度的問題を解決するには

わが国は人口が多いものの、人的資本の実力が薄弱で一人当たりの資源占有量は乏しく、また地理的な地域の発展が不均衡な発展途上の社会主義大国であるために、発展の中で深刻な環境汚染に遭遇している。長期にわたるたゆまぬ努力を経て、わが国のエコ環境の質は総体として改善を持続している。しかし資源とエネルギーの不足、有限の環境容量、深刻な環境汚染、脆弱なエコ系統、頻発する自然災害の根本は是正されてはいない。汚染の深刻化、莫大な損失、ハイリスクは依然としてわれわれが直面している重大なプレッシャーと挑戦である。わが国はなおエコ優先、グリーン発展を指向する質の高い発展の新たな道を完全には歩みはじめてはおらず、人間と自然が調和・共生する現代化建設の新たな枠組みを完全には形づくれてはいない。こうした状況は、一連の複雑な原因があるためである。大

部分でわが国のエコ文明分野の体制が不健全で、制度が厳格でなく、法治が厳密でなく、執行が十分でなく、処罰も効果がないことと密接に関係し、大部分でエコ文明分野の国家のガバナンス体系とその能力の現代化のレベルの低さと直接に関係している。

制度はより根本性・全局性・安定性・長期性という性格を帯びている。わが国の現実が抱える生態破壊と環境汚染のコストが低いが生態環境の管理コストは高く、生態破壊と環境汚染の罰則力は小さいが生態環境の損失が大きいという問題を確実に解決するために、われわれはエコ文明の制度の建設と革新を強化しなければならない。ただこの一つだけで「美しい中国」をつくり上げられるのである。

(2) 革新的なエコ文明制度建設の推進

上記の問題に焦点を合わせて、第18回党大会では必ず「エコ文明制度の建設を強化する」ことが強調された。この精神に基づいて2013年11月、党の第18期中央委員会第3回全体会議では、改革の全面的深化の中で制度による生態環境の保護を堅持し、最も厳格な源頭保護制度・損害賠償制度・責任追及制度を実施し、環境管理と生態修復制度を整備し、体系的で完全なエコ文明の制度体系を確立すると述べている。と同時に、自然資源・資産財産権制度と用途管制制度を健全化し、生態保護レッドラインを画定し、資源有償使用制度と生態補償制度を実施し、生態環境保護管理体制を改革しなければならない、とされた。

2014年10月には党の第18期中央委員会第4回全体会議で、法に基づく国家統治を全面的に推進する中で必ず厳格な法律制度による生態環境の保護を堅持し、エコ文明の法律制度の確立を加速しなければならないことが提出された。

2015年4月の『生態文明建設の推進加速に関する中共中央 国務院の意見』では、エコ文明建設の推進を加速するには体系的で整備したエコ文明

の制度体系を加速的に構築し、制度による生態環境の保護を堅持しなければならない、とする。

2015年9月に中国共産党中央と国務院が公布した『生態文明体制改革総合プラン』では、さらに一歩進んでわが国のエコ文明の制度建設の目標と任務を提起している。

これらを基本に2017年10月の第19回党大会では、新時代における人間と自然の調和・共生の基本方針を堅持し、必ず緑水青山こそ金山銀山（かけがえのない財産）とする科学理念を確立・実践し、生態環境の監督・管理体制を革新し、エコ文明体制の改革を強化し、最も厳格な生態環境の保護制度を実施しなければならないことが明確に示された。そして上記の精神を徹底・実行するために2018年5月18日には全国生態環境保護大会が開催されている。

2018年6月、党中央と国務院は「生態環境の保護は制度に依り、法治に依らなければならない。明確な財産権、多元の参与、激励・制約の並行、システムが整備されたエコ文明の制度体系を構築し、制度を強い制約と触れられない高圧線とするのである」[1]と示している。

2018年7月の『全国人民代表大会常務委員会関于全面加生態環境保護依法推動打好汚染防治攻堅戦的決議』では、最も厳格で、最も厳密な生態環境の法律制度を確立・健全化し、生態環境の保護法律制度の全面的かつ効果的な実施を強力に推進しなければならない、と述べる。目下のところ、エコ文明の制度建設の継続した推進こそがエコ文明建設のための強力な制度的支えと保障を提供するのである。

(3) 習近平によるエコ文明思想の徹底した実行

新時代の中国の特色ある社会主義思想は、習近平によるエコ文明思想がエコ文明制度の建設を高度に重視している点をその内容とする。マルクス主義の指導の下で、習近平は古今東西の知恵の中からエコ文明の制度建設

に関する発想を汲み取るのに長けている。例えば、彼は「わが国は古代から自然生態に関する観念を国家管理制度へと上昇させて、山川藪沢をつかさどる専門の機関を設け、政策法令を制定した。これが虞衡（『周礼』などに見える山川藪沢を管理を職掌とする官司）制度である」[2]と指摘している。いうまでもなく、国家のガバナンス体系とその能力の現代化を推進するという高みからエコ文明制度の建設を重点的に推進している。

2013年5月、第18期中国共産党中央政治局第6回集団学習を主宰した際に同氏は最も厳格な制度、最も厳密な法治を実施してこそ、生態環境の保護とエコ文明建設のための強力な制度的保障を提供できると指摘した。このために国土空間の開発保護制度の確立を加速し、水・大気・土壌などに関する汚染防止制度を強化し、資源・生態環境管理制度を確立して健全とし、市場では需給と資源の希少性の度合いを反映させつつ、生態価値と代際補償（人々が所有する自然環境が現代発展のために消費されたことに対し、所有者の下の世代へ補償をあてる制度）にも反映されている。資源有償使用制度と生態補償制度を確立し、生態環境保護責任追及制度と環境損害賠償制度を健全化する。これは党の第18期中央委員会第3回全体会議以降のエコ文明の制度建設の方向を明確に示すものとなっている。

2017年5月、習近平は第18期中央政治局第41回集団学習を主宰した際にも、エコ文明建設は規約の確立と制度の定立に重きを置くように指摘している。また2018年の全国生態環境保護大会でも新時代におけるエコ文明建設の強化のために、同氏は「最も厳格な制度、最も厳密な法治による生態環境の保護を堅持する」ことを、堅持すべき原則として確立するよう述べている。

全体として習近平によるエコ文明思想では、早急にエコ文明制度の「四梁八柱」の確立を要求している。現在、これらを制度的な配置とガバナンス効能へと転化することが急務となっている。

まさに上記の状況を総合的に考慮しながら、『決定』はエコ文明制度の

体系の堅持・整備を、中国の特色ある社会主義制度の堅持・整備の13項目の任務の一つに位置付けており、中国の制度と統治とを豊かに完備する内容としている。

2．なぜエコ文明制度体系を整備しなければならないのか

新時代の中国では、エコ文明の制度体系の確立と整備は複雑な社会システムのプロジェクトであるために、トップダウンの設計を強化しなければならない。党の第19期中央委員会第4回全体会議の精神を根拠にわれわれは以下の総体的要求を堅持する。

(1) 緑水青山こそ金山銀山という理念

「緑水青山こそ金山銀山」という理念（略称「両山論」）は、習近平によるエコ文明思想の際立った成果であり、新時代のエコ文明建設の基本原則である。人民大衆の環境調和と発展関係という経験を総括した上で、習近平は浙江省勤務時代に「両山論」を提出している。

第18回党大会後、習近平は中国が明確に生態環境保護をより際立った位置に置くことを繰り返し強調し、エコ文明を建設し、「美しい中国」を建設する戦略的任務を打ち出している。噛み砕いていえば、豊かな自然は金銀の価値があるのである。

第19期党大会でわが党は「両山論」を党の政治報告と党規約に明確に盛り込んでいる。その上で、習近平は全国生態環境保護大会の席上で「緑の山河は金山銀山ということは経済成長と生態環境保護の関係を語っており、生態環境の保護は生産力を守ることで、生態環境を改善することが生産力を発展させることだという道理を明らかにし、発展と保護の調和・共生を実現する新たな道程をはっきりと指し示している。緑の山河は自然的

富、生態的富であり、社会的富、経済的富でもある。生態環境を保護することは自然の価値を守り、自然の資本を増殖させ、経済・社会発展の潜在力と持続力を守り、上昇を保護することであり、経済・社会発展の潜在力と持続力を保護することであり、緑の山河に持続的に生態効果と経済・社会効果を発揮させることである」[3]と指摘している。目下のところ、「両山論」をエコ文明制度の建設と革新の中で必ず貫徹し、実行しなければならない。

(2) 資源節約と環境保護の堅持

資源節約と環境保護という基本国策は、わが国のエコ文明制度の重要な構成部分であり、またエコ文明の制度建設の重要な制度的保障でもある。基本国策とは、国家経済と国民生活に関わる総体的・長期的・戦略的・基本的で最重要となる政策である。

わが国の一人当たりの資源占有量が少なく、環境汚染が深刻であることに焦点を当てる形で改革開放以降、わが国は相次いで資源節約と環境保護を基本国策として確立してきた。第18回党大会以降、わが党は終始一貫して上記の基本国策を揺るぐことなく貫徹・実行すべきことを強調している。

2016年1月、習近平は中国共産党第18期中央委員会第5回全体会議の精神を学習・貫徹するための省・部レベル主要指導幹部のテーマ研究討論グループにおいて「われわれは資源の節約と環境保護の基本的な国策を堅持すべきで、目を守るように生態環境を保護し、生命を大切にするように生態環境を大切にすべきで、グリーンな発展モデルとライフスタイルを推進し、人民の裕福、国家の隆盛、美しい中国を実現できるように力を合わせて推進しなければならない」[4]と指摘した。

全体としては資源の節約と環境保護をわが国の基本国策として確立したことはわが国のエコ文明制度の革新の大きな成果といえ、わが国の持続可

能な発展のために、基本国策上の正しい方向性を提供したものといえよう。

(3) 節約優先、保護優先、自然回復の堅持

　節約優先、保護優先、自然回復を主とする方針は、わが国のエコ文明建設の方針であり、またわが国のエコ文明の制度建設の方針でもある。持続可能な発展に影響を与える自然の要素には資源・環境・生態があるが、それぞれに独自の法則を持ち、それぞれが持続可能であるのか、という問題を抱えている。こうした状況に焦点を当てて習近平は第18期中央政治局第6回集団学習の際に、節約優先・保護優先・自然回復を主とする方針を堅持するように指摘している。『生態文明建設の推進加速に関する中共中央　国務院の意見』と『生態文明体制改革総合プラン』はいずれもこの方針の堅持を強調している。習近平は全国生態環境保護大会で「発展のすべての全程において、われわれは節約優先、保護優先、自然回復を主とする方針を堅持しなければならず、求めることだけを重んじ投入をおろそかにし、発展だけを重んじ保護をおろそかにし、利用だけを重んじ修復をおろそかにしてはならない」[5]と指摘した。われわれはこの方針に則ってエコ文明の制度体系を堅持・整備しなければならない。

(4) 生産発展、生活富裕、生態良好という文明発展の道

　エコ文明の制度体系を堅持・整備するための直接的な目標は、高度に発達したエコ文明の建設である。持続可能な発展戦略を提起するのと同時に、わが党はすでにその内包するところを広げ、生産発展・生活富裕・生態良好をその要求・目標として確立している。第18回党大会以来、習近平は経済建設・政治建設・文化建設・社会建設・エコ文明建設を全面的に推進し、生産発展・生活富裕・生態良好という文明発展の道を絶えず切り開いていくことを繰り返し強調してきた。

　第19回党大会では、人間と自然の調和・共生を堅持する基本方針が打

ち出される過程で、生産発展・生活富裕・生態良好という文明発展の道を揺るぐことなく歩むべきことが強調されている。この道はわが国の社会主義エコ文明の建設において堅持すべき道である。エコ文明の制度体系の堅持と整備はこの道に沿って行われなくてはならない。

つまりは党の第19期中央委員会第4回全体会議の精神に基づき、上記した総体要求に則ってエコ文明の制度体系を堅持・整備してこそ、エコ文明建設に科学的かつ力強い制度の保障を提供でき、人間と自然の調和と共生を促進できるのである。

3．エコ文明制度体系を堅持・整備する目的とは

エコ文明の制度体系は複雑で立体的なシステムである。歴史の総括と未来へ目を向けることを統一し、コントロールする力の持続と改革・革新を統一し、問題の方向性と目標の方向性を統一するという原則に則って、『決定』は次の4つの方面からエコ文明の制度体系を堅持・整備をするように求めている。

(1) 厳格な生態環境保護制度の実施

生態環境は人類活動の場である。生態環境の持続可能を維持・実現するために、われわれは生態環境を生命と同じように相対して制度上から生態保護と環境保護を統一的に計画し、最も厳しい生態環境保護制度を実行しなければならない。

1）生態環境保護体系の確立・整備

生態環境の許容能力、涵養能力、自己浄化能力は生態の限界値が存在し、それを維持する内では人類活動は持続可能であり、そうでなければ持続不可能となる。そのために習近平は全国生態環境保護大会にて「エコ文明体

系の構築を加速する」という任務を提出したのである。

『決定』はさらに一歩進んで「人間と自然の調和・共生を堅持し、自然を重んじることを厳守し、自然に順応し、自然を保護し、源頭予防を健全とし、プロセスをコントロールし、損害の賠償を行い、責任を追及する生態環境保護体系を堅持する」[6)]ことを提案している。生態環境保護体系とは生態環境の分野において生態環境を保護し、生態環境の破壊には打撃を与え、生態環境の汚染行為の防止に有利なシステムの確立である。

われわれは必ず生態環境の保護体系を自然とその法則を尊重する唯物主義の基礎上に構築し、また必ず全プロセスの管理システムの基礎上に構築しなくてならない。一方で生態保護と汚染防止を統一的に考えなければならない。さらに地上と地下、陸上と水中、陸地と海洋、都市と農村の生態環境の保護を貫通できるよう努力し、一酸化炭素と二酸化炭素の排出の防除といった生態保護と汚染防止を通じて生態環境の保護の統一的な監督・管理を強化できる。

2) 国土空間の開発保護制度の確立・整備

国土はエコ文明建設の中で空間の結節点と空間のキャリアとなる。党の第18期中央委員会第3回全体会議では、国土空間の開発保護制度の確立・整備をエコ文明の制度建設の重要な任務としている。さらに『決定』は「国土空間計画とその用途の統一的な調整・管理・対策制度の確立と健全化を加速し、生態保護のレッドライン、永久基本農地、都市開発の境界などといった、空間の管理・対策の線引きと各種の海域保護ラインを統一的に画定・実施し、主体機能区制度を整備する」[7)]と指摘している。そのためには以下の活動を確実に行わなければならない。

第一に、空間の計画体系を確立・整備することである。空間の計画体系とは国土空間を合理的に保護し、効果的に利用する計画体系である。われわれは「多規合一（国民経済と社会発展計画・都市農村計画・土地利用計

画・生態環境保護計画を一つの区画に融合する発展規則)」の方式を通じて空間資源を保護し、空間要素を統一的に計画し、空間構造を最適なものとし、空間効率を高め、空間正義を実現しなければならない。

第二に、空間管理の境界と各種の海域保護ラインを確立・整備することである。これはレッドライン思考とボトムライン思考を空間に貫徹して実行することである。この中で生態保護レッドライン制度は基礎となる制度である。この制度が指すのは、国家と地域の生態安全を維持する過程の中で基礎生態機能を向上させて生態系統のサービス機能を保障し、持続可能な保障能力が定める最小資源の数量・生態容量・空間範囲に対する水源の涵養、土壌の保持、防風・砂止め、災害防護、生物の多様性などの保護とサービスとの関連である。

生態保護レッドラインは狭義には保護区域の画定を指している。すなわち保護区域の空間的境界と管理の限界値を必要とし、そして広義には最高・最低の数量制限値も含んだ立体的な規制を示している。永久基本農地・都市開発境界・海域保護ラインはいずれも広義の生態保護レッドライン制度に包括できる。

第三に、主体機能区制度を確立・整備することである。主体機能区制度とは、異なる地域の自然資源の賦存量、社会経済的特徴などの要素に基づいてその主体機能を確定し、各要素の配置を均衡の方向へと発展させる制度である。

総じていえば、国土空間の開発保護制度が指すのは、国土空間計画が用途の進行に応じて規制されなければならず、空間計画を基礎にして、用途規制を基本手段にして、経済社会発展の過程の中で国土空間を開発する制度的な監督・管理の形成である。

3) グリーン発展を促進する制度の確立・整備

経済社会発展と生態環境保護の調和と統一を促進するためには、グリー

ン発展を堅持しなければならない。党の第18期中央委員会第5回全体会議で提起されたグリーン発展の理念を基礎にして、さらに『決定』は「グリーン生産と消費に関する法律制度と政策の方向性を整え、グリーン金融を発展し、市場指向のグリーン技術革新を推進し、グリーン循環・低炭素の発展をより自覚的に推進する」[8)]と述べている。そのためには次の活動を重点的に行われなければならない。第一に、グリーン政策の革新を大いに推進すること、第二に、グリーン金融に力を入れること、第三に、グリーン技術革新を強力に推進すること。

4）生態環境ガバナンス体系の確立・整備

わが国の生態環境汚染の深刻な現実に焦点を合わせて、党の第18回党大会以降、われわれは汚染防除の三大攻略戦を開始している。さらに『決定』は「汚染排出許可制を中核とした固定汚染源監督管理制度体系を構築し、汚染防止区域連動メカニズムと陸海を統一した生態環境のガバナンス体系を整備する。農業・農村の環境汚染防除を強化する」[9)]と述べている。このためには以下の活動を重点的によりよく実施しなくてはならない。

第一に、汚染物質排出許可制の確立・整備である。汚染排出許可証は生態環境保護許可証の重要な部分にあたる。広義的には、汚染排出許可に関する申請、審査、交付、中止、交付の取り消し、監督・管理、罰則などの一連の規定の総称である。これを基本にわれわれは固定汚染源監督管理制度体系を確立しなければならない。

第二に、汚染防除区域の連動したメカニズムの確立・整備である。国家地域協調発展戦略と結び合わせてわれわれは京津冀、長江デルタ、珠江デルタといった重点地域の汚染防除の共同制御システムを整備するのと同時に、長江流域と黄河流域の汚染防除の連動したメカニズムを形成しなければならない。

第三に、陸・海を統一した生態環境ガバナンス体系の確立・整備である。

陸・海・空の全体的な連関に立脚してわれわれは陸地エコ文明建設と海洋エコ文明建設を統一的に計画するメカニズムを形成し、陸・海の生態環境のガバナンスを調和的に整備しなければならない。

第四に、都市・農村の総合的な生態環境ガバナンス体系の確立と整備である。都市・農村の調和した発展を統一的に計画するという要求に則って、われわれは農村の環境汚染防除を強化し、農村の生態環境ガバナンスを着実に推進しなければならない。

要するに、生態環境とは一定の限界値を有しているのである。その一定の条件の下で人類活動は環境の限界値の内で維持されなければならない。したがって保護に優先順位をつけて社会経済の発展の中で環境を保護し、環境の保護の中で社会経済発展の実現を堅持する必要がある。

(2) 資源効率化利用制度の確立

自然資源は生産と生活に必要な物質原料の基本となる源である。自然資源管理の領域においてわれわれは資源の効率的な利用制度を確立・整備しなければならない。

1) 資源財産権、総量管理、全面的な節約に関する制度の整備

資源の節約と保護を推し進めるために党の第18期中央委員会第3回全体会議は、自然資源・資産財産権制度の健全化を指摘する。さらに『決定』は「自然資源の統一的な権利登記の法治化、規範化、標準化、情報化を推進し、自然資源の財産権制度を健全とし、資源の有償使用制度を着実に実施し、資源の総量管理と全面的な節約制度を実施する」[10]と述べている。そのためには次の活動を重点的によりよく実施しなくてはならない。

第一に、自然資源・資産財産権制度の確立・整備である。

2）資源の節約・集約・循環利用政策の健全化

資源の持続可能性の確保と廃棄物のリサイクル促進のために、習近平は全国生態環境保護大会で資源の全面的な節約とリサイクルを推進し、生産システムと生活システムとの循環リンクの実現を提案している。『決定』はさらに「資源の節約・集約・循環利用政策体系を健全とする。ゴミ分別と資源化利用制度を広く一般的に実現する」[11]と提案している。目下のところ、以下の活動を重点的によりよく実施しなくてはならない。

第一に、クリーン生産と循環経済を大いに推進し、省エネ環境保護産業、クリーン生産産業、クリーンエネルギー産業の育成に力を注ぎ、現代高効率農業、先進製造業、現代サービス業を大いに発展させなければならない。

第二に、製品の全ライフサイクルの設計理念を推進し、グリーン包装とグリーン輸送を強力に推し進め、流通段階で生じる資源浪費と環境汚染を予防し減少させなければならない。

第三に、シンプルで適度な、グリーンで低炭素なライフスタイルを強く提唱し、贅沢・浪費と不合理な消費に断固反対し、社会全体に節約・集約・循環という良好な社会気風の形成を促進しなければならない。

第四に、全面的に海外からのゴミの国内持ち込みを禁止し、またゴミ焼却により生じる生態環境のリスクを厳しく抑制し、ゴミに包囲される都市の問題を効果的に解決してゴミ分類と資源化の利用を実現し、ゴミの分類排出・収集・処理・利用を統一しなければならない。

3）エネルギー革命の推進

エネルギーの持続可能性を保証するために、2014年6月に習近平は中央財政・経済指導グループ第6回会議でエネルギー革命の要求を提案している。『決定』はさらに「エネルギー革命を推進し、クリーン・低炭素、安全・効率化なエネルギー体系を構築する」[12]と提案する。目下のところ、以下の活動を重点的によりよく実施しなくてはならない。

第一に、エネルギーの消費革命の推進である。エネルギーの大量消費と浪費問題を解決するには省エネ優先の方針を着実に実行し、省エネの生産方式とライフスタイルを形成し、省エネ社会を建設しなくてはならない。そのためにはエネルギー消費の総量と強度をコントロールする「ダブルコントロール」行動を通じて、差し迫った問題解決のために行動を強く促す強い仕組みを形成しなくてはならない。

　第二に、エネルギーの供給革命の推進である。構造的には伝統的なエネルギーの、安全でグリーンな開発とクリーンな低炭素の利用を推進し、グリーンエネルギーを発展させてエネルギー構造におけるその比重を絶えず高めていくのが必要である。産地という観点からすれば、産地の供給源を最適化し、国内に立脚した安全な供給を保証し、多種類で多輪駆動のエネルギー供給システムを形成しなくてはならない。

　第三に、エネルギーの技術革命の推進である。国際的なエネルギー技術革命の波に直面するに際しては、必ずわが国の国情を出発点に、クリーン低炭素・安全の高効率を方向性にしながら、エネルギー技術・産業・商業などのモデル革新を分類的に推進し、そこにほかのハイテクの成果を結合させてエネルギー技術と産業をわが国の質の高い発展へと導く成長分野に育成させなくてはならない。

　第四に、エネルギーのシステム革命の推進である。エネルギー商品の特性を還元し、効率的な競争のある市場構造と体系を構築する必要がある。と同時に、政府は法に基づいてエネルギー監督・管理を強化し、経済と法律の手段を十分に運用して監督・管理を行わなければならない。このほかにもエネルギーの国際協力を強化しなくてはならない。こうすることでクリーンな、低炭素で、安全な、効果の高い、エネルギーシステムを構築するのである。

4）海洋資源開発保護制度の健全化

　海洋は国土資源の不可分の部分であり、海洋環境保護は生態環境保護の重要な領域であり、海洋エコ文明の建設はエコ文明建設の重要な任務である。さらに『決定』は、海洋資源開発保護制度の健全化を打ち出している。目下のところ、以下の活動を重点的によりよく実施しなくてはならない。

　第一に、海洋資源環境の生態限界値にしたがって、科学的に海洋の機能区分を編成して海域ごとに主体の機能を定め、海洋資源の開発利用を分類的に推進することである。

　第二に、「点での開発、面での保護」の方針を堅持し、海洋の開発強度をコントロールし、生態環境の評価を厳格とし、資源の集約・節約・利用と総合的な開発レベルを高め、開発行為が海域の生態環境に及ぼすマイナスの影響を最小化することである。

　第三に、海洋資源の持続可能な法則に基づいて海洋漁業資源総量管理制度を科学的に整備し、休漁・禁漁などの持続可能な漁業資源管理制度を厳格に執行し、近海での漁獲限度の管理を推進し、近海と干潟の養殖規模をコントロールすることである。

5）自然資源管理体制の健全化

　自然資源の監督・管理の不徹底は資源の浪費と環境汚染をもたらす重要な原因となる。習近平は「自然資源の監督・管理体制を整備し、すべての国土空間用途の管制職責を統一的に行使する」[13]と提案した。さらに『決定』は自然資源の統一的な調査・評価・モニタリング制度の確立を加速し、自然資源の監督・管理体制を健全化すると述べている。

　そのためには第一に、自然資源の統一調査モニタリング評価を展開することである。われわれはビッグデータなどの現代情報技術を十分に利用し、重要な自然資源の数量、品質、分布、権利・帰属、保護、開発利用の状況を把握し、統一的な自然資源データベースを構築し、監督・管理の効果を

向上させなくてはならない。

　第二に、自然資源資産の監督・管理システムを健全とすることである。党の指導の強化を前提に人民代表大会・政府・司法・監査・社会の監督の効果を総合的に発揮し、管理の方式・方法を革新し、監督・管理の合力を形成し、監督・管理システムを完備しなくてはならない。それと同時に、自然資源・資産財産権の情報公開制度を整備し、社会からの監督を強化する必要がある。

　第三に、自然資源の規制を強化することである。われわれは科学的かつ合理的な自然資源資産管理の評価システムを確立し、指導幹部の自然資源資産退任審査を行った上で、党政指導幹部の自然資源資産損害責任追及制度を着実に整備しなければならない。同時に自然資源資産の監督・執法体制を整備し、自然資源資産・財産権分野の重大な違法案件を厳正に取り締まらなければならない。

　総じていえば、資源には再生可能なものと再生不可能なものがある。前者の開発利用はその再生サイクルの範囲内で、そして後者の開発利用は技術代替のサイクルの範囲内で維持されるべきなのである。そのためには節約を最優先事項とし、最小限の資源消費によって経済社会の持続的な発展を支える必要がある。

(3) 生態保護と修復(回復)制度の健全化

　生態の安全は国家安全の自然前提と重要な構成部分である。生態系統の全体性・多様性・安定性を維持するには、われわれは生態保護と修復制度を健全にしなければならない。

1) 生態保護と修復制度の確立と健全化

　生態の安全を保護するにはその保護と修復制度を確立し、健全化しなければならない。『決定』はさらに「山水林田湖草の一体となった保護・修

復を統一的に計画し、森林・草原・河川・湖・湿地・海洋などの自然生態の保護を強化する」[14]と提案している。目下のところ、以下の活動を重点的によりよく実施しなくてはならない。

　第一に、「山水林田湖草は一つの生命共同体である」という科学理念にしたがって保護優先、自然回復の重視を主な方針とすることを堅持し、生態の自然修復と人工修復の結合を堅持し、重点地域と重要生態系統の保護・修復を推進し、大きな生態修復プロジェクトを実施することである。

　第二に、システム修復の原則に基づき、国家生態の安全障壁に焦点を据えて保護・修復を推進し、山地の生態修復を展開し、鉱物資源の開発が集中する地区の地質環境ガバナンスと生態修復を強化し、水産品産地の保護と環境修復を強化し、湿地生態修復メカニズムを確立し、点源・面源の汚染防除と河湖の生態修復を統一的に計画し、予備水源の建設・水源涵養・生態修復などを推進することである。

　第三に、山水林田湖の生態保護・修復プロジェクトを実施し、生態回廊と生物の多様性保護のネットワークを構築し、森林、河・湖、湿地、草原、海洋などの自然生態系の安定性と生態サービス機能を全面的に向上させ、生態の安全障壁を強固に固めることである。このように自然による修復と人工による修復との結合を通じて、自然の生態系の機能と構造は次第に回復可能となる。

2）国家公園保護制度の確立・整備

　自然保護地の管理と体制の分離問題を効果的に解決するために、われわれは国家公園制度を打ち出している。国家公園はわが国の自然保護地域の最重要のタイプの一つである。そこは全国主体機能区計画における開発禁止区域に属し、全国生態保護レッドライン地域の管理・コントロール範囲に組み入れられ、最も厳格な保護が行われている。第18回党大会以降、わが国の国家公園制度の建設は重要な進展を遂げている。2017年9月に

中共中央弁公庁と国務院弁公庁は『建立国家公園体制総体方案』を公布した。『決定』はさらに「重要な生態系統の保護と永続的な利用を強化し、国家公園を主体とする自然保護地体系を構築し、国家公園保護制度を健全化する」[15]と提案している。そのためには以下の活動を重点的によりよく実施しなくてはならない。

　第一に、重要な生態系の保護と永続的利用を強化し、各部門を自然保護区、風景名勝区、文化自然遺産、地質公園、森林公園などに分類して設置する体制を革新し、上記の各保護地の機能再編を行い、国家公園に代表される自然保護地体系を構築し、国家公園の範囲を合理的に定義することである。

　第二に、国家公園ではより厳格な保護を実施し、生態系を損なわない原住民の生活生産施設の改造・自然観光・科学研究・教育・観光を除くそのほかの開発建設を禁止し、自然生態と自然文化遺産の原始性と完全性を保護することである。国家公園区域内の保護と計画の要求を満たさない各種の施設、工鉱企業などを段階的に移転し、すでに設定された鉱業権の段階的な撤退規制を確立する。

　第三に、国家公園の試行区域の指導を強化し、国家公園に関する立法を強化し、国家公園管理機関の自然生態系保護の主体責任を強化し、国家公園体制の全体計画に基づいて国家公園の建設を推進することである。

3）大河川の生態保護とシステムのガバナンスの強化

　長江、黄河などの大河川の生態保護とシステムのガバナンスを強化するために、第18回党大会以降、習近平は一連の談話を発表してきた。『決定』はさらに長江、黄河などの大河川の生態保護とシステムのガバナンスを強化しなければならないと提案している。目下のところ、以下の活動を重点的によりよく実施しなくてはならない。

　第一に、大河川の生態保護の強化である。長江、黄河などの大河川はそ

れぞれ複雑な生態系を有している。大河川のガバナンスの中では全流域と両岸の差異を十分に考慮し、また一つの有機的なまとまりと考えなければならない。「河長制（地方の各級党幹部を責任者に任命し、河湖の管理と保護業務を担当させる制度）」の推進を基礎に、全流域の生態環境のガバナンス機構を設立すべきである。

　第二に、エコ製品に関する価値実現のメカニズムの模索である。長江、黄河など大河川の流域で積極的に緑の山河を回復し、荒れ果てた山河を金山銀山に変え、緑水青山を金山銀山に転化させる方法の普及を模索し、条件をそなえた地域を選び、エコ製品価値実現メカニズムの試験実施を展開し、持続可能なエコ製品の価値実現の道をつくることを模索すべきである。

　第三に、水平方向の生態補償政策の強力な推進である。長江、黄河などの大河川全体の生態環境のガバナンスの整備を推進するには、垂直方向の生態補償の強化を基礎にしながら水平方向の生態補償を強力に推進すべきであり、こうすることで全流域、両岸の共同ガバナンスを促進できるのである。

4）生態の安全体系の確立・整備

　生態の安全とは生態系が欠けることがなく、またその保全を基礎にしながら生態系の各機能が正常に発揮される状態を指している。習近平は全国生態環境保護大会にて生態の安全体系をエコ文明体系の重要な構成部分とするよう要求している。『決定』はさらに大規模な国土緑化行動を展開し、水土流失・砂漠化・石漠化（土壌の流出によって岩石が露出する状態）の総合的なガバナンスを加速し、生物の多様性を保護し、生態の安全障壁を堅固にしなければならないと指摘している。そのためにわれわれは以下のことに注意しなくてはならない。

　第一に、保護優先・自然回復を主要とする方針を堅持し、生態系の全体性・多様性・安定性を絶えず促進し、生態系のサービス機能とレベルを絶

えず向上させて生態の安全体系を構築することである。

　第二に、高いリスク意識を形成し、資源安全・環境安全・生態安全・核安全・国土安全などの方面の維持活動を調和しながら推進し、生産安全・交通安全・食品安全・薬品安全などの方面の事故と事件が引き起こす生態リスクを科学的に防ぎ、自然災害が引き起こす生態の安全問題を科学的に防止することである。また新型コロナウイルスの予防・対策の経験に基づいて生物と生態の安全保護を統一的に管理しなければならない。

　第三に、開発行為を厳しく統制して海洋生態環境の安全を守ることである。国家の重要プロジェクトを除く以外の海洋干拓を全面禁止とし、海洋生態環境の持続可能性を維持しなくてはならない。

　要するに、生態系の多様性・系統性・安定性は生態の安全に影響を与えているのである。生態系の存在と運動は複雑な法則を有し、人類の生態系への干渉に対して一定のタイムラグがあるために、自然による回復をまずは堅持しながら自然による回復と人工による修復との結合を堅持しなければならない。

(4) 生態環境保護責任制度の厳格化

　エコ文明の建設における責任者を明確とすることを保証し、党と政府の主体的な責任を着実に実行するには、われわれは生態環境保護責任制度を厳正かつ明らかとしなければならない。

1) エコ文明目標評価審査制度の確立・整備

　『決定』はさらに「エコ文明目標評価審査制度を確立し、環境保護、自然資源の管理・対策、省エネ・排出削減などといった、規制力を伴う指標管理を強化し、企業を主体とする責任と政府の監督・管理責任を厳格に実行する」[16] と提案している。そのためには以下の活動を重点的によりよく実施しなくてはならない。

第一に、資源エネルギーの消費、生態環境の損害、生態環境の効果・利益などの指標を経済・社会発展の総合評価システムに組み入れ、グリーンGDPシステムを確立・整備し、審査権の重みを大きく高め、指標の規制を強化することである。
　第二に、業績の審査方法を整備し、地域の主体的な機能に則って異なる評価制度を実施することである。開発制限区域、開発禁止区域、生態が脆弱な貧困扶助開発事業重点県に対しては、その地区の国民総生産（GNP）の評価を廃止とする。農産物の主要な生産地区と重点生態機能区については、農業優先と生態保護優先の業績評価をそれぞれに実行する。開発禁止の重点生態機能区に対しては、その自然文化資源の原始性・完全性を重点的に評価する。
　第三に、審査の評価結果に基づきエコ文明建設の成績が優れた地区・部門・個人に対して表彰・奨励を授与することである。それと同時に、審査と責任追及を強化し、エコ文明に関する業績評価制度、自然資源資産の離任審査制度、生態環境損害の責任追及制度などを有機的に統一しなければならない。

2）自然資源資産の離任審査制度の確立・整備
　『決定』では指導幹部がその職を離れる際に、管理してきた自然資源の資産に対する審査に注力して展開するよう提案している。
　第一に、主に各地の主体機能エリアの位置付け、自然資源の資産に関する賦存量の特徴・生態環境保護の業務の重点具合に則って指導幹部の職位と職責の特徴を結合し、その審査の内容と評価ポイントを決めることである。
　第二に、主に審査対象者の在職中に自然資源の資産管理と生態環境の保護の責任状況をめぐる監査評価を実施して審査対象者が負うべき責任の線引きをすることである。

第三に、帳簿調査、地図対照、図表チェック、実地調査などの通常監査方法を運用するだけでなく、衛星画像、リモートセンシングによる測量・製図、ビッグデータなどの先進技術と方法を利用して、自然資源資産に関する変化の状況を科学的かつ正確に把握することである。

3）生態環境の監視測定と評価制度の健全化

　『決定』は生態環境の監視測定と評価制度を健全とすべきことを提案している。目下のところ、以下の活動を重点的によりよく実施しなくてはならない。

　第一に、われわれは生態環境の分野の統計・監視予測・算定能力の建設を強化し、情報化レベルを高めることである。それと同時に、衛星によるリモートセンシングなどの技術手段を利用して生態環境の状況の全天候監視予測を展開し、すべての生態環境要素をカバーする監視予測ネットワーク体系を健全化しなければならない。

　第二に、環境と保全調査、監視予測、リスク評価制度を健全とし、全国に及ぶ生態環境の状況の調査と評価を定期的に実施しなくてはならない。

4）生態補償制度の確立・整備

　エコ文明の分野で公平・正義を実現するには、生態補償制度を確立・整備しなければならない。党の第18期中央委員会第3回全体会議は、生態補償制度の実施を提案する。『決定』はさらに生態補償制度を確実に実行しなければならないと提案している。目下のところ、以下の活動を重点的によりよく実施しなくてはならない。

　第一に、補償範囲をさらに整備し、草原、森林、湿地、砂漠、河川、海洋、耕地などの重点区域と開発禁止区域、重点生態機能区といった重要地域の全面的なカバーを段階を追って実現すること。

　第二に、重点生態機能区への移転支払いを段階的に増加し、生態保護の

効果と資金配分とを関連付けたインセンティブ・制約メカニズムを整備し、また各地区が生態補償の試行を広く行うことを奨励すること。

第三に、生態保護の補償メカニズムを健全化し、生態受益地区と保護地区との中間や河川流域の上流と下流との中間では資金補助、産業移転、人材育成訓練、園区の共同建設などの方法で補償を実施できるよう誘導すること。

第四に、長江、黄河などの重要河川において水平方向な生態保護の補償の試行的展開を模索し、試行地区の生態保護の補償メカニズムの確立を通じてわが国の生態補償制度の建設を模索すること。

第五に、生態補償付帯インフラ制度の整備を加速し、生態補償の標準体系を建設して生態サービス価値算定体系などを強化すること。

5）生態環境の損害賠償制度の確立・整備

『決定』は、生態環境の損害賠償制度を実施しなければならないと提起した。現在のところ、重点となる業務は次の通りである。

第一に、生態環境に関する損害賠償の方面の基礎理論、技術標準の研究を強化し、この制度を実行するための理論的根拠を提供することである。

第二に、生態環境の損害賠償の立法活動を強化し、関連する専門の法律制定を早期に公布し、この制度を実行するための法的根拠とサポートを提供することである。

第三に、生態環境の損害賠償信託基金を設立して、この制度を実行するための資金援助を提供することである。

要するに、各級の指導幹部は生態環境の保護とエコ文明の建設に対して確固たる信念を持ち、党と政府が共に責任を持って行い、一つの職位で二つの責任を担うことを厳格に実行し、エコ文明の建設と生態環境の保護という政治的責任を勇敢に担わなければならない。

4．エコ文明制度体系のための政治保障

　エコ文明制度体系は中国の特色ある社会主義制度の重要な構成部分である。そのためにエコ文明制度体系を堅持・整備するには、確固とした正しい政治的方向を堅持しなければならない。

(1) 習近平のエコ文明思想に基づくエコ文明制度の建設

　習近平のエコ文明思想とは、社会主義エコ文明の建設に対してトップダウンの設計とシステム配置を行うものである。エコ文明の制度体系を堅持・整備する過程では習近平のエコ文明思想を科学的指導として常に堅持しなければならない。

1)「緑水青山こそ金山銀山」を制度設計の理念とする意義

　「両山論」は習近平のエコ文明思想の代表的な成果であり、エコ文明の制度体系を堅持・整備する科学理念である。われわれはそれを一歩押し進めて制度設計へと転化させなくてはならない。

　そのためには第一に、自然価値と自然資本の理念を堅持し、自然価値と自然資本の制度設計の実現を模索し、外部問題の内部化を促進し、資源製品の価格改革、環境汚染への課税、生態補償などの生態経済活動に制度的保障を提供することである。

　第二に、生態環境の保護とは生産力の保護であり、生態環境の改善とは生産力の発展であるという科学理念を堅持して産業の生態化と生態産業化を統一した制度の形成を模索し、生態農業・生態工業・生態観光のスタイルの発展に力を注ぎ、緑水青山から金山銀山への転換を実現することである。

　第三に、生態効果と利益、経済効果と利益、社会効果と利益を統一する原則を堅持し、制度設計を通じて常に生態効果と利益を基礎とし、経済効

果と利益を手段とし、社会効果と利益を目的とし、緑水青山による生態効果と利益の持続発揮の基礎上にこれらの総合効果と利益を発揮させることである。

2）資源節約と環境保護を基本国策として位置付ける

習近平のエコ文明思想は資源節約と環境保護の基本国策をさらに強化して細分化したものである。われわれは習近平のエコ文明思想の指導の下で、基本国策の制度の威力をいっそう強化しなければならない。

第一に、基本国策の宣伝教育の強化である。公衆に向けて基本国策に関する宣伝と教育活動を強化することで、基本国策を深く人々の心へと浸透させることができる。

第二に、バランスが取れ、釣り合いの取れた基本国策の強化である。行政管理体制に則った資源節約と環境保護の活動は、現在自然資源部と生態環境部がそれぞれ担当している。部門分割によりもたらされる弊害を克服するためには、上記した現況の両部門の協調・連携をいっそう強化する必要がある。

第三に、基本国策を堅持するにあたってのランディング過程を明確とすることである。われわれはグリーン発展の堅持を基本国策の貫徹と実行の現実的方途とし、基本国策の貫徹と着実な実行を資源節約型社会と環境に優しい社会の建設に結びつけなければならない。

(2) エコ文明制度建設における中国共産党の政治的指導

中国共産党はわが国の社会主義エコ文明建設事業の指導的な力である。習近平は「党の指導力と、わが国の社会主義制度が力を集中して大事業を成し遂げる政治的優位性を十分に発揮し、改革開放以来、40年余りの間に積み重ねてきた強固な物質的基盤をいかんなく利用し、エコ文明建設を推進し、生態環境問題の解決に力を入れていく」[17]と指摘した。目下の

ところ、エコ文明の制度建設と制度革新に対する党の指導を堅持するには、以下の制度をエコ文明の制度体系に組み入れなければならない。

1) 中央による生態環境の保護監督・査察制度

エコ文明の領域における国家ガバナンスの現代化を着実に推進するには、中央による生態環境の保護監督・査察の権威を強化しなければならない。この制度が指すのは、中央が専門の生態環境保護の監督・査察機構を設置し、地方の党委員会や政府、国務院の関連する部門、関連する中央企業などの組織に対して生態環境の保護監督・査察を行い、生態環境保護の責任の所在を明確とすることである。習近平は「環境監督・査察の活動に関わる力を強化する」[18] と指摘している。

2019年6月、中共中央弁公庁と国務院弁公庁は『中央生態環境保護監督査察業務規定』を公布し、さらに中央による生態環境の保護監督・査察制度の実施を提案している。目下のところ、以下の活動を重点的によりよく実施しなくてはならない。

第一に、一方的な生態環境保護の監督・査察からグリーン発展の監督・査察へと転換し、人間と自然が調和・共生する現代化建設の枠組みの形成を推進すべきである。

第二に、党政部門と企業事業に対する監督・査察の強化と同時に、エコ文明建設の事務に対する監督・査察を強化しなくてはならない。

第三に、定期的な監督・査察、特別監査と「再査察」などの手段を基礎にして監督・査察の常態化・制度化・法治化・プロセス化を実現すべきある。それと同時に、科学化と民主化を強化しなければならない。

2) 生態環境損害の責任終身追及制度の確立・整備

党政幹部に対する責任追及を強化するには生態環境損害の責任終身追及制度を確立し、整備しなければならない。目下のところ、以下の活動を重

点的によりよく実施しなくてはならない。

　第一に、指導幹部の任期中でのエコ文明建設の責任制を確立して省エネ・排出削減目標に対する責任評価と責任追及制度を整備する。

　第二に、厳しく責任を追及し、グリーン発展の要求に違反し、資源環境生態系に深刻な破壊をもたらした者は記録に留め、その責任を生涯にわたって追及して重要な職務への転任あるいは登用を禁じ、すでに転任した者の責任も追求することである。

　第三に、エコ文明の建設の推進活動において努力が払われなかったり、また努力不足の際には誡勉談話（指導幹部の活動に対する上部からの注意・訓戒）を適宜行うことである。具体的には、資源と生態環境を顧みることなく盲目的に決定を下して深刻な結果を招いた関係者の指導責任を厳しく追及しなければならない。また職務遂行の努力不足、監督・管理の不備、職務怠慢・汚職に対しては規律に基づき、法律に基づき関係者の監督・管理責任を追及しなければならない。そして犯罪に関わる刑法に基づき関係者への刑事責任を追及しなければならない。

　第四に、指導幹部の離任後に重大な生態環境の損害が発生し、そしてその責任が認定された場合は責任を生涯にわたって追及することである。

(3) 厳格な法治によるエコ文明の制度建設

　法に基づく国家ガバナンスは、党が人民を指導して国を治める基本方略であり、わが国の国家制度と国家のガバナンス体系の顕著な優位性である。習近平は、われわれは「法律体系を整備し、法治理念・法治方式でエコ文明の建設を推進すべきである」[19]と提起している。最も厳格な法治によって生態環境を保護し、エコ文明を建設してこそ人間と自然の調和・共生の実現を促進できる。

1）生態環境保護に関する司法制度の整備
　憲法へのエコ文明建設の明記を前提にしながら法に基づく国家統治の基本方略に則って、生態環境保護の法律体系と法執行の司法制度をさらに整備させなければならない。
　第一に、われわれは山水林田湖草の保護ガバナンスを総合的に計画し、生態環境を保護する立法の推進を加速し、生態環境保護の法律・法規の制度体系を整え、エコ文明の領域における法律体系の形成を推し進めなければならない。
　第二に、われわれは水・気・土・音・残滓・光などといった各種の環境汚染要素を全面的にカバーする法律規範を確立・健全化し、科学的かつ厳密で、系統的かつ整備された汚染防除の法律制度体系を構築しなければならない。
　第三に、われわれは生態環境の保護に関する法規、規制、司法解釈、規範性文書（政治機関・団体・組織が発行し、公衆の義務・権利に関わる行政管理の根拠となる公文書）の全面的な見直し作業を急ぎ行い、生態環境の保護法律とセットになる行政法規、部門規制の制定・改正を加速し、生態環境の保護基準を適時に打ち出し、絶えず整備しなければならない。
　第四に、法律の剛性と権威を揺るぐことなく確立し、届け出された書類の審査作業を強化し、上位法の規定に反する法規、規則、司法解釈を適宜是正し、社会主義の法制の統一を維持しなければならない[20]。このようにして法に基づくガバナンスをエコ文明の制度建設の中で貫徹・実施できる。

2）生態環境公益訴訟制度の整備
　生態環境問題は不特定多数の利益と関わることから、生態環境公益訴訟制度の整備が必要となる。『決定』は生態環境公益訴訟制度を整備すべきことを提起している。目下のところ、以下の活動を重点的によりよく実施

しなくてはならない。

　第一に、公共利益と共同利益に関わるすべての生態環境行為を公益訴訟の範囲に含めなくてはならない。

　第二に、党政機関、検察機関、企業・事業単位、社会団体、公民個人などのすべての合法的な主体が公益訴訟に参加することを奨励・支持しなければならず、末端の民主政権、人民団体、弁護士、ジャーナリストが利益被害者や被害者の代理人として公益訴訟に参加することを奨励・支持しなければならない。

　第三に、虚偽訴訟、悪意ある訴訟、不可能な訴訟、不当な利益追求などの訴訟行為に対する処罰規定を明確とし、また現実面での処罰の度合いを強化する必要がある。新型コロナウイルスの予防・対策の経験に則ってわれわれも野生動物保護の分野で公益訴訟を広く行うべきである。

　このほかにもわれわれは人民大衆の主体的な役割を十分に発揮しなければならない。現在、中国共産党中央弁公庁と国務院弁公庁が2020年3月に公表した『現代環境ガバナンス体系構築に関する指導意見』に基づき、われわれは環境ガバナンスのために全人民が行動できるシステムの健全化に力を入れなければならない。習近平のエコ文明思想の指導の下で、党が指導し、人民が主人公となって法に基づく国家統治の有機的統一を堅持してこそ、エコ文明の制度建設と制度革新の正しい政治方向を保証できる。

註
1) 中共中央 国務院関于全面加強生態環境保護 堅決打好汚染防治攻堅的意見. 人民日報, 2018-06-25 (1).
2) 習近平. エコ文明建設を強化するために堅持すべき原則. 求是, 2019 (3)：4-19.
3) 習近平. エコ文明建設を強化するために堅持すべき原則. 求是, 2019 (3)：4-19.
4) 中共中央文献研究室. 習近平関于社会主義生態文明建設論述摘編. 北京：中央文献出版社, 2017：12.
5) 習近平. エコ文明建設を強化するために堅持すべき原則. 求是, 2019 (3)：4-19.

6) 中国の特色ある社会主義制度の堅持と整備，国家ガバナンスのシステムとガバナンス能力の現代化の推進における若干の重大な問題に関する中共中央の決定．人民日報，2019-11-06（1）．
7) 中国の特色ある社会主義制度の堅持と整備，国家ガバナンスのシステムとガバナンス能力の現代化の推進における若干の重大な問題に関する中共中央の決定．人民日報，2019-11-06（1）．
8) 中国の特色ある社会主義制度の堅持と整備，国家ガバナンスのシステムとガバナンス能力の現代化の推進における若干の重大な問題に関する中共中央の決定．人民日報，2019-11-06（1）．
9) 中国の特色ある社会主義制度の堅持と整備，国家ガバナンスのシステムとガバナンス能力の現代化の推進における若干の重大な問題に関する中共中央の決定．人民日報，2019-11-06（1）．
10) 中国の特色ある社会主義制度の堅持と整備，国家ガバナンスのシステムとガバナンス能力の現代化の推進における若干の重大な問題に関する中共中央の決定．人民日報，2019-11-06（1）．
11) 中国の特色ある社会主義制度の堅持と整備，国家ガバナンスのシステムとガバナンス能力の現代化の推進における若干の重大な問題に関する中共中央の決定．人民日報，2019-11-06（1）．
12) 中国の特色ある社会主義制度の堅持と整備，国家ガバナンスのシステムとガバナンス能力の現代化の推進における若干の重大な問題に関する中共中央の決定．人民日報，2019-11-06（1）．
13) 中共中央文献研究室．習近平関于社会主義生態文明建設論述摘編．北京：中央文献出版社，2017：102．
14) 中国の特色ある社会主義制度の堅持と整備，国家ガバナンスのシステムとガバナンス能力の現代化の推進における若干の重大な問題に関する中共中央の決定．人民日報，2019-11-06（1）．
15) 中国の特色ある社会主義制度の堅持と整備，国家ガバナンスのシステムとガバナンス能力の現代化の推進における若干の重大な問題に関する中共中央の決定．人民日報，2019-11-06（1）．
16) 中国の特色ある社会主義制度の堅持と整備，国家ガバナンスのシステムとガバナンス能力の現代化の推進における若干の重大な問題に関する中共中央の決定．人民日報，2019-11-06（1）．
17) 習近平．エコ文明建設を強化するために堅持すべき原則．求是，2019（3）：4-19．

18) 中共中央文献研究室. 習近平関于社会主義生態文明建設論述摘編. 北京：中央文献出版社, 2017：109.
19) 中共中央文献研究室. 習近平関于社会主義生態文明建設論述摘編. 北京：中央文献出版社, 2017：110.
20) 全国人民代表大会常務委員会関于全面加強生態環境保護依法推動打好汚染防治攻堅戦的決議. 人民日報, 2018-07-11（4）.

第10章
人民軍隊に対する党の絶対的指導制度の貫徹

党の第19期中央委員会第4回全体会議では、中国の特色ある社会主義制度の堅持と整備、国家のガバナンス体系とその能力の現代化の推進という高みから中国の特色ある社会主義軍事制度と軍隊のガバナンス体系の建設に対する目標・要求を提起している。『決定』では「人民軍隊に対する党の絶対的な指導制度を堅持・整備し、人民軍隊が新時代の使命と任務を忠実に履行することを確保する」と述べている。この要求は人民軍隊がしっかりと堅持すべき根本制度を明らかとし、人民軍隊の絶対的指導制度に対する党の重大な任務を明確としている。国防と軍隊建設に関わる各方面の制度についてのいっそうの成熟と定着の推進は、党の軍隊に対する絶対的な指導軍事制度の優位性を、国家主権・安全・発展利益を保障する顕著な優位性と勝利を勝ち取る強軍の本領へと転化させるに違いない。

1. 新時代における人民軍隊に対する党の絶対的な指導制度の堅持・整備とその重大な意義

　「人民軍隊は中国の特色ある社会主義の強固な柱石であり、人民軍隊に対する党の絶対的な指導は人民軍隊の軍隊建設の根本であり軍隊強化の魂である」。
　『決定』のこの叙述は、新時代における人民軍隊に対する党の絶対的な指導制度を堅持する重要性を深く示している。この制度は中国の特色ある社会主義を支える根本制度として、党・国家・軍隊事業の全局面の中で特殊な地位と役割を有している。これは人民軍隊の本質と趣旨に関わり、社会主義の前途と運命に関わり、党と国家の長期にわたる太平と安定に関わるものであり、「二つの百周年」の奮闘目標と中華民族の偉大なる復興という中国の夢の実現にとっても重大で深遠な意義を持っている。

(1) 中国共産党による軍隊建設・軍隊統治の根本原則

　人民軍隊に対する党の絶対的な指導の根本原則と制度は、中国共産党の90年余りの苦難と輝かしい歴史の基本経験と軍隊建設・軍隊統治の根本原則であり、マルクス主義の党建設・軍隊建設の学説と中国革命・建設の現実とが密接に結びついた産物であり、近現代中国の軍事指導制度の重大な変革である。人民軍隊に対する党の絶対的な指導という根本原則と制度を確立して以来、党が指導する中国の革命・建設・改革事業には絶えず勝利を収める制度的保障とそれを支える力がある。まさに習近平が中国人民解放軍創建90周年の際に指摘したように、「歴史はわれわれに、党が銃を指揮することは人民軍隊の本質と趣旨を保つ根本の保障であり、これはわが党が血と炎の闘争の中で導き出した決して揺るがない真理であることを教えている。中国共産党があって、中国共産党の強固な指導があって、人民軍隊は前進する方向があり、力がある。前進の道において、人民軍隊は軍に対する党の絶対的な指導をしっかりと堅持し、これを人民軍隊の永遠に変わらない軍の魂とし、永遠になくすことない命の根源とし、いかなる時いかなる状況下でも党の旗印を旗印とし、党の方向を方向とし、党の意志を意志としなければならない」[1]のである。

　人民軍隊に対する党の絶対的な指導は、中国の革命と建設の実践により形成され、わが軍に最も根本的な政治的優位性を与えている。わが軍は党が創建したものであり、その誕生と同時に党と強く結びついている。党の人民軍隊への絶対的な指導に対する根本的な原則と制度は南昌起義に端を発している。その基礎が固まるのが三湾改編であり、古田会議[2]にて定型化が図られたが、党は人民軍の革命・建設・改革といった偉大な実践を行い、これを豊かに発展させてきた。これらの制度は主に次のことを含んでいる。軍事委員会主席責任制、党委制、政治委員制、政治機関制、党委員会の統一した集団指導の下で首長責任制を行い、支部を連に置くことである。これらの制度は中国古来の「兵随将走（兵卒は将軍の命令にしたが

う）」という歴史的な矛盾と弊害を解決し、銃が党を指揮するのではなく、党が銃を指揮するという原則を明確とし、部隊の本質と趣旨が不変であるのを確実に保証し、部隊がいつ、いかなる状況でも党の政治任務を遂行する武装集団であることを確実に保証している。

(2) 中国の特色ある社会主義の重要なサポート

人民軍隊に対する党の絶対的な指導制度は、中国の特色ある新型の党軍モデルを構築し、その指導制度は中国の特色ある社会主義の根本となる軍事制度でもある。

第19回党大会報告は「人民軍隊に対する党の絶対的な指導を堅持すること」を新時代における中国の特色ある社会主義の堅持と発展の基本方略へと引き上げ、党の第19期中央委員会第4回全体会議ではさらに進んで、人民軍隊に対する党の絶対的な指導制度の堅持と整備を中国の特色ある社会主義制度の堅持と整備、国家のガバナンス体系とその能力の現代化の推進に組み入れて統一的に計画し、トップダウンの設計をほどこすとしている。これは軍事制度とその改革が、国家発展と社会主義事業の大局の中で重要な地位にあるのを十分に証明し、習近平による人民軍への党の絶対的な指導制度を際立って重視していることを示している。

党の第19期中央委員会第4回全体会議は「中国の特色ある社会主義制度を支える根本制度、基本制度、重要制度の際立った堅持と整備」を国家制度と国家のガバナンス改善の切り口・焦点・力点と明示している。人民軍に対する党の絶対的な指導制度は、中国の特色ある社会主義制度の重要な構成部分であり、これは国家の本質と政治制度によって決定され、歴史的経験と教訓から導き出された重要な結論でもある。

十月革命の勝利から100年余りの世界における社会主義の発展は起伏に富んできた。1980年代から1990年代にかけて、東欧とソ連の社会主義国は相次いでその旗幟を改めて社会主義制度を放棄したが、このような歴史

的結末をもたらした重要な要素の一つは、党が軍隊に対するその指導を放棄したことにある。

　新中国が成立してからの70年の間に、国内外の敵対勢力からの攻撃や封じ込め、妨害・破壊活動に直面しながらも、社会主義の中国が足元をしっかり固めて立っていられた重要な理由は、党の政治的任務を断固として実行し、党と人民に忠節を守って力を尽くす人民軍隊があったからである。新時代へと入り、習近平は人民軍隊に対する党の絶対的な指導は中国の特色ある社会主義の本質的な特徴であり、また党と国家の重要な政治的優位性であると指摘している[3]。この重要な論述は、人民軍隊に対する党の絶対的な指導が社会主義制度を強固にする上での鍵となる役割と核心的地位であるのを明確としている。

　現在、人民軍隊に対する党の絶対的な指導の堅持・整備は、中国の特色ある社会主義制度を堅持・整備し、国家のガバナンス体系とその能力の現代化を推進する必然といえよう。国家制度にとって重要な支持の効果を持ち、巨大な総合的な拡散効果を生んでいて、わが国の国家制度と国家のガバナンス体系のよりいっそうの整備を推進するに違いない。

(3) 党と国家の長期的平和と安定を確保する根本保障

　わが軍は党の長期執政の地位を強固とし、国家の長期にわたる太平と安定を守る上で特に重要な地位と役割を有している。人民軍隊に対する党の絶対的な指導制度をより堅持・整備し、この制度の優越性を十分に発揮してこそ国家社稷の永続的な平穏を確保できる。新中国が成立して70年以来、党の絶対的な指導の下で人民軍隊は祖国防衛、人民防衛と平和活動という根本任務を効果的に履行し、祖国の万里の辺境と広大な海と空を厳重に守り、国家の安全と統一を脅かす各種の分裂破壊活動を効果的に抑止し打撃を与え、法に基づいて香港と澳門の防衛任務を遂行し、国家のために一連の緊急・困難・危険・重大な任務を完遂し、国家の発展と繁栄、人民

の安住のために信頼に足る安全保障を提供してきた。
　2020年はじめに湖北省武漢市で新型コロナウイルスが感染爆発した際にわが軍は人民軍隊の目的を肝に銘じ、党中央、中央軍事委員会の決定と号令を断固貫徹し、命令を聞いてすぐさま行動し、勇敢に重荷を担い、医療スタッフとそのほかの保障人員（人民の生活が困難となった時に物質的援助を与え、その生活を保障する人員）数千名を迅速に選び派遣して武漢を支援し、火神山などの病院での医療救急活動を引き受け、感染予防・対策の人民戦争、総力戦、阻止戦に打ち勝つために目覚ましい貢献をし、新しい時代の軍民が一つになって共に困難を克服する感動的な賛歌を高らかに歌い上げた。
　党が指導する人民の子弟兵（人民解放軍の愛称）が永遠に党に忠実であり、人民に忠実であり、国家の富強、民族の勃興、人民の安康のための堅強な力の保証であることを事実は十分に示している。
　現在、中国の特色ある社会主義は新たな時代へと突入し、「中国の夢」を実現するための千載一遇の歴史的チャンスに直面しているが、それと同時にわれわれが発展し、壮大になればなるほど抵抗や圧力も大きくなり、直面するリスクや挑戦も増えることを直視しなければならない。100年に一度の未曾有の大きな変局に直面し、イデオロギーの分野での複雑な闘争に直面する中でわれわれは人民軍隊に対する党の絶対的な指導をしっかりと堅持し、党の執政地位を強固とし、革命の山河が永遠に変わることなく、国家の長期にわたる太平と安定を確保しなければならない。

(4) 強国の夢・強軍の夢を実現する強固な柱石

　第18回党大会以来、習近平は戦略と全局の高みから「二つの百周年」の奮闘目標の実現、中華民族の偉大なる復興という中国の夢の実現を提起し、さらに「強国の夢は軍隊にとっても軍隊強化の夢でもある」[4]と指摘している。これは党の指揮にしたがい、戦いに勝利でき、気風の優れた人

民軍隊を建設するという新時代の軍隊強化の目標を明確に打ち出している。人民軍隊を世界一流の軍隊へと全面的に建設するという偉大な呼びかけを発し、時代と共にたゆまず前進して新軍事戦略の指導を刷新し、新たな情勢下での軍事戦略方針を制定し、新時代の軍隊の使命と任務を明確にしなくてはならない。

第18回党大会以来、習近平は自らが指導し、自らが政策決定し、自らが推進して人民軍隊の政治環境を再構築し、組織形態を再構築し、力体系を再構築し、印象やイメージの再構築を実現してきた。そして人民軍隊は行装を整えて再出発し、中国の特色ある社会主義軍隊強化の道に着実な歩みを踏み出した。国防・軍隊改革の深化は強国の夢・軍隊強化の夢を実現する時代の要請であり、強軍・興軍の不可避の道であり、軍隊の未来を左右する重要な一手でもある。わが軍はまさに今この革命的変革を経験しており、新たな状況、新たな問題、新たな挑戦が次から次へとあらわれている。党の人民軍隊に対する絶対的な指導を堅持・整備してこそ、軍隊改革の成功と正しい政治方向を確保できるのである。それ故に新時代における党の人民軍隊への絶対的な指導の堅持・整備は、強国の夢と軍隊強化の夢を実現するための重要な保障となる。

2．人民軍隊に対する党の絶対的な指導制度が求めるもの

『決定』は人民軍に対する党の絶対的な指導制度を堅持・整備する上での基本原則と全体的な考え方を明示しているが、われわれは常にそれを遵守し、しっかりと把握しなければならない。

(1) 国防と軍隊建設における習近平による強軍思想の指導的地位

習近平による強軍思想は、新時代における強軍事業を全面推進するため

の科学的指針であり、また人民軍隊に対する党の絶対的な指導制度を堅持・整備する思想をリードするものでもある。『決定』では、「国防と軍隊建設において、習近平による強軍思想の指導的地位をしっかりと確立しなければならない」[5]と明記されている。これは新時代における軍隊強化という党の目標に着目し、人民軍隊を全面的に世界一流の軍隊にするために提起された戦略的要求である。

第18回党大会以来、習近平を核心とする党中央は中華民族の偉大なる復興という「中国の夢」の実現に着目しながら、新時代においてどのような強大な人民軍隊を、どのように建設するのかをめぐり、一連の新たな重大判断、新たな理論的概括、新たな戦略的配置を下し、雄壮闊達な軍隊強化の実践の中で全軍を率いて理論的な探索と実践的な創造を深く推進してきた。習近平による強軍思想を形成し、現代における中国のマルクス主義軍事理論と軍事実践の発展の新境地を開拓し、新たな歴史の起点の上で軍隊強化事業を全面的に推進させる根本の遵守を提供した。

第19回党大会では、国防と軍隊建設における習近平による軍隊強化の思想の指導的地位を確立し、党規約に厳粛に盛り込まれた。習近平による軍隊強化の思想は、習近平による新時代における中国の特色ある社会主義思想の重要な構成部分であり、党の軍事指導理論の最新成果であり、中国の特色ある軍隊強化の道の堅持であり、国防と軍隊の現代化を全面的に推進する上での行動の綱領である。

習近平による軍隊強化の思想は、壮大な思想を内包した科学体系である。これは軍隊建設の各分野、各段階をカバーし、目標から手段、配置から措置に至るまでの中国の特色が鮮明な軍事強化の大きな方略、軍隊統治の大きな枠組みを形成し、さらには戦略的に深い思考と戦術的な科学的計画を有している。加えて科学的理念を詳細に語り、方針政策の制定を有した一つの系統だったシステムで、相互に連関し、その特色が鮮明な軍事理論体系を構成している。

全軍の将兵は党の指揮に耳を傾け、核心を守るという政治的高みから、中華民族の偉大なる復興を実現するという時代的高みから、強国・軍隊強化の戦略的高みから、習近平による軍隊強化の思想の重大な政治的意義・理論的意義・実践的意義を深く認識し、さらに人民軍隊に対する党の絶対的な指導制度を堅持・整備する過程で理論武装をし、実践を指導し、活動を推進し、それを硬い信仰・絶対なる忠誠・活動の指導・発展の理念・建設の考え方と具体的な措置へと転化させなければならない。

(2) 国防と軍隊改革の成果の拡大深化

新時代における人民軍隊に対する党の絶対的な指導制度を堅持・整備するには、「何を堅持し、何を強固とするか」という問題をしっかりと解決しなければならず、また「何を整備し、何を発展させるか」という問題もしっかりと解決しなければならない。そのためには時代と共に制度の革新を推進して国防・軍隊改革の成果を強固とし拡大して深化することが、重要な目標と原則となる。

第18回党大会以降、党中央は軍隊強化・軍隊振興をめぐる一連の重大な戦略思想を提起し、一連の重大な政策決定・配置を行い、一連の重大な活動を推進し、新時代における党の軍隊強化の思想を形成し、軍隊強化事業が歴史的な成果を収めるのを後押しし、歴史的な変革を成し遂げている。習近平は強国の夢・軍隊強化の夢の実現に着目し、国防・軍隊改革の深化を改革の全面的深化の大枠へと組み込み、人民軍隊の全面的な改革・軍隊強化戦略を指導している。

それと同時に、国防・軍隊改革の深化の過程は整風精神（党内における批判と自己批判を通じてマルクス主義教育を行い、党内の思想矛盾を解決へと導く精神）によって政治の整頓・訓練を推進し、人材使用を整え、組織を整え、規律を整えるのに力を入れ、政治綱紀を立て直し、軍隊の中での党の指導と党の建設に全面的で深い変化をもたらす過程でもある。

第18回党大会以来、習近平は揺らぐことなく人民軍隊に対する党の絶対的な指導を堅持し、古田全軍政治工作会議[6]、軍事委員会党建設会議を組織して開催し、一連の重大な政策決定の配置を行っている。新時代における人民軍隊に対する党の絶対的な指導制度を堅持・整備するには、直ちに軍隊における党の指導と党の建設を強化する新たな模索と創造を制度のレベルで定着させ、人民軍隊の本質・趣旨・本来の姿を永遠に保つことが必要である。

(3) 中国の特色ある社会主義の軍事政策と制度体系の構築

第18回党大会以来の、党中央による軍隊強化・軍隊振興のための重大な政策決定・配置、重大な理論的成果、重大な実践的成果を軍事政策・制度の上に確定する必要がある。国防・軍隊改革の実践には軍事政策・制度改革の早急な推進が必要であり、上記した改革の成果を強化・開拓し、改革の効果をさらに解き放たなければならない。軍事政策・制度は、党と国家の政策制度の革新と歩調を合わせながら、各方面の改革との協調と連動を強化し、全体的な効果を形成しなくてはならない。

2018年11月、中央軍事委員会によって政策制度改革工作会議が開かれた。ここに軍事政策・制度改革を設計・推進し、軍事政策・制度改革という国防・軍隊改革を深化させる「第三大戦役」の幕が切って落とされた。この軍事政策・制度改革は、軍隊に対する党の絶対的な指導の確保を志向し、戦闘力を唯一の根本の基準とし、軍事人員の積極性・主体性・創造性の動員を力点とし、体系的な計画、将来的な設計、革新の発展、全体的な再構成を行い、中国の特色ある社会主義の軍事政策・制度体系を確立・健全化し、党の新時代における軍隊強化の目標と人民軍隊を世界一流の軍隊へとつくり上げるのを実現するために、強力な政策・制度的な保障を提供している。

この国防・軍隊改革の深化に関して注目すべき点は、現代における軍隊

建設の特徴となる規律と内在的メカニズムをしっかりと盛り込み、法治思考と法治方式を運用して体制の障害、構造的な矛盾、政策的な問題を解決したことである。急ぎ必要とされる改革、急ぎ用いられる戦争のそなえ、急ぎ将兵が切望する政策制度を早急に打ち出している。

党の第19期中央委員会第4回全体会議の関連部署では、軍事政策・制度の改革の深化に関する習近平の政策決定の指示を真摯に実行することで、新時代における軍隊強化の理論と実践の成果を政策の先導、制度の規範、行為の準則へと転化させるわが軍のより内在的でより深く、より持続的な再編成の実現を推し進めている。

(4) 国防と軍隊の現代化

第19回党大会報告では新たな「三歩走」戦略が提起されている。すなわちわが軍は2020年までに機械化を基本的に実現し、情報化による複合的な発展と有機的な融合を成し遂げて、戦略能力を大幅に向上する。そして2035年までに国防と軍隊の現代化を実現できるように努めて今世紀半ばまでに人民軍を全面的に世界一流の軍隊とする、というものである。この戦略的配置は、国防と軍隊の現代化の全面的な推進に関する壮大な青写真を鮮明に描いており、わが軍の軍隊強化・軍隊振興の新たな征途を切り開き、世界一流の軍隊に向けての大きな邁進を導いている。

現代化の具体的な目標はダイナミックに変化する。第19回党大会報告で提起された国防・軍隊の現代化の新たな「三歩走」戦略に則って、具体的には、2020年までには主に機械化・情報化による複合的な発展と有機的な融合を実現し、戦略能力を大幅に向上させ、一部の重要な領域で非対称的な優位性を成し、敵を抑止する戦略能力を絶えず向上させるとしている。2035年までには主に軍事理論の現代化、組織形態の現代化、軍事人員の現代化、武器装備の現代化などを実現する。

21世紀半ばにおける国防と軍隊の現代化とは、人民軍隊が全面的に世

界一流の軍隊になったことをもってメルクマールとする。このような軍隊は強国の地位にふさわしいものであり、国家の安全を全面的かつ効果的に守り、強い国際的な影響力をそなえた世界における軍事発展の潮流の先導者となる。

人民軍隊に対する党の絶対的な指導制度の堅持・整備は、国防と軍隊の現代化の建設目標の全面的な推進を見据えたものである。第19回党大会で提示された「三歩走」の戦略構想を予定通りに完成することを確保し、「二つの百周年」の奮闘目標の実現と中華民族の偉大なる復興の実現のための戦略的サポートを提供しなければならない。

(5) 新時代における党の軍隊強化の目標の実現

強大な人民軍隊の建設はわが党のたゆまぬ追求であり、いずれの歴史の時期においてもわが党は情勢と任務の変化に則って、人民軍隊の建設・発展の目標と要求を明確に提起し、わが軍の建設を絶えず発展させてきた。毛沢東は優れた現代化の革命軍隊建設のための総方針を指導・制定し、鄧小平は強力で現代化され、正規化された革命軍隊を建設する全体目標を提起し、江沢民は政治的に適い、軍事的に厳しい訓練に耐え、優良な気風を持ち、厳正な規律を持ち、有力を保障するという全体要求を提起し、胡錦濤は革命化・現代化・正規化の統一原則に則った軍隊の全面建設を強化するという重要な思想を提起した。

新時代において、習近平は軍隊強化の責任が歴史的にわれわれの肩にかかっており、この責任を担わなければならないと指摘する。「軍隊はいかに軍隊らしくあるべきか」というところの、新時代における「軍隊のあるべき姿」とは何であろうか。この問題から出発して、習近平は新たな情勢の下での党の軍隊強化の目標を鮮明に提起している。

第19回党大会報告では、「新時代における党の軍隊強化目標は、党の指揮にしたがい、戦闘に勝利でき、優れた気風を持つ人民軍隊を建設し、人

民軍隊を世界一流の軍隊に築き上げることである」[7]と正式に言明された。これはわが党の軍隊建設・軍隊統治の成功経験を総括し、国際戦略情勢と国家安全環境の発展・変化に適応し、軍隊建設が直面する突出した矛盾と問題の解決に着目して提起されたものである。

　党の指揮に耳を傾けるのは魂であり、これは軍隊建設の政治方向を決定する。戦いに打ち勝つことが核心であり、これは軍隊の根本的な職能と軍隊建設の根本的な志向を反映する。優れた気風とは保証であり、これは軍隊の本質・趣旨・本来の姿と関係する。この三点が軍の発展方向を決定し、軍の存亡も決定する。軍隊建設・軍隊統治とはこの三点の的確な把握である。その要所となるポイントを把握することで、物事全体に対する解決の作用を及ぼすことができる。人民軍隊を全面的に世界一流の軍隊にすることは、国防と軍隊の現代化の戦略的配置である。

　党の新時代における軍隊強化の目標とは、習近平による軍隊強化の思想の核心内容である。現在、中華民族は「豊かになる」ことから「強くなる」ことへの偉大な飛躍を経験しており、わが軍もまた大きくなることから強くなることへの特殊な段階にある。中国の特色ある軍隊強化の道が揺るぎない前進の歩みをはじめ、軍隊強化と軍隊振興が新たな局面を絶えず切り開くことは、まさに軍隊強化の目標の科学的な指導に端を発し、広範な将兵自らが個人の理想と抱負、価値の追求を、強国の夢と軍隊強化の夢の実現という偉大な実践に溶け込ませたことに端を発している。人民軍隊に対する党の絶対的な指導という中国の特色ある社会主義軍事制度の堅持・整備こそ、まさに党の新時代における軍隊強化の目標の実現を確保し、人民軍隊を全面的に世界一流の軍隊とし、人民軍隊の本質・趣旨・本来の姿をいつまでも保つための強固な制度的な保障にほかならない。

　以上のこうした原則と要求は、人民軍隊に対する党の絶対的な指導制度を堅持し、整備する過程で常に心に刻み、厳格に遵守すべき基本原則なのであり、片時もそこから逸脱してはならない。そうでなければ基礎をなく

し、また方向を見失うこととなる。

3．人民軍隊に対する党の絶対的な指導制度の優位性を戦闘の勝利とするには

　人民軍隊に対する党の絶対的な指導制度を堅持・整備し、勝利の本領へと転化させることは全党・全軍の重大な戦略任務であり、新時代の国防・軍隊建設の中でも極めて重要である。
　『決定』は以下の3方面において、根本となる措置と強力に強化された制度体系を提案している。

(1) 人民軍隊の最高指導権と指揮権が党中央に帰属する

　軍隊の指導をいずれに帰し、いずれの指揮にしたがうのかということは、軍隊建設・軍隊統治にとっての最重要の問題である。人民軍隊の最高指導権と指揮権が党中央と中央軍事委員会に属することを堅持し、中央軍事委員会による主席責任制を実施することは、わが党が人民軍を創設し指導する実践の中で、常に党が銃を指揮する根本原則の一貫した堅持である。これはわが軍の最高指導権の配置と運用に対して、幾度も模索しながら形成してきた重大な制度的成果であり、「兵権貴一（軍隊を統制し作戦を立てる指揮権の統一）、軍令帰一（軍隊への命令・指令の出所の一元化）」という軍事指導権の配置に関する普遍的な規律を示し、わが党の軍隊建設・軍隊統治の貴重な経験を凝縮している。
　新たな時代へと入り、中央軍事委員会の主席責任制を深く貫徹できるかは党中央による軍隊の最高指導権と指揮権の掌握が鍵となる。
　第19回党大会では「中央軍事委員会による主席責任制の実施」が党規約に明記された。この指導体制が党の根本の規律の中で確立されたことは、中国の特色ある社会主義の政治制度と軍事制度がより成熟し、整備された

ことを示している。

　中央軍事委員会の主席責任制の実施は、人民軍隊に対する党の絶対的な指導を堅持する根本的な実現形式である。この具体的な意味は以下のようになる。すなわち全国の武装力は軍事委員会主席が統一的に指導・指揮し、国防と軍隊建設に関するすべての重大な問題は軍事委員会主席が政策決定し、中央軍事委員会の全面的な活動は軍事委員会主席が主宰し、その責任を負うのである。

　将来においても、人民軍隊の最高指導権と指揮権を党中央に帰属することを堅持し、中央軍事委員会は主席責任制を実施して2つの方面の建設に力を注ぐべきである。

　第一に、軍事委員会主席責任制の体制・仕組みを整備・貫徹し、軍事委員会主席責任制に関する各制度の規定を厳格に実施することである。軍事委員会主席責任制を全面的に深く徹底するには、科学的で効率的な体制・仕組みを健全にし、整備して保証する必要がある。これをうわべだけのものとし、目標を達成不可能とさせてはいけない。

　第二に、政治規律と政治規則を厳正とし、党中央と中央軍事委員会の権威を断固として守り、政令と軍令の円滑性を確保することである。軍事委員会主席責任制を全面的に深く徹底して実施することは、厳粛で重大な政治任務であり、また全軍将兵の共同の責任である。必ず最高の政治要求としてこれを遵守し、最高の政治規律として厳守しなければならない。

　幾重にも責任をほどこし、実行が可能な、検査が可能な、監督が可能な、責任追求の可能な責任体系を形成し、そして断固たることをおざなりとすることなく、全面的なことを一面的にすることなく、具体的なことを抽象的にすることなく、無条件であることに条件をつけることなく、軍事委員会主席責任制を国防と軍隊建設の各分野と全過程で実行し、党への絶対的な忠誠を確実に果たさなくてはならない。

(2) 人民軍隊における党建設制度体系の健全化

　軍隊の党組織自体の建設強化は、軍隊に対する党の絶対的な指導を実行する基礎と前提である。『決定』による明確な配置を実行し、人民軍隊における党建設の制度体系を健全とすることとは、総じていえば、新時代における党建設の全要求の貫徹である。党規約をしたがうべきものとし、人民軍隊に対する党の絶対的な指導制度の堅持と整備をめぐっては軍事委員会主席責任制の関連規定を全面的に深く徹底するのを整備し、軍隊における党の建設条例という決定的な働きをする制度を重点的に改正し、軍隊における党の政治建設、思想建設、組織建設、気風建設、規律建設の制度を整備する。こうしてシステムが完備されたわが軍における党建設の制度体系を構築することで党中央の権威と集中・統一指導の遵守を形成し、人民軍隊に対する党の絶対的な指導の強固な制度的保証を確保する。

　そのためには第一に、軍の魂の育成に力を入れ、革命の遺伝子を継承することである。政治による軍隊建設の各要求を全面的に貫徹し、思想的にも政治的にも部隊を掌握する各制度を堅持・整備し、新時代における思想・政治・教育の体系構築を模索し、広範な将兵が党の指揮にしっかりしたがう政治の魂を確保し、党の話にしっかりと耳を傾け、党と共に歩んでいく思想の基礎を打ち固めることが必要である。理論武装を強化し、習近平による新時代における中国の特色ある社会主義思想、その中でも特に習近平による軍隊強化の思想を深く学習させて貫徹し、「四つの意識」を絶えず強め、「四つの自信」を固め、「二つの擁護」を行い、いついかなる状況下でも部隊が党中央、中央軍事委員会、習近平の指揮に断固したがうことを確保しなくてはならない。

　第二に、党が人民軍を指導する組織体系を整備することである。党の力は組織に起因する。わが党は、人民軍隊の団以上の部隊とこれに相当する単位に委員会を、営とこれに相当する単位に基層委員会を、連とこれに相当する単位に支部を設置し、党委員会の統一した集団指導の下で首長の責

任分担制を実施し、党中央・中央軍事委員会から末端の党組織までを貫く厳密な組織を形成して党の指導が直接に末端へ、直接に将兵へ届くことを確保している。軍隊の中で党委制、政治委員制、政治機関制を確立して二重の首長制の包摂していることは、これがわが党の思想建党、政治建軍の過程の中で艱難辛苦の模索と創造、経験と教訓の吸収を通じて、豊かに発展させて徐々に定着したものであることと関わる。これは軍隊に対する党の絶対的な指導組織体系を実現する「四梁八柱」を構成し、わが軍の独特の政治的優位性を反映している。

　第三に、軍隊の幹部陣の建設制度を整備することである。政治路線が決定すると、その次は幹部が決め手となる。軍隊幹部陣の建設制度の整備は軍隊強化・軍隊振興の要求に対応しているために、幹部とその人材陣の建設をしっかりと行い、わが軍の特色をそなえた人選登用、素質の育成という厳格な管理とポジティブな激励システムを構築し、忠実で潔白な責任を担う高い気質の幹部陣の構築に力を入れ、志を立てて軍隊強化を成し遂げる各方面の優秀な人材の結集に力を入れなければならない。党による幹部の管理原則を堅持して、人徳と才能を兼ねそなえ、徳を第一優先とし、縁故によらず才能を任用条件とすることを堅持し、政治基準と戦闘能力を際立たせ、幹部の審査・評価、選抜・任用、賞罰・褒賞、管理・訓練などといった政策制度体系を健全に確立し、正しい人材登用の方向を確立し、思想を鍛え、政治を鍛え、実践を鍛え、専門の鍛錬を強化し、幹部と人材陣の建設の質とレベルを絶えず高めた新型軍事人材の育成システムの構築を急がねばならない。同時に、政治観・品行性・気風・能力性・廉潔性を厳格とし、永遠に軍人を党に忠実で信頼に足る人物の手中に掌握できるよう確保しなくてはならない。

　第四に、軍隊における党の気風・規律建設制度を整備することである。軍隊の中に決して腐敗分子の隠れる場所があってはならない。制度面からすると、廉潔な気風と厳粛な規律をはっきりとして揺るがせにしないこと

とは、すなわち全面的な厳しい党内統治・軍隊統治の制度体系を確立し、法規制度建設の腐敗を防ぎ、クリーンな政治建設の各分野に貫き、規制と監督権力を各分野で着実に実行することである。

症状と病根の処置を堅持して腐敗させない、腐敗できない、腐敗したくないことを一体となって推進し、軍隊の中での反腐敗闘争の圧倒的な勝利を揺るぎないものとすべきである。そのためにも規律教育と反腐敗闘争教育の長期効果的な仕組みを整備し、党の規律、法規、規則・制度の教育を強化し、警告的な教育を深化しなくてはならない。こうして権力の運用の制約と監督の長期効果的なメカニズムを整備し、権力を制度という檻の中に閉じ込めるのである。

監督・規律執行・責任追求の長期効果的な仕組みを整備・強化し、巡視、監査、案件の調査と処罰などの手段を総合的に運用し、「四つの形態」を総合的に運用して軍規を厳粛とすることで鉄の如き法の執行をしなければならない。

気風の長期効果的な仕組みを整え、中央の「八項目規定」[8]の精神を厳格に実行し、「四風（形式主義、官僚主義、享楽主義、贅沢浪費の風潮）」を引き続き深く監督して処罰しなくてはならない。また全面的な厳しい党内統治と全面的な厳しい軍隊統治についての責任を実行するメカニズムを整備し、各々の責任主体の責任要求を明確とし、主体の責任、監督の責任、指導の責任を厳粛に追及し、法規制度と規律拘束の力を反腐敗とクリーンな政治建設の中で十分に発揮させなければならない。

(3) 軍隊建設の全過程における党の絶対的指導の貫徹

軍事政策制度の改革は、軍事実践の各分野・各方面・各段階に関連し、系統性・全体性・強力性が非常に強い。現在とこれからの歴史の中で、人民軍隊に対する党の絶対的な指導を軍隊建設の各分野の全過程に貫徹させることは、党の指導の下での軍事政策制度改革の推進に集中的に反映され

る。
　中国の特色ある社会主義の軍事政策制度体系を確立・健全とするには、指導が鮮明で、全面をカバーし、構造が厳密で、内部が調和していて、総合集成した方法で将兵を統率し、将兵を用い、将兵を養い、将兵を管理する制度を一つにまとめ上げた完全な制度群を構築しなければならない。
　2018年11月の中央軍事委員会政策制度改革の工作会議では、指揮・建設・管理・監督の四点からリンクするトップダウンデザインが行われた。『決定』も、軍隊における党の建設制度の改革の深化、軍事力運用政策制度の革新、軍事力建設政策制度の再編、軍事管理政策制度の改革を推進し、中国の特色ある社会主義の軍事政策制度体系の「一つの大きな体制、四つの大きなプレート」の改革内容と目標の確立・健全化を明確に打ち出している。
　人民軍隊に対する党の絶対的指導を堅持・整備することは、人民軍隊に対する党の絶対的な指導の制度的優位性をガバナンスの効能へと転化させ、勝利に打ち勝つ軍隊強化の本領へと転化させることである。
　まずはっきりと認識すべきは、わが軍の軍事政策・制度の改革の深化は、人民軍隊に対する党の絶対的な指導の確保を前提としなければならない。軍事政策・制度の改革の第一は、正しい政治方向の堅持である。何を改めるのか、何を改めないのかについては政治定力（思想・政治的な干渉を排し、混乱をなくし、正しい立場と正しい方向性を堅持する政治能力）を維持し、改めてはならないもの、捨ててはならないものに対しては一貫して最後まで堅持しなければならない。たやすく改めたり捨てたりすることはその事業を台無しとし、自滅することにほかならない。
　その次は、目下のところ以下の四つの大きなプレートの軍事政策・制度の改革を深化し、軍事政策・制度のシステムを組み合わせつつ、同じ方向に向けてその力を発揮することを確保しなくてはならない。
　第一に、団結と平戦一体（平時・戦時を問わず、常に同じ状態を保つ）

に基づく軍事力の運用政策・制度体系を確立・健全化することである。新時代へと突入し、わが国の国家安全が内包し外延にあるものや、時間と空間の領域や、国内外の要因などのいずれにも深刻な変化が生じており、軍隊の担う使命と任務は絶えず拡大し、軍事力の運用の常態化、多様化の特徴は日に日に顕著となっている。

情報ネットワークの時代においては、戦争の過程は日増しに科学化され、軍隊の作戦行動は標準化・規範化・精緻化をいっそう強調している。一体化した団結作戦はすでに現代戦争の基本的な作戦形態となり、その戦場空間は全域かつ多次元となり、作戦要素は高度に連動し、作戦のテンポはかつてなく速く、作戦管理はより精緻となっており、法規・制度規範の統一的な協調がなければ、必然として戦闘に勝利できない。そのためには軍事力の運用政策・制度の改革をいかなることがあっても成し遂げなくてはならない。

第二に、戦闘に焦点を当てて、革新を奨励する軍事力建設の政策・制度体系を確立・健全化することである。軍事力の建設は、戦力の生成と向上のための基本的なプロジェクトであり、また系統的なプロジェクトである。現在、わが軍の建設は数量・規模型から質・効能型へ、人力集約型から科学技術集約型へと転換しつつある肝心な段階にあり、軍事力の建設政策・制度の革新を通じて戦闘に関わる諸要素をよりよく配置し、よりよく発展し、よりよく運用しながら現代化の戦力生成モデルの形成を推進して、戦力の全要素の活動を互いに競わせなければならない。そのためにも科学的・合理的で、運行がスムーズで、活力に満ちた軍事人力資源政策・制度を確立・健全化することは軍隊建設の全領域に関係し、将来の戦闘の勝敗に関係し、強国の夢と軍隊強化の夢の実現にも関係する。

第三に、的確で効率性が高く、全面的で規範性のある、強くしっかりした制約をそなえた軍事管理政策・制度体系を確立・健全化することである。軍事管理は戦力の生成と向上の増幅器である。わが軍の建設は今まさにギ

アチェンジによるスピードアップ、質の向上という肝心な段階にある。効能を核心とし、精密さをリードとする軍事管理の革命を推進し、集約的で効率的な発展理念をいっそう重視し、軍事管理の標準化・規範化・専門化・精密化・科学化のレベルを絶えず高めてこそ、わが軍の質の高い発展を推進し、新時代の使命と任務を遂行する能力を高められる。

軍事政策管理制度の改革においては、第一に、戦略管理制度を革新し、軍事委員会の戦略管理機能を強化すること、第二に、軍事費管理制度を整備し、軍事費の集中統制とマクロコントロールを強化し、軍事委員会機関と軍隊・兵隊の予算と権限を調整・最適化し、科学的配置、その利用・管理の分離、執行の規範化、厳格な監督をそなえた軍事費管理制度を構築すること、第三に、中国の特色ある軍事法治の建設を強化し、法規制度の統合化、軍事法規の法典化を推進し、軍事司法制度の改革を推進し、中国の特色ある軍事法規制度体系・軍事法治実施体系・軍事法治監督体系・軍事法治保障体系を構築することが必要となる。

第四に、軍民が融合した深い発展の歩調を加速し、一体化した国家戦略体系と能力を構築することである。軍民が融合した発展は国を興す行為であり、軍隊を強くする方策である。軍民が融合した発展戦略の実施は一体化した国家戦略体系と能力を構築するための必然の選択であり、新時代における党の軍隊強化という目標を実現するための必然の選択でもある。

要するに、党の第19期中央委員会第4回全体会議の精神の全面的な貫徹・実施とは、人民軍隊に対する党の絶対的な指導制度を堅持・整備し、使命の担当を強化し、制度の革新を強化し、システムの統合を強化し、軍隊と地方・民間の合力を強化することである。これらは軍隊の強化事業の新局面を絶えず切り開くためのより大きな貢献を果たす。

註
1) 習近平. 中国人民解放軍建軍九十周年祝賀大会における談話. 中共中央文献研究室. 十八

大以来重要文献選編：下. 北京：中央文献出版社, 2018：812.
2) 「古田会議」：1929 年 12 月 28 日から 29 日まで福建省上杭県古田村で開かれた会議。プロレタリア思想を重視した党建設と共産党が主導する軍隊建設が決定したことで、党が軍を領導する原則が確立された（訳者注）。
3) 許其亮. 堅持和完善党対人民軍隊的絶対領導制度. 人民日報, 2019-11-21（6）.
4) 本報評論員. 用忠誠和奮闘托起強軍夢. 解放軍報, 2012-12-13（1）.
5) 本書編纂グループ. 中国の特色ある社会主義制度の堅持と整備、国家ガバナンスのシステムとガバナンス能力の現代化の推進における若干の重大な問題に関する中共中央の決定. 北京：人民出版社, 2019：35.
6) 「古田全軍政治工作会議」：2014 年 10 月 30 日に習近平が開催した会議。中華民族の偉大なる復興を軍隊の政治活動の中心に据え、新時代における党の軍隊強化のために強固な政治保障を提供するよう提起された（訳者注）。
7) 習近平. 小康社会の全面的達成の決戦に勝利し、新時代の中国の特色ある社会主義の偉大な勝利を勝ち取ろう：中国共産党第十九回全国代表大会における報告. 北京：人民出版社, 2017：19.
8) 「八項目規定」：2012 年 12 月 4 日に中央政治局が決定した業務姿勢や大衆とのつながりの緊密化に関する規定。その具体的内容は以下の通りである。①末端へ調査・研究に赴き、その実情を深く理解すること、②会議を簡素化し、その進行の着実に改善すること、③報告文書を簡素化し、その文書の風格を着実に改善すること、④海外訪問活動を規範化すること、⑤警備活動を改善し、大衆とのつながりにプラスとなる原則を堅持すること、⑥ニュース報道を改善すること、⑦原稿発表を厳格化すること、⑧勤倹節約を励行し、廉潔政治関連規定を厳格に遵守すること。（訳者注）

第11章

「一国二制度」と祖国の平和統一

「一国二制度」は顕著な優位性を持つわが国の制度であり、国家のガバナンス体系とその能力の現代化を推進する上での重要課題でもある。党の第19期中央委員会第4回全体会議で採択された『決定』は、「一国二制度」の優位性を強固とし、発展させる時代的任務と解釈しただけでなく、「一国二制度」の制度体系を堅持・整備し、「祖国の平和統一を推進する」という現実的な要求も指摘している。

1.「一国二制度」への科学的認識

　中国の特色ある社会主義は新時代へと入り、「一国二制度」も新時代へと入った。前人未到の事業として「一国二制度」そのものを絶えず整備・発展させていく必要がある。新時代の条件の下で「一国二制度」の制度体系を堅持・整備するには、以下の総体的要求に注意しなくてはならない。

(1)「一国二制度」の重要地位の深い把握

　『決定』の「一国二制度は党が人民を指導して祖国の平和統一を実現する重要な制度であり、中国の特色ある社会主義の偉大ではじめての試みである」という論断は、全体として「一国二制度」の重要な地位を定義し、その制度体系に対する認識のあるべき高みを明確にしている。統一の面から見ると、最初に台湾問題を解決するために提出された「一国二制度」は、歴史的に残された香港と澳門問題を解決する最適の方策であり、祖国の完全統一を実現する最善の制度でもある。発展の面から見ると、「一国二制度」は特別行政区の繁栄と発展を維持するための重要な保障であり、中華民族の偉大なる復興を実現するための制度の優位性である。理論的意義に関していえば、「一国二制度」は中国共産党員のマルクス主義の国家観に対する重要な発展であり、世界規模において史上例を見ない科学的な創造である。実践の影響についていえば、香港と澳門の繁栄・発展は、「一国

二制度」が「通用し、実行でき、人々の心を得る」ものであることを力強く論証し、中国の特色ある社会主義制度の自信のもう一つの根拠を生き生きと、はっきりと示している。

「一国二制度」の重要な地位を深く把握してこそ、「確固として動かず、変わらず、揺るがず」という実践要求をしっかりと貫徹できる。

(2)「一国二制度」の意味合いを科学的に理解する

「一国二制度」の実践を「形を変えることなく、形を失うことなく」するには「一国二制度」が科学的な意味合いを正確に把握しなくてはならない。「一国二制度」が指すのは「一つの中国」を前提に、国家の主体が社会主義制度を堅持しながら、香港・澳門・台湾はもとより資本主義制度を長期にわたって変わらずに維持することである。「一国二制度」は完全な概念であり、「一国」と「二制度」とは不可分の関係にある。具体的な地位から見ると両者は同列ではない。「一国」とは根であり、根が深まってこそ葉が茂るのである。「一国」は本であり、本がしっかりしてこそ枝が繁るのである[1]。相互関係から見れば両者は分かち難いものであり、「一国」とは「二制度」を実行する前提と基礎であり、「二制度」とは「一国」に従属・派生して「一国」に統一される[2]。「一国」と「二制度」の具体的な地位と内在する関係は「一国二制度」の最低限のラインを明確とし、「一国二制度」の優位性も保障している。

(3)「一国二制度」の実践の推進

「一国二制度」の具体的な実践を秩序的に推進することは、香港・澳門と台湾とでは求められる要求が異なる。香港と澳門にとって「一国二制度」の実践とは、国家の主権・安全・発展の利益をしっかりと守り、香港と澳門の長期的な繁栄と安定を守るための初心であり、「憲法と基本法に厳格に基づいて香港特別行政区、澳門特別行政区を管理・統治する」、「一

国二制度の最低限の条件に挑戦するいかなる行為を決して容認することなく、国家を分裂させるいかなる行為も決して容認しない」という使命を実行することであり、中央と地方に相応する具体的な要求を持っている。「一国二制度」の具体的な実践の秩序ある推進が台湾にとってより多く占めるのは、両岸の協力と交流を深めて「台湾独立」の分裂勢力に反対し、「一国二制度」の台湾案を模索し、祖国の平和的な統一のプロセスを断固推進することである。

(4)「一国二制度」における民衆の力の発揮

「人民大衆は歴史の創造者である」というマルクス主義の古典作家の伝統的な論断であれ、「人民は真の英雄である」という中国共産党員の現代的な表現であれ、それらはいずれも民衆が中国の特色ある社会主義事業において主体的な役割を果たしていることを説明しているが、「一国二制度」の制度体系の堅持と整備の方面でも、彼らの主体的な役割を軽視してはならない。「一国二制度」実践はこれと同様に人民のために、人民を拠りどころとしているために、自然な形で民衆の力を合わせて制度体系の発展と整備を推進する必要がある。

2.「一国二制度」を香港・澳門の統治に貫徹する

「一国二制度」による香港・澳門統治の方針を全面的かつ的確に貫徹することは、実践の成果から見ると、歴史が残した香港・澳門問題を解決する最適の策であり、香港・澳門返還後の長期的な繁栄と発展を実現する最適の制度でもある。制度の意義から見ると、「一国二制度」は香港と澳門の繁栄と安定を保つ根本であり、中国の特色ある社会主義の著しい制度の優位性の一つでもある。現実の挑戦から見ると、「一国二制度」は偏った認識を打破し、原則の最低条件を守るものである。また目前の圧力に直面

していて、新時代の下でそれ自身の体系の整備・発展を推進しようとする内在要求も孕んでいる。こうした圧力は、基本的には「一国二制度」問題の理解と香港・澳門自体がどのように深く発展していくのか、という問題に帰結する。いずれの問題も「一国二制度」を全面的かつ的確に貫くことが決め手となって解決される。

(1) 法に基づく香港・澳門統治の堅持

憲法と基本法は、特別行政区の憲法制度の基礎を確立している。『憲法』第31条では「国家は、必要に応じて特別行政区を設けなければならない。特別行政区内で実施される制度は、具体的状況に則って全国人民代表大会が法律によって定めるところとする」とし、第62条では全国人民代表大会が行使する職権に「特別行政区の設立およびその制度を決定」を含むことを明示している。これらの規定は国家の根本大法という形で「一国二制度」を正式に確立していて、香港・澳門特別行政区の設立に法的根拠を与えている。

憲法に則ってそこから派生した基本法では次のことを明文化している。すなわち特別行政区で施行される制度は「香港と澳門に対する国家の基本方針の政策の実施を保障する」ためであり、「特別行政区は中華人民共和国と不可分の地域である」ためであり、特別行政区は「中央人民政府が直轄する」のである。このように憲法と基本法はいずれもはっきりと境界を定めており、領土範囲という観点からすれば、香港と澳門はいずれも中国領土の分割できない一部分である。行政の帰属という観点からすれば、特別行政区は中華人民共和国の地方単位である。

法に基づく香港と澳門の統治の堅持は、憲法と基本法で確立された憲法制度の秩序を守るための内在的要求である。全社会が尊崇すべき根本大法として憲法は特別行政区に対しても最高の法律効力を持つ。しかし基本法は、特別行政区の統治行為の直接的な規範である。両者は特別行政区の法

体系の中で最高至上の地位を有していることから、特別行政区の行政・立法・司法の業務はいずれもそれらを遵守しなければならない。法に基づく香港と澳門の統治は、特別行政区が自らのよりよい発展を推進する上での前提条件である。

　憲法と基本法の関連規定によって「一国二制度」を実践に移し、特別行政区が正式に設立されたことで「香港住民による香港統治」、「澳門住民による澳門統治」、「高度な自治」が可能となり、香港と澳門の長期的な繁栄と安定は法律が守るところとなった。法に基づいた香港と澳門の統治も、わが国の全面的な法に基づく国家統治という問題の中で論じるべきであり、当然のこと全社会共通の法律認識とすべきである。

　特別行政区の人々は、特に憲法や基本法を学び、守り、運用しなければならない。澳門の率先した「国家憲法の日」の制定は、憲法の重要性に対する地元住民の認識を大幅に強化した。また澳門基本法記念館の時宜にかなった設立は、特別行政区が法律に基づいて澳門を統治するという社会認識を一定程度で強固としている。

(2) 香港・澳門の統治における「三つの結合」

　「一国」の原則の堅持と「二制度」の差異の尊重とは結びつけられる。一国の中で大陸が主体となって社会主義制度を実行し、少数地区が資本主義制度を実行しているからこそ、中華人民共和国の国家としての性格を変えることなく、中央は実情から出発しながら香港と澳門の特殊な歴史と現実の状況に配慮し、特別行政区を設立できるのである。だからこそ社会主義が主体でなければ、中華人民共和国がなければ、特別行政区の設置もまたあり得ない。「一国」とは香港と澳門の資本主義制度を実行し、長期的な安定と繁栄を維持する保障と基礎であり、特別行政区の住民は「一国」の原則を堅持し、「一国」の意識を確立する必要がある。

　「一国二制度」の最低ラインに挑戦するいかなる行動や国家を分裂する

いかなる行為は、いずれも国家主権、安全と発展の利益を損なうものであり、香港と澳門の繁栄と安定の維持に対する危害であり、決して容認できず、防止しなければならない。それと同時に香港と澳門は特別行政区であるために、法に基づいて「香港住民による香港統治」、「澳門住民による澳門統治」、「高度な自治」の権利を享受でき、その一方で社会主義制度を堅持する本土は特別行政区の資本主義制度を包容・尊重し、特別行政区の住民が享受する各権利と自由を尊重しなくてはならない。

「二制度」の相違は尊重されるべきだが、加えて資本主義制度が実施されている特別行政区の住民も、国家が主体となって実施している社会主義制度を十分に尊重し、国家の現行の政治制度とそのほかの制度体系を十分に尊重すべきことを示さなくてはならない。

中央の特別行政区に対する全面的な管理統治権の維持と特別行政区の高度な自治権の保障とは結びつけられる。中央の特別行政区に対する全面的な管理統治権とは、「一国二制度」における「一国」の基本の政治的体現であり、単一国家の中央が持つ最高権力の直接的な顕示でもある。特別行政区の高度な自治権と中央の特別行政区に対する全面的な管理統治権は同列に論じられず、両者は管轄と被管轄の隷属関係にある。中華人民共和国の単一制国家という属性からしても、特別行政区の設立に関する憲法と基本法の根拠から見ても、香港と澳門は共に政治的な実体ではありえず、行使する権力は中央から付与されたものであって、それ自体固有のものではないのである。

高度な自治とは完全な自治ではなく、「絶対権力説」も「余剰権力論」もそこには存在しない。高度な自治権力は無限ではなく、香港と澳門が行使できる権力は中央が法に基づいて与えた権力だけである。それと同時に香港と澳門は特別行政区として「香港住民による香港統治」、「澳門住民による澳門統治」、「高度な自治」の方針を実施しており、法に基づいた行政管理権、立法権、独立した司法権と終審権を有している。両地が法に基づ

いて享受できる高度な自治権とは、「主権国家の下にある地域が享受できる最大限度の自治権」とでも形容されるべきものである。このような高度な自治権も十分に尊重され、確実に保障されるべきである。

祖国本土が後ろ盾の役割を果たすことと、特別行政区自体の競争力の向上とは結びつけられる。「一国二制度」に対するあるべき認識とは、「一国」と「二制度」の従属関係を見なければならず、また「一国」の中で「二制度」が共存する制度の優位性を発揮しなければならない、ということである。

「一国」の中の「二制度」の利点を巧みに用いる第一の道とは、祖国本土が後ろ盾の役割を果たすことと特別行政区自体の競争力の向上とをよりよく結びつける、ということにある。

返還後の香港と澳門の繁栄と祖国への絶大な支持には密接な関係がある。現在の香港・澳門内外の経済環境の調整と変化の中で、特別行政区は祖国本土の後ろ盾の役割を発揮させるのと同時に、自らの競争力の向上を重視し、国家の発展のチャンスを大切にし、本土の強みを互いに補完し、共同発展の空間を広げて、特別行政区の発展に対しより大きな活力と活気を引き出さなくてはならない。

(3) **特別行政区の憲法と基本法の実施／施行に関するメカニズム**

「一国二制度」の実践が深く発展し、基本法の貫徹は絶えず推進され、香港・澳門社会の発展が新たな情勢を呈しているのに伴い、特別行政区は、憲法と基本法の施行に関連する制度と仕組みの整備にいっそう力を入れなければならない。このような整備と発展は、憲法と基本法に関連する要求の実行に対する具体的な状況を点検し、当面の現実的な需要に立脚し、さらには特別行政区の長期にわたる太平と安定に着目し、中央政府と特別行政区の内在的な関係を制度化・法治化し、民衆の「一国二制度」への自信と使命の責任を増進するものでなくてならない。特別行政区に同じ憲法や

基本法の施行に関する制度や仕組みを整備するには、制度と規則の上から必要な増設・補完・改正・削減・廃止などを行う必要があり、また次の諸点も堅持しなくてはならない。

　第一に、愛国者を主体にして香港・澳門の統治の原則を固く守ることである。「香港住民による香港統治」、「澳門住民による澳門統治」、「高度な自治」はいかなる前提も具体的な基準もないわけではないが、このような統治は必ず愛国者を主体として広く行われなければならない。愛国者が主体となって香港・澳門を統治しなければ、必然的に中央の全面的な管理統治権に影響し、特別行政区の高度な自治権にも影響し、国家の領土、主権、発展の利益にとっても脅威となり、香港と澳門の住民の根本的な利益に危害をもたらすであろう。

　第二に、特別行政区の行政・立法・司法機関の関係を調整することである。特別行政区長官は特別行政区と特別行政区政府の「二重の首長」であり、香港と澳門の「一国二制度」の政策方針を貫徹する第一の責任者である。長官は特別行政区に対して責任を負うだけでなく、中央人民政府に対しても責任を負わなければならない。行政・立法・司法機関は特別行政区の統治の中で独特の地位にあるが、この三者間の関係の処理は基本法で確立された行政主導の原則を保障しなければならない。この三者は職務を忠実に果たし、互いに協力し合う有機的な関係でなくてはならず、守るべき職責を汚し、悪意を持って牽制し合って対立し分断されるものではない。行政長官の権威を自覚的に擁護し、行政長官を核心とした行政主導システムの円滑な運営確保は、特別行政区の秩序ある統治と特別行政区の住民の民主と自由の権利を保障する基礎である。

　第三に、特別行政区の法に基づく統治能力とレベルを向上することである。「鉄を鍛えるには、やはり自分自身が固くなければならない」のであり、特別行政区の法に基づく統治能力とレベルはいまだ向上していない。香港の人口構成が多元的であること、公務員が相対に保守的であることな

どの現状から、特に統治を司るチームの能力と水準が問われている。いかにして民衆の共通認識を凝集し、自らの威信を高めるかは統治を司るチームが統治の困難を克服し、政治危機を打開するための重要な力点である。

　香港特別行政区政府は将来を展望する能力や、これを検討し判断するレベルなどの面でいくつかの不足がある。澳門の統治能力とレベルも新たな段階への飛躍が求められており、「現代のソーシャル・ガバナンスの発展・変化およびその新たな要求に適応し、公共事務管理などの制度の改革を推進し、政府の管轄・統治の効果を高め、統治体系とガバナンス能力の現代化を促進すべき」[3]という建設要求に直面している。法に基づいた香港と澳門の統治をよりよくするには、必ず特別行政区の統治を司るチーム自身の建設を強化し、技能学習と定期研修を重視し、幹部へのローテーションの訓練制度を全面的に重視し、必要な監督、評価、責任追求制度を整備し、統治効果の改善と向上を多面にわたって促す必要がある。

　第四に、特別行政区が民生問題を解決できる制度を整備しなくてはならないことである。「一国二制度」の実践状況は特別行政区の民生問題の解決と関係し、香港と澳門の民生問題の解決は「一国二制度」の制度に対する同意にも影響する。特別行政区の民生問題の解決の重視は、「一国二制度」が特別行政区の長期にわたる繁栄と安定を維持するための内在的要求であり、香港・澳門の社会問題を「一国二制度」の不適切な実行とする敵対勢力の悪意ある解釈の危険性を取り除くことに役立ち、経済領域の矛盾が政治領域へと移行することを防止する上で有利である。

3. 特別行政区における党中央の管理統治権

　新時代の下で、中央が法に基づき特別行政区へ全面的な管理統治権を行使する制度を健全とすることは、必要かつ切実なものとなっている。

(1) 憲法と基本法が中央政府に付与した諸権限の行使

香港と澳門の返還によって、両地は再びわが国のガバナンス体系に組み入れられた。中央政府は香港と澳門を含むすべての地方行政区に対して全面的な管理統治権を有している。要約すると、憲法と基本法が明文によって規定する中央に属する権力は、主に10項目を含んでいる。

特別行政区の創制権（法律を制定する権利）、特別行政区政府の組織権、特別行政区基本法の制定権・改正権・解釈権、特別行政区に対する高度な自治の監督権、特別行政区行政長官への指令権、外交事務権、防務権、特別行政区における全国的な法律の施行の決定、特別行政区への戦争突入や非常事態の宣言、また中央は必要に応じて特別行政区へ新たな権限を与えることができる[4]。

中央政府が有するこれら10項目の権力は、「二制度」が「一国」に従属していることの重要な体現である。これらの権力の行使を制度化・規範化・プログラム化することで、その全面的かつ正確で、徹底した実施を確保できる。実践の発展と情勢の変化に伴い、特別行政区に対する中央の全面的な管理統治権を保障する現行制度を基礎とする上に、さらに関連制度を細分化し充実させるだけではなく、最低ラインをより明確として国家の主権、領土と発展の利益の安全を保障しなければならない。

(2) 特別行政区の国家安全を守る法律制度と執行メカニズム

ここ近年のさまざまな不安定要素の存在は、特別行政区における憲法と基本法に関連する制度建設を加速し、行政長官の中央政府に対して責任を負う具体的な制度を早急に整えなければならないことを示すだけではなく、国家の安全保障に関連する制度と措置を早急に整備しなければならないことも物語る。これは「一国二制度」の実践が安定して一歩一歩、着実に前進することを保障する基本の要求であり、特別行政区の高度な自治権の効果的な展開を保障する重要な条件でもある。

憲法と基本法の権威を守り、国家の領土、主権と利益の安全を守る面では、澳門は参考にすべき経験を提供してくれている。『維護国家安全法』の可決、「独立防止」条項の増設、『国歌法』の導入などといった法律面での強化は、澳門における憲法と基本法の各規定の徹底した実施をしっかりと保障しており、「澳門が返還されてからの20年もの間、中央と特別行政区の関係にまつわる憲法制度の論争は発生しておらず、中央権力に挑戦するような状況も発生していない」[5]。澳門の成功経験は、関連する法の支配を整備し、法的根拠を確保することが特別行政区のより調和の取れた安定した発展に役立つことを示している。

　国家の安全を守る法律制度と執行の仕組みを確立し、法の執行力を強化することは、香港特別行政区政府と社会各界の人々の目前にある際立った問題と緊迫した任務となっている[6]。特別行政区と憲法と基本法に関する制度と仕組みを整備し、関連制度の抜け穴を探し、法治の権威を際立たせることは、特別行政区の高度な自治権制度の基礎を健全化するための当面の急務である。第13期全人代第3回会議で『香港特別行政区が国家安全を守るための法律制度と執行メカニズムの確立・健全化に関する全国人民代表大会の決定（草案）』が採択されたことは、その重要な一歩の歩み出しといえ、重大な意義と深い影響を有している。

(3) 香港・澳門と内地との協同発展メカニズム

　「一国」の体系の下での「二制度」は、制度の革新の中で融合的な発展が実現されなければならない。「二制度」の下で、本土と香港・澳門が長所を学び短所を補う互恵的な発展を実現するためには、特別行政区に対する中央政府の全面的な管理統治権を十分に行使し、中央が大いにリードしながら香港・澳門がこれに積極的に参加し、関連地域が共に力を合わせる協同のメカニズムを健全化し、香港・澳門と内地との融合発展を促進する制度建設を打ち固める必要がある。

「一国」内の「二制度」の融合した発展の政策制度を整備する中で、中央はこれをリードする役割を果たしている。中央は常に国家の発展における香港と澳門地区の地位を高く重視している。例えば、習近平は香港と澳門の同胞をわが国の改革開放の偉大な奇跡の「目撃者」、「参加者」、「受益者」、「貢献者」と強調する。彼らと祖国の人民との共同経験を「発展した過程」、「奮闘してきた過程」、「共有した過程」[7]と描写していることに香港・澳門と本土との関係の密接さと融合の深さがうかがえる。まさにこうした回顧の中で習近平は、特に香港と澳門の同胞が「一国二制度」の最大の優位性をよく発揮し、国家改革開放の最大の舞台に立脚し、粤港澳大湾区の建設といった国家戦略実施の重大なチャンスを大切にし、位置付けを見定めて勢いに乗って上昇し、「新たな強みを育成し、新たな役割を果たし、新たな発展を遂げ、新たな貢献を果たすように」[8]と特に激励している。

　この談話は事実上、「一国」内の「二制度」の十分な融合をよりよく促進するための中央の戦略的配置を示している。『香港澳門台湾居住内地（大陸）参加社会保険暫行弁法』などの条例の試行は、香港と澳門同胞の、内地における生活発展の後顧の憂いをより解消するための国家の努力を示している。中央は「一国」と「二制度」の融合した発展を推進する中で、軍隊の入隊や公務員選考などの分野で、香港と澳門の住民へより全面的な国民待遇を与えることを検討しており、引き続き全体的な政策の先導的役割を打ち出すと共に内陸の省・市と特別行政区との融合促進を強化している。

　特別行政区は、香港・澳門と本土の交流・発展を密接にする体制・メカニズムの構築において主体となる役割を果たしている。香港・澳門と本土との密接な交流と協力は本土の経済発展を促進し、特別行政区の同胞の国家のアイデンティティを増進させ、自らの経済活力を引き出すための広大な空間を提供している。本土との緊密な協力の中で、香港と澳門は本土の

市場腹地（物資の集積規模の大きい核心となる市場）と豊富な要素の資源を十分に利用でき、国家の「海外進出」戦略の中で資金、人材の導入、国際的な先進技術、そして管理経験の参考という架け橋の役割を発揮し、それによって絶えず自らの発展の尽きることない原動力を獲得できる。

習近平は香港と澳門に対してより積極的かつ自発的に「国家の全面的開放に力添えをする」、「国家発展の大局に溶け込む」、「国家ガバナンスの実践に参加する」、「国際的な人的・文化交流を促進する」といった具体的な期待を与え、現実的に特別行政区が本土発展の主体的な役割に溶け込むよう新たに要求している。

「国家が必要とするのは香港・澳門の秀でたところである」ことと「香港・澳門が必要とするのは国家の秀でたところである」という有機的な融合を実現するには、特別行政区は「一帯一路」の構想や粤港澳大湾区の建設という良好なプラットフォームに立脚しながら、港珠澳大橋、広深港高速鉄道などの交通中枢の相互接続における便利な条件をより活かして、香港・澳門と本土との交流発展に関する保障制度の仕組みを健全とし、真に優位性を強固にし、特色を際立たせ、融合を加速させなくてはならない。

(4) 公務員と青少年への愛国教育の強化

社会の発展において制度とはキャリアであり、法の支配とは規制であり、教育とは基礎である。2014年、習近平は特別行政区に対して「青少年に対する教育・育成を強化しなければならない」、「一国二制度という事業の後継者を確保する」[9)] という方針を打ち出した。今日からして見れば、この方針が極めて将来性と建設性を有しているのは疑問の余地がない。

特別行政区の愛国主義専門の教育体制・システムの構築を推進するにあたっては、次の諸方面を把握しなければならない。

第一に、愛国主義の専門教育の意義を重視することである。そのテーマは明確である。必要となる系統的な教育の展開は、「一国二制度」の基本

となる共通認識の増進に役立つだけではなく、香港と澳門の将来を建設する人材の育成にもつながる。

　第二に、愛国主義の専門教育のスタイルを明確にすることである。澳門の成功経験を参考にし、香港に関わる教訓を汲み取り、時代に即した全体が求める三次元の結合を実現し、それによって災いを未然に防ぎ、現実を重視し、あるべき本来の姿と向き合う理想的な効果を実現できる。

　第三に、愛国主義の専門教育対象を拡大することである。青少年への教育を重点とし、公職者への教育を要とし、香港と澳門の全住民への教育を目標としなくてはならない。

　第四に、愛国主義の専門教育の内容を充実することである。既存の教材の合法性・合理性の審査を強化し、これを基礎に愛国主義に関する内容を充実させる。憲法と基本法の教育を基礎工程とし、中国の国情・歴史・文化教育を必須項目とし、植民地統治時代の歴史の批判教育を補助内容として香港と澳門同胞の国家意識と愛国精神を強固にしなければならない。

　第五に、愛国主義の専門教育の方法を模索することである。文化教育、歴史教育と軍事教育の組み合わせを模索し、公立教育、個人教育、合弁教育の組み合わせを模索し、学校教育、家庭教育、社会教育の組み合わせを模索し、香港・澳門現地と中国共同弁公室、大湾区島外教育を組み合わせた学校運営のスタイルを模索し、全面をカバーし、多層的で、立体的な教育モデルを築き上げるのである。

(5) 外部勢力の干渉に対する防備と抑制

　外部勢力は香港・澳門の事務に対する干渉をいまだ止めようとしない。中央が全面的な管理統治権を行使する制度を健全とし保障するためには、外部勢力の干渉を抑制する制度を強化して、ふさわしい常態的な防犯措置を取るべきである。各種の分裂・転覆・侵入・破壊の活動へ強力に対応してこそ、香港と澳門の長期にわたる太平と安定は確保される。

澳門返還20周年を祝う席において、習近平は「特別行政区の事務を処理することは完全に中国の内政である」、「国家の主権、安全と発展の利益を守る意志は盤石であり」[10]と強調しているが、これは中央の全面的な管理統治権を固め、国家制度のレベルからその対応とリスク防止を強化する必要性をいっそう表明している。

4．祖国の平和統一プロセス

台湾問題を解決して祖国の完全な統一を実現することは、すべての中華民族の共通の願いである。新中国の成立よりこのかた、中国共産党が祖国統一を促す初心を改めることなく、常に時代の変遷に則って国家統一理論を豊かとし、両岸関係の発展と絶えず結びつけて対台湾の方針を策定してきた。これはわが党と政府および全国人民が台湾問題を解決し、祖国統一の実現という志を変えず、たゆまぬ努力を続けていることを示している。

香港と澳門における「一国二制度」構想の実践の成功は、その科学的な実行の可能性を十分に論証し、台湾問題の解決に大きな垂範意義を生んだ。両岸関係は紆余曲折の中で発展してきたが、経済・文化交流の頻繁な往来の中で台湾と大陸はすでに切っても切れない運命共同体を形成している。わが国の総合国力の大幅な向上に伴い、祖国大陸の発展と進歩は根本の上から海峡両岸関係の基本となる進むべき方向を日増しに決定している。中国が日増しに国際舞台の中央へと進む過程で、国際社会が「一つの中国」を認める有利な構図は日増しに確固となっている。

それと同時に、祖国の平和統一事業も新たな挑戦に直面している。このような挑戦は主に4つの方面に由来する。第一に、「台湾独立」勢力が持続的に影響を拡大していることである。第二に、「統一派」の勢いが次第に弱まっていることである。第三に、台湾の「本土化」への趨勢が激化していることである。第四に、アメリカの台湾問題への介入が明らかになっ

たことである。

　祖国の平和統一の過程を断固推進するには有利な情勢を把握し、不利な要素を克服して、以下の方面から関連する制度建設を加速する必要がある。

(1) 祖国統一の実現がもたらす利益を認識する

　「両岸は家族である」という歴史的なアイデンティティの増進。両岸は運命を共にし、その血は水よりも濃く、常に風雨の中でも互いの心が深く通い合い、世の移り変わりの激しい中でも事あるときには助け合ってきた。平和と発展の未来図を増進する制度の建設を推進する中で、台湾同胞の特殊な歴史的境遇と現在の複雑な社会環境に立脚して、わだかまりを解いて心を結び、対応を強化し、往来を拡大し、若者に関心を持ってもらうなど多くの工夫を凝らして台湾同胞の両岸のルーツを共にするアイデンティティを強化し、これを通じて悠久の歴史も有しながらも、長期化した分断統治によって容易に起こる記憶の分裂という不利な影響を減少できる。

　「一国二制度」の政治的なアイデンティティの増進。「一国二制度」はわが国の基本制度であり、「平和的統一による、一国二制度」は国家統一を実現する最善の手段である。「二制度」の台湾案に関する制度的・政策的配置の模索を加速させ、「一国二制度」の政治的なアイデンティティという思想の基盤と前提をしっかり固めなければならない。

　香港と澳門における「一国二制度」の実践の影響がますます大きくなるのに伴い、国際的には「一つの中国」の原則を堅持する構図がますます安定し、中国の統一事業を理解し支持する国家と人民はますます多くなっている。そのために「一国二制度」に対する外部の誤った認識を明らかにすることをピンポイントに民衆の疑問に進んで答え、理論に関する困惑に回答し、「92年コンセンサス」と「一国二制度」を同じように見做す悪意ある下心をはっきりと説明し、台湾の現在の状況と同胞の願いへの最大限の尊重を細かく深く説いて「一国二制度」構想と平和統一の手段に対する民

衆の深いアイデンティティを増進しなくてはならない。

(2) 両岸の平和発展に関する制度的配置

「92年コンセンサス」の政治的基礎を固めるのは重要な役割である。両岸の平和発展の将来像を促進するには、両岸が同じ一つの中国に属する法律原理を固く守った基礎の上に「92年コンセンサス」の相互信頼を増進し、両岸の政治的な対立を減らさなくてはならない。たとえ海峡の両岸が完全に統一されていなくとも、「大陸と台湾が同じ一つの中国に属しているという事実はなお変わっていない」。

「一つの中国」は両岸の現状を客観的に描写したものであり、平和統一の見通しを守る根本原則でもある。「一つの中国」の政治原則を堅持すれば両岸関係が改善・発展し、台湾同胞が利益を得ることができる。この基礎と原則に反すれば両岸関係は緊張し、引いては不穏となり、台湾人の利益を損なうこととなる[11]。

「92年コンセンサス」は一つの中国の原則を反映し、両岸関係の根本的性格を明確に定義し、「中国大陸と台湾が一つの中国に属し、両岸関係は国と国との関係ではなく、「一つの中国・一つの台湾」でもない」[12]と明確に確立している。

習近平は「92年コンセンサス」の重要な役割を「両岸関係の錨」と「定海神針」と形容している。台湾の政党と団体は両岸同胞の「衝突せず平和を求め、隔絶せず交流を求め、対抗せず協力を求め、ゼロサムの対抗ではなく協議・協力を求める」[13]という共通の心の声を十分に考慮し、この共通認識を直視し、堅守しなくてはならない。この基礎上に政治的な相互信頼を増進し、平等な協議を展開し、有効な意思疎通を行わなければならない。その上でどのような問題でも話し合うことができ、どのような遺恨も取り除くことができ、どのような対立も解決できる。

(3) 両岸の交流・融合・発展を促進する制度配置と政策措置

　台湾同胞のために手厚い福祉をもたらす実践方針を固く守らなくてはならない。台湾同胞のためにより手厚い福祉をもたらすことは、「一国二制度」を推進する初心であり、両岸の交流と融合を促進する重心でもある。台湾同胞のために手厚い福祉をもたらすことは、常に習近平が詳論してきた対台方針の中心でもある。

　2013年、同氏は「投資と経済協力の分野において台湾企業に大陸部企業と同等の待遇を与えることを積極的に促し」と強調し、また2014年には「広範な台湾同胞、とりわけ末端の民衆が両岸関係の平和的発展による実益を得られるようにしなければならない」、「弱者層を優遇し、より多くの台湾の民衆が両岸の経済交流と協力の中で利益を得られるようにしたい」[14] と表明している。

　2015年に同氏は「両岸同胞により良い生活を送らせよう」[15] と提案し、2017年にも「台湾同胞の大陸部での就学・起業・就職・生活のために大陸同胞と同等な待遇を順次に提供し、両岸の経済と社会の融合と発展を促進し、台湾同胞の福祉を増進していく」[16] と呼びかけている。

　そして2019年には台湾同胞により多くの獲得感を持たせ、「対台湾事業において人民を中心とした発展思想を貫徹し、台湾同胞を平等に見る」と述べている。習近平によるこうした発言は非常に充実し、発展した台湾に対する方針といえるだろう。

　両岸の融合・発展を促進する制度的手配を深化しなくてはならない。台湾同胞のために手厚い福祉をもたらす方針を貫徹し、両岸の融合した発展の制度建設を深化する中で「意思疎通の常態化、協力した制度化、つながりの普遍化、サービスの利便化」という総体的な要求をよく把握し、それによって台湾同胞をよりいっそう団結させて民族復興の大業に共に身を投じさせるのである。経済協力を共に推進して新たな段階に引き上げるためには、次の4つの方面からの努力が必要となる。

第一に、「情勢、政策、発展計画に関する意思疎通を強化し、経済協力の計画性と協調性を強める」[17]ための融合した発展の対話を展開することである。第二に、融合した発展の空間を開拓し、「共通利益のパイを拡大し、両岸同胞の受益範囲と獲得感を拡大する」[18]ことである。第三に、融合した発展のレベルを高めて「発展のために原動力をさらに強め、協力のために活力を添え、中華民族の経済を強大化させるべき」[19]ことである。第四に、融合した発展の目標を細分化し、最大限に「文化・教育、医療・衛生における両岸の協力を推進し、社会保障と公共資源を共有」することである。

　習近平が提出した「四つの大通」と「四つの小通」は、両岸の融合した発展の方針に関する細分化の配置を体現している。すなわち「両岸は通じるべきものをすべて通じさせ、経済貿易協力の円滑化、インフラの相互連結、エネルギー・資源の相互運用、業界標準の統合性を向上させるべきで、金門、馬祖と福建省沿海地域との間で水道、電気、ガス、橋梁が通じるよう整備されることを率先して実現させるべきだ」[20]。

　さらに『両岸経済文化交流協力の促進に関する若干の措置』と『両岸経済文化交流のさらなる促進に関する若干の措置』が相次いで打ち出されたように、制度建設の面からも両岸の融合した発展方針の細分化と貫徹の体現がなされている。

(4)「台湾独立」への反対と統一の促進

　台湾の人民が希望を託す方針を堅持しなくてはならない。統一は抗うことのできない歴史の流れであり、台湾の前途は統一にかかっている。両岸の平和統一の促進は人民のためであり、人民の支えも必要である。広範な台湾同胞は「台湾独立」に反対しており、統一を促進する上での重要な拠りどころであり有効な力である。広範な台湾同胞は、「党派、宗教、階層、軍民、地域の違いに関わらず、いずれも「台湾独立」が台湾に深刻な災い

をもたらすだけであることを明確に認識し、「台湾独立」による分裂に断固として反対し、平和的統一の明るい将来を共に追い求める必要がある」。すべての台湾同胞は、「自分の目を大事にするように平和を大切にし、人生の幸せを求めるように統一を追求し、祖国の平和的統一を推進するという正義の事業に熱心に参加する」[21]ことをしなければならない。

　「台湾独立」を目指す分裂勢力を抑止する制度を強化しなくてはならない。統一は歴史の大勢であり、正しい道である。「台湾独立」は歴史の逆流であり、破滅への道である。抑止の手段は多元であって政治・軍事・外交・法律による抑止などさまざまな形がある。いかなる人、いかなる勢力であっても「両岸は同じ一つの中国に属するという法理的事実」、「両岸同胞のいずれもが中国人であるという民族的アイデンティティ」、「両岸関係の前向きな発展こそが時代の流れ」、「民族復興、両岸統一の歴史的大勢」は変えられることなく妨げられることはないと、習近平が正当かつ厳正に宣言したように[22]、これは両岸の発展過程に対する客観的法則の総括であり、さらに「台湾独立」とそのほかの分裂勢力への政治的抑止でもある。

　『新時代の中国国防』白書の中で、中国軍隊は「あらゆる犠牲を払っても」国家統一を守るという確固たる立場が示されている。両岸関係において人為的に緊張が高められた際の台湾海峡の軍事演習や遼寧艦の台湾海峡横断の適時巡視は、どのような「台湾独立」勢力にも必要な軍事的抑止を与えずにはいられない。

　台湾との軍事的な結びつきの拡大を狙うアメリカへ行われた中国政府の厳正な交渉や、台湾に関する消極的な法案についての外交部報道官による公開反駁は、「台湾独立」を悪意をもって支持する国外勢力への外交面でのタイムリーな抑止である。『反分裂国家法』はかつて「台湾独立」勢力に対して大きな法律的威圧を与えたが、新たな情勢に立脚し、全面的に法に基づいて国を治めるという大きな背景の下で、「台湾独立」に対する法治の制約を強めて硬いメカニズムのさらなる形成を継続する努力をしなけ

ればならない。

註

1) 習近平．習近平 国政運営を語る（日本語版）：第 2 巻．北京；外文出版社，2018：483．
2)「一国両制」在香港特別行政区的実践．北京：人民出版社，2014：31．
3) 習近平．澳門祖国復帰二十周年祝賀大会ならびに澳門特別行政区第五期政府就任式における談話．人民日報，2019-12-21（2）．
4) 張暁明．堅持和完善「一国両制」制度体系．人民日報，2019-12-11（9）．
5) 温紅彦等．「一国両制」成功実践鋳就濠江輝煌．人民日報，2019-12-14（1）．
6) 本書編纂グループ．中国の特色ある社会主義制度の堅持と整備、国家ガバナンスのシステムとガバナンス能力の現代化の推進における若干の重大な問題に関する中共中央の決定．北京：人民出版社，2019：348．
7) 習近平．会見香港澳門各界慶祝国家改革開放 40 周年訪問団時的講話．人民日報，2018-11-13（2）．
8) 習近平．会見香港澳門各界慶祝国家改革開放 40 周年訪問団時的講話．人民日報，2018-11-13（2）．
9) 習近平．習近平 国政運営を語る（日本語版）：第 2 巻．北京：外文出版社，2018：473．
10) 習近平．澳門祖国復帰二十周年祝賀大会ならびに澳門特別行政区第五期政府就任式における談話．人民日報，2019-12-21（2）．
11) 中共中央文献研究室．十九大以来重要文献選編：上．北京：中央文献出版社，2019：745．
12) 習近平．習近平 国政運営を語る（日本語版）：第 2 巻．北京：外文出版社，2018：476．
13) 習近平．習近平 国政運営を語る（日本語版）：第 2 巻．北京：外文出版社，2018：477．
14) 習近平．習近平 国政運営を語る（日本語版）：第 1 巻．北京：外文出版社，2014：263，264，267．
15) 中共中央文献研究室．十九大以来重要文献選編：上．北京：中央文献出版社，2019：40．
16) 習近平．堅持歴史唯物主義不断開闢当代中国馬克思主義発展新境界．求是，2020：745-746．
17) 習近平．習近平 国政運営を語る（日本語版）：第 1 巻．北京：外文出版社，2014：253．
18) 習近平．習近平 国政運営を語る（日本語版）：第 2 巻．北京：外文出版社，2018：478．
19) 中共中央文献研究室．十九大以来重要文献選編：上．北京：中央文献出版社，2019：746．
20) 中共中央文献研究室．十九大以来重要文献選編：上．北京：中央文献出版社，2019：745，746．
21) 中共中央文献研究室．十九大以来重要文献選編：上．北京：中央文献出版社，2019：745，

746.
22) 中共中央文献研究室. 十八大以来重要文献選編：上. 北京：中央文献出版社, 2014：743.

第12章
独立自主の平和外交政策の堅持と人類運命共同体の構築

党と国家の事業の発展を推進するには、平和な国際環境と良好な外部条件が必要となる。国外と国内の二つの大局を統一的に計画し、平和・発展・協力・ウィンウィンの旗印を高く掲げ、国家主権・安全・発展の利益を揺るぎなく確固として守り、世界平和を揺るぎなく守り、共同発展の促進を確固としなければならない。

　党の第19期中央委員会第4回全体会議のコミュニケでは、「現在、世界は100年に一度の未曾有の大きな変局を迎えており、わが国はちょうど中華民族の偉大なる復興を実現する重要な時期にある」と述べられている。『決定』では、「平和の自主外交政策を堅持・整備し、人類運命共同体の構築を推進する」ことを国家のガバナンス体系とその能力の現代化の重要な側面とし、中国の外交体系と外交能力の現代化建設のための明確な方向性を打ち出している。

1. 外交体系と外交能力の現代化

(1) 党中央の権威と対外活動における党の集中・統一指導

　現在、世界は100年に一度の未曾有の大きな変局の中にあり、国際競争はますます激しくなっている。習近平は「制度的優位性は国家の最大の優位性であり、制度的競争は国と国との最も根本的な競争である」[1] と指摘した。『決定』では中国共産党の指導は中国の特色ある社会主義の最も本質的な特徴であり、中国の特色ある社会主義制度の最大の優位性であり、党は最高の政治指導力であると述べられている。

　新中国外交の70年の輝かしい成果はまず何よりも党の指導に帰すところであり、これは中国外交の最も基本となる政治の保証である。この70年間、中国共産党は時代と共に進んで中国の特色ある外交の理論体系を絶えず充実・発展させ、秀でた伝統と鮮明な特色を形づくってきた。独立自主は中国外交の礎石であり、天下を公とすることは中国外交の心構えであ

り、公平・正義は中国外交が堅く守るところであり、互恵・ウィンウィンは中国外交が追求するところであり、サービス・発展は中国外交の使命であり、人民のための外交は中国外交の目的である。2018 年の中央外事工作会議では習近平による外交思想の指導的地位が確立された。これは新中国における外交理論建設の時代を画する意義を持った重大な成果であり、新時代に入った中国外交に根本的な指針を提供し、今日の世界の種々の複雑な問題解決を模索するための方向も示している。

外交権を党中央に置くことを堅持し、党中央の外交面での国家の政治方針と戦略的配置を全面的に貫徹する。外交活動とは党・国家の工作の中で政治性が最も強い業務の一つであることから、正しい政治方向の確保は極めて重要である。対外活動は「四つの意識」を強め、「四つの自信」を固め、「二つの擁護」を成し遂げる必要があり、すべては党中央が定めた対外活動の国家政治方針によって党中央の戦略的意図を全面的に実行し、党の外事活動の規律と規則を厳格に遵守し、それぞれが勝手に意見を主張し、それぞれが勝手に振る舞い、面従腹背することは決して許されない。

(2) 外事活動における党の指導体制

外事活動制度は中国の特色ある社会主義制度体系の重要な構成部分であり、中国の特色ある大国外交を実施するための制度的保証である。外事活動に対する党の指導体制・仕組みを健全化するには党中央の外事活動に対する集中・統一指導を強化し、渉外体制・仕組みの構築を深く推進し、党・人民代表大会・政府・政協商会議・軍隊・地方・人民団体などの対外交流を統一的に調整し、海外に常駐する機関の各方面・分野の活動を統一的に調整し、渉外の法治活動を強化し、渉外活動の法務制度を確立し、国際強化をはかる必要がある。国際法の研究・運用を強化し、渉外活動の法治化の水準を向上させなければならない。

党が全局面を総括し、各方面で大きく協力した対外活動の調整を強化し、

党中央の外交面での政治方針と戦略的配置の徹底した実行を確保して、外交活動の協力をよりよく形成しなくてはならない。そのためには中国の特色ある大国外交理論の建設を強化し、外交理論の革新を絶えず推進し、常に流動する情勢の中で本質を見極めて混乱の中で主流をつかんで、党の対外活動に関する国家の政治方針が正しく有効であることを確保し、党中央の対外活動に関する政策決定・配置がタイムリーで強力であることを保証しなければならない。

　外国関連の法治活動を強化するために、外国駐在大使館・領事館では関連制度の設立を逐次検討し、中国公民・企業の海外旅行、就業、学習、生活に適した法律指導とサービスを提供しなくてはならない。国際法の研究・運用を強化し、わが国の国際法分野において中核となる人材不足、理論革新の不足、現実での運用不足などの点を早急に補い、国際法の研究・制定・運用をわが国の外事活動の要求にふさわしいものとし、大国の地位にふさわしいものとしなくてはならない。

2．全方位外交の整備

(1) 独立自主の平和外交政策の堅持

　独立自主の平和外交政策という近代以来の中華民族の夢を乗せた政治用語は最初の基本的立場から概念の形成、そして発展・整備に至るまでの、中華民族が立ち上がり豊かとなるまでの歴史的プロセスをたどるものである。中華民族が必ず強くなるという偉大なる使命の証人ともなり、貢献もするに違いない。

　独立自主の平和外交政策は平和・発展・協力・ウィンウィンという時代の趨勢に合致し、中国の特色ある社会主義の本質的要求および中国と中国人民の根本的利益に一致し、中華文化の遺伝子に符合し、「二つの百周年」の奮闘目標の達成、偉大なる中国復興の夢の全局面と長期に立脚した戦略

的選択である。まさに習近平が「数千年に及ぶ歴史の発展変化の中で、中華民族は輝かしい古代文明をつくり上げ、国家制度と国家ガバナンスに関する豊かな思想を形成してきた。それは「大道の行わるるや天下を公と為す（大道が行われれば天下は公のものとされる）」という大同の思想…「仁義を大切にし、隣の国や人と仲良くし、世界の国々を協調させる」という外交の道、「和をもって貴しと為す、戦いを好めば必ず亡ぶ」という平和の理念などである。これらの思想の中の精華は中華の優れた伝統文化の重要な構成部分であり、中華民族の精神の重要な内容でもある」[2]と指摘した如くである。したがって独立自主の平和外交政策は新中国外交の特色・優位性・伝統であり、新中国が成立してからの70年以来の外交理論と実践探求の成果を凝集しており、新時代にも輝かしく発揚しなければならない。

　独立自主の平和外交政策はわれわれが広範な友人をつくり、発展を開放し、わが国の発展を活かす重要な戦略的チャンスの長期化に有利である。今日の世界は100年に一度の未曾有の大きな変局を経験しており、流動する情勢を促進する基本の動力は生産力の発展と世界の力との対比的な変化であり、そこで基本となる傾向とは世界の多極化、経済のグローバル化、情報化社会、文化の多様化である。世界では保護主義、一国主義、覇権主義、反グローバル化などのさまざまな逆流、国粋主義、テロリズム、分裂主義など様々な混乱、戦乱、伝染病、自然災害、サイバー攻撃などさまざまな脅威が存在するにも関わらず、平和と発展という時代のテーマは変わらず、平和・発展・協力・ウィンウィンという時代の流れも変わらない。

　われわれは独立自主の平和外交政策を堅持し、時代の流れと各国人民の期待に答え、歴史の正義の側に立って人類文明の方向をリードする歴史の責任を担い、これまでとこれからも世界で最も広範な人民の心からの支持を勝ち取り、よりバランスの取れた方向へ国際力の発展を推進し、わが国の発展により有利な外部条件をつくり出すのである。

平和発展の道を揺るぎなく歩むことを確固とし、平和共存五原則を基礎に各国との友好協力を全面的に発展させることを堅持し、国の大小、強弱、貧富の差を問わず一律に平等であることを堅持して相互尊重、公平正義、協力・ウィンウィンの新しい国際関係の構築を推進してグローバルパートナーシップを積極的に発展させ、グローバル戦略の安定を守り、あらゆる覇権主義と強権政治に反対する。対話と協議を通じ、平和的な手段によって国際紛争と耳目を集める問題・難問を解決することを堅持し、武力行使や武力での威嚇に反対する。防衛的な国防政策の遂行を堅持し、永遠に覇を唱えず、永遠に拡張もせず、永遠に世界平和を守る確固たる力となる。

　新たな情勢の下での、中国と世界の結びつきは以前にも増して緊密となり、これと同じく世界との相互影響は日増しに深まっているが、党と国家の事業の発展を推進するには平和な国際環境と良好な外部条件が必要である。それと同時に、中国は世界第二の経済体であり、また最大の発展途上国としてますます世界舞台の中央へと近づいている。国際秩序の維持、世界発展の推進、グローバルガバナンスの整備に対してよりいっそう重要な役割を果たしており、国際情勢に影響を与え、これをつくり上げる力は日増しに高まっている。独立自主の平和外交政策を堅持するには国外と国内の二つの大局を統合し、広い国際的視野と長期の戦略的見識によって中国人民と世界人民に対する強い責任感を持ち、独立自主、平和的発展、開放的協力、互恵・ウィンウィンを統一的に実現しなければならない。

　国家の主権・安全・発展の利益を揺るぎなく守ることを確固とし、平和的発展・民族復興の促進という主軸をしっかりと把握しなければならない。平和発展のためにより有利な国際環境をつくり、わが国の発展の重要な戦略的チャンスの時期を守り、これを長期化することで「二つの百周年」の奮闘目標を実現し、中華民族の偉大なる復興という中国の夢を実現する力強い保障を提供しなくてはならない。

　習近平は外交活動をしっかりと行うには、国内と国外の二つの大局を念

頭に置いておかなければならない、と繰り返し強調してきた。国内の大局とは「二つの百周年」の奮闘目標であり、中華民族の偉大なる復興という中国の夢の実現である。国外の大局とはわが国の改革・発展・安定のために良好な外部条件を勝ち取り、国家の主権・安全・発展の利益を守ることである。

　外交活動とは常に国家の独立・主権・安全・尊厳を第一に置かなければならず、いかなる状況下でも決して原則を政治取引の対象としてはならず、いかなる圧力の下でも決してわが国の利益を損なう悪い結果を呑んではいけないのである。

　国外の事柄に対しては、中国人民の根本の利益と各国人民の共通の利益から出発することを堅持し、事案そのものの是非曲直に基づいて独立自主的に自らの立場と政策を決定し、決していかなる外からの圧力にも屈してはならない。多国間主義と国際関係の民主化を堅持し、各国の事情はその自国政府と人民が自主的に決定し、世界の事情は各国政府と人民が平等に協議することを堅持し、国際的な公平と正義を守り、侵略・拡張と他国からの内政干渉に反対するのである。相互尊重・平等な協議を提唱し、冷戦思考と強権政治を断固として排し、対抗ではなく対話、同盟ではなくパートナーシップという国と国との新たな交流の道を歩むのである。

(2) グローバルパートナーシップの構築の推進

　協力・ウィンウィンをもって核心とする新型国際関係の構築は、外交的な布石を深化させる方向性を明確に示している。独立自主の平和外交政策では同盟ではなくパートナーシップが主張されるが、そこではグローバルパートナーシップを発展させ、世界戦略の安定を守ることが重要となる。

　パートナーシップの構築とは中国外交の特色の一つであり、また非同盟の原則を堅持する前提の下で幅広い友人をつくり、全世界に広がるパートナーシップのネットワークを形成することでもある。これは同盟による対

抗を象徴としてきた冷戦の歴史経験・教訓を総括している。同盟を結ぶのではなくパートナーシップを結ぶという模索から生み出された新たな道である。そのパートナーシップは三つの基本的な特徴を有している。

第一に、平等である。国の貧富や大小に関わらず、主権・独立・領土保全を相互が尊重し、各自が選択した発展の道と価値観を相互が尊重し、相互が平等に接し、相互が理解・支持しなければならない。第二に、平和である。パートナーシップと軍事同盟の最大の違いは仮想敵を設けることなく、第三者に焦点を合わせることなく、軍事的要素による国家間の関係への干渉を排除し、国と国との関係の処理を対抗ではなく協力の方法によって、ゼロサムではなくウィンウィンの理念によって、取り組むことである。第三に、包容である。社会制度やイデオロギーの違いを越えて共通の利益と追求を最大限にはかることである。

現在、わが国は世界180カ国と外交関係を樹立し、110余りの国と国際組織と各レベルのパートナーシップを構築している。また関連する地域・国家や国際組織との間には中国・アフリカ協力フォーラム、中国・ラテンアメリカフォーラム、中国・アラブ協力フォーラム、中国―太平洋島国経済発展協力フォーラム、中国―中・東欧諸国協力（「17+1」合同）などの組織をつくり上げ、発展途上国との交流協力を全面カバーする枠組みを実現している。

こうした全方位外交の配置をより整備するには、平和共存五原則を基礎に各国との友好協力を全面的に発展させ、中国の友人の輪を拡大し、衝突することなく対抗することなく、相互の尊重、協力・ウィンウィンを基礎にした大国間の協調・協力の推進を堅持し、総体的に安定してバランスの取れた発展の大国関係の枠組み構築を推進し、世界平和と発展を維持しなくてはならない。

親誠恵容（親善・誠実・互恵・包摂）の理念と善意をもって隣国と接し、隣国をパートナーとする外交の方針に基づいて周辺国との関係を深め、地

域の運命共同体の構築を推進する。正しい義利観と真・実・親・誠の理念を持ち、広範な発展途上国との団結・協力を強化し、広範な発展途上国の共通利益を守るのである。

わが国の発展の重要な戦略チャンスを維持するには、世界戦略の安定維持を極めて重要な位置に置かなければならない。われわれは揺るぎなく平和的発展の道を堅持しているが、平和的発展には条件がある。一部の国家は他国の利益と感情を無視し、手段を選ぶことなく自らの覇権を守り、いささかも慎みなく自らの絶対的な安全を追求して他国の尊厳・利益・権利・安全を深刻に侵害し、世界平和と発展を深刻に脅かしている。わが国の発展の平和な国際環境と有利な外部条件を守るために、全人類の利益を守るために、動員できるすべての要素を動員し、団結できるすべての力を結集し、国際の公平と正義を守り、世界戦略の安定を維持しなければならない。

中国の平和発展に直面して、西側の一部にはいわゆる「ツキディデスの罠」や「キンドルバーガーの罠」を人為的に吹聴し、中国の「国強必覇」、同じく米国と覇権を争うための衝突、引いては戦争も避けられないとし、国際社会の公共財不足やガバナンスの危機を引き起こすのは避けられないとするでたらめを打ち出している。これらはすべて疑いもなく自己中心的な意見である。中華民族は侵略や拡張をし、覇権を唱える遺伝子を持っておらず、平和発展の道を揺るぎなく歩むことを堅持し、どこまで発展しても何人とも覇を争い、対抗することを望んではいない。中米関係と世界が対抗の深淵へと巻き込まれることを何もせずに手をこまねいて見ることはせず、また世界の大国としての責任ある立場から自ら逃れるようなこともしない。それと同時にわれわれは挑発せず、かといって事なかれ主義にもなることなく、こうした「落とし穴」に焦点を合わせて警戒し、いかなる情勢が生じても対応できるよう万全の準備をしなければならない。

3．協力・ウィンウィンによる開放システムの建設

(1) 互恵・ウィンウィンによる開放戦略

　互恵・ウィンウィンの開放戦略の揺るぎない遂行を堅持し、対外開放の基本国策を貫徹し、開放的な協力の中で自らの発展をはかり、自らの発展によって開放型の世界経済の建設を推進し、世界平和の維持と共同発展の促進という外交政策の目的を厳守するのである。

　今日の世界では各国間の相互のつながり、相互の依存は日増しに緊密となっている。開放とは発展の力と源泉であり、協力とは事を成す基礎であり、いかなる国家も自らを閉鎖的で孤立した暗室に閉じこめたり、それと同様にグローバル産業チェーン、バリューチェーン、利益の連鎖と完全に関係を断つことは自傷行為に等しい。

　わが国の発展の成果は、対外開放と各国との互恵協力によるものである。今後、より大きな発展を実現するには、世界のより高いレベルの開放と同じく各国とのより深いレベルでの協力に立脚しなければならない。保護主義、一国主義、反グローバリズムなどの逆流に直面しているが、経済のグローバル化、貿易・投資の自由化・利便化の旗印を高く掲げ、さらに高いレベルの開放型経済を積極的に構築し、多国間の貿易体制を揺るぎなく維持するのを確固とし、世界経済ガバナンスの変革と整備を推し進め、経済のグローバル化をさらに開放・包摂・普遍・均衡・ウィンウィンの方向へと発展できるように推進しなくてはならない。

　現在、一部の国は世界貿易機関（WTO）改革の名の下に、みだりに公共資源を私用して他国の発展を抑制し、引いては平気で国際的な多国間の貿易体制を棚上げして意味のないものとし、撤廃しようと企てている。これにより世界経済の管理赤字の深刻化が引き起こされ、国際的な多国間貿易体制は危機に直面している。経済のグローバル化の曲がり角に直面し、多国間主義が挑戦に直面する大きな背景の下、われわれは多国間貿易体制

の維持と世界貿易機関の基本原則の維持を確固とし、二国間・多国間などの手段を通じて世界に向けた高い基準の自由貿易区のネットワーク建設を推し進め、『地域的な包括的経済連携協定』の早期合意を推し進め、中日韓の経済協力を押し進め、アジア太平洋自由貿易地域の建設を推し進め、開放型の世界経済の構築を推し進めなくてはならない。

多国間の貿易体制を維持・整備するには貿易と投資の自由化・利便化を推し進め、世界に向けた高水準の自由貿易区のネットワーク構築を推し進め、広範な発展途上国の自主的な発展能力の向上を支持し、世界の発展不均衡、デジタルデバイドなどの問題解決を推し進め、開放型の世界経済建設を推し進めるのである。対外開放の安全な保障システムを健全とし、海外利益の保護とリスク早期警戒の防止システムを構築し、領事の保護活動の仕組みを整備して海外同胞の安全と正当な権益を守り、重要プロジェクトとその人員・機構の安全を保障するのである。

(2)「一帯一路」の共同建設による質の高い発展の推進

互恵・ウィンウィンの開発戦略は、わが国がより高いレベルの開放型経済を建設するための必然の要求であり、さらなる開放型の世界経済建設を推進する重要な手がかりである。「一帯一路」の共同建設は、中国が自らの開放をもって世界の開放を推進する地球規模の大合唱となっている。

現在のところ「一帯一路」の共同建設は冷戦終結以降、影響の最も大きい国際公共財とすでになっている。その建設も大まかな構想の段階から具体的な運用の段階へと入り、「一帯一路」の共同建設による質の高い発展はすでに国際社会の普遍的な共通認識となり、わが国の対外開放の最高の突破口となっている。

「一帯一路」の共同建設は、世界に貢献するわが国の国際公共財である。共同協議・共同建設・共有を通じて関連国の政策の疎通、施設のつながり、貿易の円滑化、資金の調達、民心の相互疎通を推進し、利益共同体・責任

共同体・運命共同体の構築を推進し、最終的には共同発展・繁栄の実現を目的としている。

　2020年1月末の時点で、中国はすでに138カ国、30の国際組織との間で200件の「一帯一路」共同建設協力文書を締結しており、多くの実務協力の成果を生み出している。わが国はこれと相前後して北京にて「一帯一路」国際協力サミットフォーラムを二度開催し、円満なる成功を収めている。

　「一帯一路」は古今中外と東西南北を融合し、古代シルクロードの記憶とその精神を活性化し、平和・繁栄・開放・革新・文明・グリーン・清廉潔白などの「七路」を現在の世界の平和・発展・ガバナンス・信頼などの「四大赤字」に対応させることによって時代の潮流に乗り、国民の心を得て、国民生活を豊かとし天下に利益をもたらすものである。

　「一帯一路」の共同建設とは相互連結に焦点を当てながら実務協力を深化し、人類が直面する各種のリスク・挑戦に手を携えて対応し、互恵・ウィンウィンと共同発展を実現することである。これは経済のグローバル化の歴史的な流れに順応し、グローバルガバナンス体系の変革という時代の要求に順応し、よりよい日々を送ろうとする各国人民の強い願望に順応している。

　第2回「一帯一路」国際協力サミットフォーラム開幕式の基調演説で習近平は次のように指摘している。

　「一帯一路」共同建設のイニシアチブは、相互接続性に焦点を合わせ、実務協力を深め、人類が直面する各種のリスクと課題に手を携えて対応し、互恵・ウィンウィンと共同発展を実現することを目的としている。…ユーラシア大陸からアフリカ、アメリカ州、大洋州まで、「一帯一路」共同建設は世界の経済成長のために新たな余地を切り開き、国際貿易・投資のために新たなプラットフォームを構築し、グローバル経済ガバナンスを完全なものとするために新たな実践を開拓し、各国人民の福祉増進のために新

たな貢献をし、共同のチャンスの道、繁栄の道となっている。「一帯一路」共同建設は世界各国の発展に新たなチャンスをもたらしただけでなく、中国の開放と発展にも新たな天地を切り開いたことは、事実が証明している。

「一帯一路」の質の高い共同建設のためには、共同協議・共同建設・共有を原則とするのを堅持し、開放・グリーン・清廉潔白の理念を堅持し、高水準・人民生活への恩恵・持続可能な目標の実現を努力しなければならない。

そのためには第一に、共同協議・共同建設・共有の原則を確実に行い、着実な協力を全方面にして実務の協力を推進することである。「中国のイニシアチブ、各国による共同建設、市場の運営、全世界の共有、人類運命共同体の構築のための新型国際協力プラットフォーム」という「一帯一路」の共同建設の基本属性を深く認識しなければならない。「三共（共同協議・共同建設・共有）」の原則を堅持してこそ、「一帯一路」の共同建設の友人の輪をいっそう大きく、よきパートナーをいっそう多くすることができる。

第二に、開放・グリーン・清廉潔白の理念を確実に行い、生気に満ちた清廉公正のシルクロードを共に建設することである。開放は「一帯一路」建設のはっきりとしたメルクマールである。「一帯一路」建設は中国のよりハイレベルな対外開放の重要措置であるのと同時に、全世界に開放的で協力的な国際プラットフォームをもたらしている。グリーンは「一帯一路」建設の明るい地色である。グリーンなシルクロードの建設は、国連の持続可能な開発のための2030年の目標を実現するために必要なだけでなく、中国の新たな発展理念、エコ文明理念の海外における実践でもある。清廉潔白は「一帯一路」建設のボトムラインとレッドラインであり、「一帯一路」建設を一歩一歩安定して進めていくための重要な基礎でもある。企業自身の持続可能な発展に関わるだけでなく、国家の利益とイメージにも関わってくる。

第三に、高水準、人民生活への恩恵、持続可能な目標を確実に行い、「一帯一路」建設による成果の恩恵を協力した各方面にもたらすことである。高基準とは必ず現地の経済と社会の発展に適した基準でなくてはならず、また動態的でなくてはならず、絶対的であってはならない。陸・海・空・ネットワークの「ハード相互連結」を着実に推進するだけでなく、計画・政策、規則・基準、法の執行・監督・管理の連結度をさらに強化しなくてはならない。

　人民の生活への恩恵は貧困の解消、雇用の増加、民生の改善に焦点を当てながら、「一帯一路」の共同建設の成果のよりよい恩恵が沿線諸国の全人民へともたらされなければならない。

　中国は「一帯一路」の共同建設を通じて自らが40年余りの改革開放で蓄積してきた発展経験を他国と共有し、沿線諸国と美しい未来を共に築き、沿線諸国の人民に本物の利益をもたらすことを望んでいる。持続可能な発展は現在の世界問題を解決する「決め手」であり、各方面における最大利益の一致点と最適な協力の切り口である。「一帯一路」の共同建設は国連の『持続可能な開発のための2030アジェンダ』と目標・原則・実施の手段と高度に一致し、国際社会の積極的な賛同と支持を得て、協力・ウィンウィンの推進による「持続可能な発展」の新たな方策を世界にもたらしている。

4．グローバルガバナンス体系への積極的な参加

(1) グローバルガバナンス改革をリードする

　共同協議・共同建設・共有というグローバルなガバナンス観を堅持し、多国間主義と国際関係の民主化を提唱し、グローバルな経済ガバナンスの枠組みの変革を推進する。共通しながらも区別ある責任、公平、各自の能力などの原則を基礎にして気候変動に対応する国際協力の展開を推進する

のである。グローバルなガバナンスにおける国連の核心的地位を維持し、上海協力機構（SCO）、ブリックス（BRICS）、G20 などのプラットフォームの制度化の建設を支持し、より公正で合理的な国際的なガバナンス体系の構築を推進する。

　グローバルなガバナンス体系の改革と構築への積極的な参加は、世界の大国である中国が道義からして辞退できない責任であり、さらにはわが国の利益を守り、わが国の国際的な地位と影響力を高めるための必然的な要求である。今日、世界にある一連の重大問題の中で、国際社会はわが国の立場と態度を重視していて、中国を抜きに重大決定を下すのは実質上難しいとする国際的な共通認識が形成されている。客観的に見て、グローバルなガバナンス体系の改革と建設にわれわれの参加を求めている。

　第 18 回党大会以来、習近平による外交思想の指導の下で、われわれは時代と共に中国の特色ある大国外交を推進し、国際的な多国間事務に積極的に参加し、多くの重要な国際会議を主催し、重要な国際組織の中で代表性・発言力・影響力を日増しに高め、アジアインフラ投資銀行（AIIB）、新開発銀行（BRICS 銀行）などの機構を発起・設立し、グローバルなガバナンスの改革・整備のためにいっそう多くの中国の知恵と方案の提案し貢献してきた。

　現在、国際構造は深刻で複雑な変化をまさに経験していて、人類が直面する共通の課題は日増しに増加し、グローバルなガバナンスを整備すべきとする声はますます高まっている。グローバルなガバナンスに関する赤字は緩和の兆しを見せていないばかりか、むしろその勢いははっきりと激しくなっている。このような情勢の下でわが国は責任ある大国として、勇敢に責任を負う精神でグローバルなガバナンス体系の改革と建設により積極的に参加し、世界構造の推移する方向をリードし、人類文明の進歩の方向をリードする必要がある。そのためにも人類運命共同体の構築という旗印を高く掲げ、共同協議・共同建設・共有のグローバルなガバナンス観を堅

持し、多国間主義と国際関係の民主化を提唱しなくてはならない。世界経済のガバナンスのメカニズムの変革を推進する必要がある。

現在、世界経済のガバナンスのメカニズムは厳しい挑戦に直面している。国際組織の一部ではその代表性や発言権が時代に後れを取っていて、国際力のコントラストにより発生し変化した現実を反映できてはいない。また強権政治に妨げられてその効力を発揮すべき術を失い、メカニズムそのものが骨抜きとなって現実ではまったく意味のないものとなる危険に直面することもある。

世界経済のガバナンスの変革の問題では、一部の国家は自らの私利私欲のために愚かにも変革の名の下に人々に危害を加えるよう企てており、未来において極めて大きな熾烈な闘争は避けられない。われわれは世界経済のガバナンスの変革を正しい軌道へと乗せるよう導かねばならず、さまざまな逆行する行為を高度に警戒し、断固闘わなくてはならない。

共通しながらも区別ある責任、公平、各自の能力などの原則を基礎にして気候変動に対応する国際協力を推進し、国際的な承諾をしっかりと守り、グリーン低炭素で持続可能な発展の道を揺るぎなく進むのを確固とする必要がある。と同時に、それぞれが能力を尽くして発展途上国の気候変動への対応とグリーン発展の能力強化を支援し、それぞれが人類のふるさとを守る国際的な責任をよく果たさなくてはならない。

グローバルなガバナンスの中での国連の核心的な地位を守って上海協力機構、ブリックス、G20などのプラットフォームのメカニズム化を支持し、より公正で合理的な国際ガバナンス体系の構築を推進する必要がある。

(2) 人類運命共同体の構築を推進する

現在の世界は21世紀に入ったものの、依然として保護主義、ポピュリズム、テロリズム、国粋主義の思潮による苦しみにあっている。古代シルクロード沿線地域はかつて「牛乳と蜂蜜が流れる場所」であったが、今で

は多くの場所が衝突と激動、危機と挑戦の代名詞となっている。世界はどのようになってくのであろうか。われわれはどのようにすればよいのであろうか。そして人類はどこへ向かっていくのだろうか。

　この時代の問いに焦点を当て、習近平は天下を念頭に置き、人民を心にかけ、古今東西の感情を満たし、東西南北の知恵を汲み取り、「一帯一路」・人類運命共同体が新型のグローバル化とグローバルなガバナンスの中国式方案と中国的な知恵になるように提案した。「一帯一路」の共同建設の提唱はまさに人類運命共同体の築き上げる重要な実践のプラットフォームとなっている。

　「一帯一路」は現在の世界の四大赤字——平和の赤字、発展の赤字、ガバナンスの赤字、信用の赤字をまさに解決しつつあり、問題解決の過程で人類運命共同体の構築を推進している。

　平和の赤字——貧困から生まれた盗賊。今日の世界における平和の赤字は一方では歴史の産物であり、他方では不公正・不合理な国際秩序がもたらしたものである。「一帯一路」は発展の不十分・不均衡・不包容などの根本の問題に焦点を当て、発展によって安全を求め、安全によって発展を促し、グローバリゼーションを開放・包摂・普遍・均衡・ウィンウィンの方向へ向けて発展させて国家・地域・世界レベルでの長期にわたる太平と安定を実現するのである。

　発展の赤字——世界銀行の研究では「一帯一路」に関連する投資は、世界で最大3400万人を中程度の貧困から脱却させることを可能とし、その中の2940万人は「一帯一路」沿線国家・地域の人々であると指摘されている。貧困脱却以外にも「一帯一路」は貧富の格差を縮める有効な処方薬であり、内陸部の国家と海洋を求める地域の支援を通じてグローバルな分業を解消させる。インフラと相互接続に焦点を当てることで、中国の経験の再現——豊かとなるための道をまずは整備するのである。

　ガバナンスの赤字——今日の世界では、完全だったがバラバラとなった

ガバナンスの構造が国際社会を悩ませている。グローバルなエネルギーネットワークという計画が「スマートグリッド＋特高圧＋クリーンエネルギー」の三位一体となって人類のエネルギー不足問題を完全に解決し、それと同時に炭素排出削減の実現を示したように、「一帯一路」は原因と現象の解消を主張し、統一的に調和し、広範な発展途上国のグローバルなガバナンスへの参加を推進し、既存の国際的なガバナンスの仕組みと結びついて起点・過程・結果の公平と正義を実現している。

　信用の赤字——それは「公正性と合理性を堅持し、ガバナンスの赤字を解消する」、「互いに相談し理解し合うことを堅持し、信頼の赤字（信頼不足）を解決する」、「困難を共に切り抜けるという方針を堅持し、平和の赤字を解消する」、「互恵・ウィンウィンを堅持し、発展の赤字を解消する」ことである。

　習近平は2019年3月、パリで開催された中仏グローバルガバナンスフォーラムの閉幕式に出席した際に『より良い地球の故郷を建設するために知恵と力を貢献する』と題する重要講話を発表し、グローバルなガバナンスのために中国式の方案を提案している。そこでは「信頼は国際関係における最良の接着剤である」と述べ、相互尊重・相互信頼を前面に掲げ、対話と協議を活用して、小異を残し大同を求め共通点を集めて異なる部分を解消することを堅持し、率直で突っ込んだ対話・意思疎通を通じて戦略的相互信頼を深め、相互の猜疑心を減らす必要がある、としている。

　2020年3月12日夜、習近平はグテーレス国連事務総長との電話会談に応じた際に、新型コロナウイルスの発生は人類が苦楽を共にする運命共同体であることを改めて示している、と強調した。経済がグローバル化した時代にはこのような重大な突発事件はこれが最後ではなく、各種の伝統的な安全保障と非伝統的な安全保障の問題はまた絶えず新しい試練をもたらすであろう。国際社会は人類運命共同体の意識を確立し、互いに見守りながら協力し、手を携えてリスクと挑戦に対応し、美しい地球というふるさ

とを共に構築しなければならない。

　人類運命共同体の理念は、まさに中国外交の平和・発展・協力・ウィンウィンの目的が人間の精神的な支柱となり、まさに中国共産党が世界の進歩の事業に対して、新しくさらに大きな貢献をする世界の初心を宣言している。まさに国連憲章の趣旨と原則の発揚を示しており、これらは国際社会において広範的で積極的な呼応を獲得し、中国は人類の道義的な主導権を獲得し得る地位を次第に占めている。

　2017年2月10日、第55期国際連合社会開発委員会では「アフリカ開発のための新たなパートナーシップの社会的側面」が全会一致で採択され、「人類運命共同体の構築」の理念がはじめて国連決議に盛り込まれた。同年11月1日の軍縮と国際安全保障事務を担当する第72回国連総会第1委員会では、「宇宙空間の軍備競争防止に向けたさらなる切実な措置」と「まずもって宇宙空間に兵器を配置しない」という安全保障決議が採択され、「人類運命共同体の構築」の理念は再度この二つの国連決議に盛り込まれた。

　人類運命共同体の理念とは、和合—共生の中華の伝統文化から出発し、近代以来の中国共産党による全人類解放の革命伝統から芽生え、新中国が成立してからの70年にわたる豊富な外交実践から育まれた中国の外交哲学の昇華である。人類運命共同体の理念は世界各国の文化の伝統、現代における国際システムの伝統、マルクス主義の正統性に通じており、第71回国連総会でトムソン議長からは「われわれの惑星の唯一の未来」とまで賞賛されている。

　第19回党大会報告では「世界の運命は各国の人々が握っており、人類の前途は各国の人々の選択によって決まる。中国人民は各国の人々と共に、人類運命共同体の構築を推し進め、人類の素晴らしい未来を創造していきたいと願っている」、「中国共産党は中国人民の幸福を追求する政党であり、人類進歩の事業のために奮闘する政党でもある。中国共産党

は人類のために新たな、より大きな貢献をすることを終始自らの使命としている」と述べられている。中国共産党がリードする新時代において人類運命共同体が「中国は人類のために大きな貢献をすべき」とする約束の実践となったことは、中国共産党の世界の初心と天下の責任をはっきりと示している。

習近平は「人類運命共同体とは、文字通り、すべての民族、すべての国家の前途と運命が緊密につながり、力を合わせて困難に打ち勝ち、喜びも悲しみも分かち合い、われわれが生まれ育ったこの星を皆が仲良く暮らす大家族となるようにし、世界各国の人々の素晴らしい生活への憧れが現実のものになるように努めることである」[3]と指摘した。

運命共同体の前提は運命の自主である。その次にあるのは国家の利益の領域を超えた人類の運命そのものへの着目である。利益共同体とは自分一人の利益を考えるのではなく天下国家の利益を考えること、責任共同体とは国家の衰退は全人民の責任であるというように、運命共同体に至るまでが人類の初心を忘れずに運命を共にすることを心に刻み、共同体をつくり上げることなのである。

人類運命共同体は各国が自らの国情に合った発展の道を歩み、運命の自主を基礎に運命を共にすることを実現し、最終的に運命共同体を形成することである。これは、独立自主の平和外交政策、天下大同・協和万邦の伝統文化および中国共産党が人類の進歩の事業のために奮闘する目標と一脈相通じるものである。

人類運命共同体の理念は中国の共生哲学を示している。他人を親しむ者は必ず他人に親しまれ、他人を利益とする者は必ず他人の利益とされるのである。まさに中国古代の大同思想と天下観は、創造的な転化と革新的な発展となっている。同時に、人類の異なる文明の似通った思想を汲み取りながらそれを精錬して、現在の世界における価値の最大公約数となっている。

恒久の平和、普遍的な安全、共同繁栄、開放・包摂、綺麗で美しい世界の建設は、人類運命共同体を共同で構築するための目標と道筋を示すだろう。そのためにはゼロサムゲーム、ジャングルの法則（弱肉強食の法則）、唯我独尊、徒党を組んだ他者への攻撃などの時宜を逸した旧来の思考を捨て、相互尊重、平等な協議、安全協力、開放的な発展、文明の相互交流と発展、地球を大切にし、一致協力して難関を乗り切って互恵・ウィンウィンの新しい理念を樹立しなければならない。人類社会の発展を永久に一部の人のみが非常に豊かとなり、一部の人が食うにも困るアンバランスな状況とすることのないように現在の世界が直面する発展の赤字、公平の赤字、ガバナンスの赤字、信用の赤字を直視し解決しなければならない。人類運命共同体が主張するところは、この４つの赤字を解決する方向と道筋の提示にある。

　われわれは国際協力を強化し、共同発展を促進することから着手し、広範な発展途上国が自主的な発展能力を増強し、できる限りデジタルデバイドをなくすことに力を注ぐことからはじめて人類が利益共同体・価値共同体・責任共同体・運命共同体を建設する正しい方向に向けて、たゆまぬ努力をするように推進しなければならない。

　人類運命共同体は、中国が提唱する新型の国際関係・新型のグローバルガバナンスの核心理念となり、習近平による新時代の中国の特色ある社会主義思想の世界観となり、そして中国共産党が人類の進歩の事業のために奮闘する世界への責任を集中的に明示している。

　総じていえば、「中国の特色ある社会主義制度と国家のガバナンス体系とは、マルクス主義を指導とし、中国の大地に根を下ろし、中華文化の基盤をしっかりとそなえ、人民からの深い支持を得た制度とガバナンス体系であり、党と人民が長きにわたって奮闘し、引き継ぎながら模索し、艱難辛苦をなめ尽くし、大きな代価を払って成し遂げた一番の基礎となる成果なのであって、われわれはこれをいっそう大切にし、いささかも

揺るぐことなく堅持し、時代と共に発展させていかねければならない」のである。

　この点は習近平も「中国の特色ある社会主義制度を堅持・整備し、国家のガバナンス体系とガバナンス能力の現代化の推進は、党と国家の事業の発展、国家の長期にわたる太平と安定、人民の幸福と平安無事に関係する重大な問題だ」[4]と重ねて強調している。

　新たな情勢の下、党の外交活動に対する集中・統一指導を堅持し、国外・国内の二つの大局を統一的に計画し、独立自主の平和外交政策を堅持し、平和・発展・協力・ウィンウィンの旗印を高く掲げ、中国の特色ある大国外交を積極的に推進し、国家主権・安全・発展利益を揺るぎなく守ることを確固とし、世界平和を揺るぎなく守り、共同発展を促進することを確固としなければならない。「二つの百周年」の奮闘目標の実現、中華民族の偉大なる復興という中国の夢の実現のために有利な外部環境をつくり、新型の国際関係の構築、人類運命共同体の構築のために中国の貢献をつくり出さなくてはならない。

　「独立自主の平和外交政策を堅持・整備し、人類運命共同体の構築を推進する」ことは、国家のガバナンス体系とその能力の現代化の重要な側面である。われわれは中国の特色ある大国外交の理論の建設、メカニズムの建設、能力の建設、法治の建設を絶えず強化し、外交・外事分野のガバナンス体系とその能力の現代化を推進しなければならない。

註
1) 習近平．中国の特色ある社会主義制度の堅持と整備、国家ガバナンス体系とガバナンス能力の現代化の推進．求是，2020（1）．
2) 習近平．中国の特色ある社会主義制度の堅持と整備、国家ガバナンス体系とガバナンス能力の現代化の推進．求是，2020（1）．
3) 習近平．携手建設更加美好的世界：在中国共産党与世界政党高層対話会上的主旨講話．北京：人民出版社，2017：4．

4) 習近平．中国の特色ある社会主義制度の堅持と整備、国家ガバナンス体系とガバナンス能力の現代化の推進．求是，2020（1）．

第13章
党と国家の監督体系

党と国家の監督体系は、国家のガバナンス体系の重要な構成要素である。党の第19期中央委員会第4回全体会議で採択された『決定』は、「党と国家の監督体系を堅持・整備し、権力運営への制約と監督を強化する」ことを求め、党と国家の監督制度、権力配置と運営の仕組み、反腐敗体制と仕組みという3つの方面から戦略的かつ重大な配置を行い、新時代における党と国家の監督体系の堅持・整備のために重要で、守るべき指針を示している。

1．党の自己革命を推進する重要な保障

　中国共産党は人民を指導して偉大な社会革命を遂行する歴史的責任を負い、勇敢に自己革命を行わなければならない。党の第19期中央委員会第4回全体会議では、党と国家の監督体系を堅持・整備するための重大な制度的な配置と全面的な計画が立てられたが、こうした一体的な実行は重大な意義を有している。

　第一に、党の長期政権の条件の下で自らの問題を解決し、歴史の周期率を超える制度の保障である。全面的な厳しい党内統治は自己革命であり、党の長期政権の条件の下で自己浄化を実現する効果的な術を模索しなければならない。これは党と国家の事業の成否に関わり、われわれが歴史の周期率から抜け出せるか否かにも関わる。この問題の解決には西洋のような政党交代や三権分立ではなく、根本の上では党の自己革命、自己浄化に依らなければならない。

　第18回党大会以来、わが党は未曽有の勇気と自らを律する力によって全面的な厳しい党内統治を推進し、歴史的で先駆的な成果を収め、全方位かつ深いレベルでの影響を生み出した。われわれは偉大な自己革命で偉大な社会革命を導き、科学理論で全党の理想と信念を導き、「二つの擁護」で全党の団結と統一を導き、正風粛紀（気風を正して紀律を厳粛とす

る）・反腐敗で党心・軍心・民心の結集を堅持し、長期執政という条件の下で自らの問題を解決し、歴史の周期率から脱却する成功の道を模索し、有効な権力監督制度と紀律執行・法執行のシステムを構築した。

　第二に、国家のガバナンス体系とその能力の現代化を推進する重要な内容である。国家のガバナンスを推進する鍵は統治権である。これは権力の異化と権力のエゴを防止するが有効な統治権には科学的な監督が不可欠である。公権力が存在する限り、その制約と監督が必要なのである。

　第18回党大会以来、わが党は国家機構に対する監督を強化し、確実に公権力を制度の檻に閉じ込める面で多くの模索と努力を行い、党と国家の監督力を強化し、国家のガバナンスの効能を力強く強化してきた。『決定』は中国の統治の全体目標を明確にしている。そこではこの目標の実現には、党の統一的な指導、全面的なカバー、権威的で効率的な監督体系を健全化し、科学的な政策決定、断固たる執行、強力な監督という権力運営のメカニズムを形成し、党の政策路線の方針と各種の政策決定・配置を確実に実行することを確保し、党と人民から与えられた権力の、規範的で正しい行使の確保が要求されている。党と国家の監督体系の堅持・整備は「監督システムが党の指導体制に符合し、国のガバナンス体系に溶け込み、制度の優位性がよりよくガバナンスの効果に転化されるよう推進する」[1]のである。

　第三に、反腐敗闘争の圧倒的勝利を強固とし発展させ、これを有力な保証とすることである。腐敗は社会の癌であり、またわが党が直面する最大の脅威である。最大の気力を傾けて消極的な腐敗問題を解決し、わが党が終始人民と心と心をつなげて運命を共にすることを確保しなければならない。党の第18回党大会以来、わが党は正風粛紀・反腐敗と共に党の管理・党の統治・党の振興を揺るぎなく断行し、断固として腐敗を処罰し気風の不正を是正し、全力を挙げて反腐敗闘争の圧勝を勝ち取ってきた。その中での重要な経験の一つは、党の反腐敗活動に対する集中・統一指導を

強化し、党と国家の監督システムを確立・整備し、その体制・仕組みの革新を大いに推進し、行政監察部門、腐敗防止の仕組み、検察機関の反腐敗に関する職責を統合し、反腐敗の資源の配置を最適とし、党内の監督・国家監察・規則に基づく党の統治・法に基づく国家統治の有機的統一を実現して反腐敗闘争の強力な力を結集したことである。

2．党と国家の監督制度の健全化

系統的かつ有効な監督制度の確立は、権力の異化を防止する重要な手段である。

わが党は成立の日から権力の監督問題を非常に重視してきた。早く延安時代に毛沢東は「歴史周期率」を超える課題を掲げており、「人民に政府を監督させてこそ政府はだらけることをしない。一人一人が責任をとってこそ政策は続いていく」[2] としている。

1949年10月、初の国家監察機構である中央人民政府政務院人民監察委員会が正式に創立された。1949年11月、中共中央は朱徳等11人から構成される中国共産党中央紀律検査委員会を設置している。「党の八大規定」は、いかなる党員と党の組織もトップダウンとボトムアップの監督を受けなければならないと規定している。「文化大革命」では、紀律検査を行使する中央監察委員会が廃止されたが、党の第11期中央委員会第3回全体会議では中央紀律検査委員会が復活し、まずは党内の監督専門機関の強化の着手から党と国家の監督システムの再建が決定された。1982年の第12回党大会では党規約が改正され、党内の監督については一連の明確で具体的な規定が制定され、新時代における党内の監督強化のための基礎が打ち立てられた。1987年6月には国家監察部が成立し、7月には正式に対外業務を開始している。1993年2月に中国共産党中央は中央紀律検査委員会と監察部とが合同で業務を行うことを決定し、「一套班子、両塊牌子（異

なる組織編成、異なる責任体制でありながらもその業務の内容と対象を等しくする)」制度が実行に移され、紀律検査と監察の両機能が遂行された。このように党の指導と推進の下、党と国家による監督制度システムは逐次確立・発展し、監督のルートは絶えず広がり、監督の手段は絶えず充実されている。

　第18回党大会以来、習近平を核心とする党中央は絶えず紀律検査・監察システムの改革を深化させ、反腐敗活動に対する党の統一指導を強化し、全党員と公権力を行使する公職者に対する党の監督の全面的なカバーを実現してきた。党の第18期中央委員会第3回全体会議では、権力運営の制約と監督システムを強化するには科学的な政策決定、断固たる執行、強力な監督の権力の運営システムを構築し、科学的で効果的な権力制約と協調の仕組みを形成しなければならない、と指摘された。党の第18期中央委員会第6回全体会議では、『新情勢下の党内政治生活に関する若干の準則』の制定、『中国共産党党内監督条例』が改正され、党内の政治生活が規範化され、党内監督が強化された。

　第19回党大会の報告では党が統一的に指揮し、全面的にカバーし、権威ある効率的な監督システムの構築が提案された。

　第19回中央委員会第4回全体会議で採択された『決定』は「党と国家の監督制度の健全化」を重要な一章として設けて専門的な配置を行っている。これは党と国家の監督制度に対するわが党の認識をますます深め、その任務がますます明確になっていることを表明している。

(1) 党内監督の役割

　党と国家の監督システムは膨大であり、さまざまな形式の監督を含む。習近平は「党と国家のさまざまな監督形式の中で党の執政の地位は党内監督が最も基本的であり、その筆頭であると決定されている」[3]と指摘した。『決定』では、「党内の監督システムを整備し、各級党組織の監督責任

を着実に実行し、党員の監督権利を保障する」、「高級幹部、各級の主要な指導幹部への監督を重点に強化し、指導グループ内の監督制度を完備し、「トップ」への監督と同級クラスへの監督の難題を解決する」、「政治監督を強化し、党の理論、路線・方針・政策、重大な政策決定・部署の実施状況へ徹底した実行状況の監督・検査を強化し、巡視・巡察の改善と実行状況の報告制度の監督を整備する」ことを要求している。このような重大任務を実行するには以下の点を把握する必要がある。

第一に、党内の監督システムの整備である。鄧小平は「共産党員についていえば、党の監督は最も直接的だ」[4]と考えた。『中国共産党党内監督条例』では「党中央の統一的な指導、党委員会の全面的な監督、紀律検査機関の各々の責任監督、党の業務部門の機能監督、党の末端組織の日常的な監督、党員の民主的な監督といった党内の監督システムを確立し、健全にする」と規定されている。

トップダウン型の組織監督を強化し、ボトムアップ型の民主的な監督を整備し、同級の相互監督の役割を発揮し、たとえ親密な関係であっても情けをかけることなく徹底して日常の監督をしなければならない。党委員会書記は責任筆頭者として真に職責を履行しなければならず、また「一岡双責（党の指導幹部は本職の責任だけではなく、党の廉政建設の責任を負うこと）」を真に実行しなければならない。すでにある業務の仕事だけでなく、党の管理と党の統治の活動もしっかり押さえなければならない。

党内監督の専任機関である各級の紀律検査委員会（紀検組）は、監督・紀律の執行と問責の職責を確実に履行しなければならない。党の末端指導と監督の不徹底、弱体化の問題を着実に解決し、責任を負い、責任を守り、責任を果たすことを今ある党の組織、持ち場に反映させるのである。党員の主体意識を高め、党員の監督ルートを円滑とし、監督の処置状況をフィードバックして党員の監督の積極性を高める必要がある。

第二に、「鍵となる少数」をつかむことである。毛沢東は「政治路線が

決まれば、幹部が決定の要因となる」[5]と指摘した。トップの紀律違反と法律違反はきっかけや連鎖の反応を生みやすく、引いては地域的にも系統的にも崩壊的な腐敗をもたらすために必ずトップへの監督という難題を解決しなければならない。

　指導幹部は責任が重大であればあるほど、その部署が重要であればあるほど、監督をいっそう強化しなければならない。問題の方向性を堅持し、正確な施策を重視し、高級幹部・各級の主要な指導幹部への監督制度を充実させ、指導グループ内の監督制度を充実させ、同級の党委員会、特に常務委員会委員の職責履行と権力行使の状況に対する紀律検査委員会の監督を強化し、主要な指導幹部の政策決定と採用状況などが適切な範囲内で公開されるように推進しなければならない。権力の厳格な制限を確保しながら、指導幹部に対して職位が高くとも職権を濫用させず、職権が重くとも私利私欲に走らせないようにしなくてはならない。

　第三に、政治監督の強化である。旗幟鮮明に政治を論じることは、マルクス主義政党としてのわが党の根本的な要求である。習近平は「党の政治建設は党の建設方向と効果を決定するが、党の政治建設を把握することなく、またあるいは党の政治建設が指す方向と乖離すれば、党のその他の建設は予期した効果を収められない」[6]と指摘している。

　新時代における党と国家の監督は、鮮明な政治的属性をそなえているが、最も重要なのは「四つの意識」を強め、「四つの自信」を確固とし、「二つの擁護」を行うことである。党の路線・方針・政策と党中央の政策決定・配置の実行状況と習近平の重要な指示・命令に込められた精神の実行状況を監督・点検し、重大なリスク状況を防止・解消し、「上に政策あれば、下に対策あり」、「命令を遂行しない」、「禁止すれども止まらない」といった問題を見つけ出し、解決の推進をしなければならない。巡視・巡察の改善と実行状況の報告制度の監督を整備し、改善責任の不実行、いい加減な改善、引いては過ちを正しながら新たな過ちを生む状況にも厳粛に責任を

問うのである。

　紀律検査・監察機関は率先して党の政治建設の強化の先頭に立ち、党に絶対の忠誠を尽くす栄えある伝統を受け継ぎ、忠実で清廉な責任を担い、果敢に闘争に長けた戦士とならなくてはならない。

(2) 紀律検査・監察システムの整備

　党と国家の専門の監督機関として紀律検査・監督機関は、紀律検査・監察システムの改革による党と国家の監督制度の健全化を左右する。習近平は「問題の指針を堅持し、紀律検査・監督システムの改革を引き続き推進し、末端と根本の兼治の徹底という改革目標をしっかりと把握すべきである」[7]と指摘している。『決定』は「紀律検査・監察システムの改革を深化させ、上級の紀律検査・監督委員会の下級の紀律検査・監督委員会に対する指導を強化し、紀律検査・監察業務の規範化・法治化を推進する」とし、「駐在した監督システムと仕組みを整備する」ことを要求している。これらの重要な任務を実行するには次の諸点が必要となる。

　第一に、紀律検査・監督活動に対して党の集中・統一指導を強化することである。党の集中・統一指導の堅持と強化は、紀律検査・監察システムの改革推進の根本の目標でもあり、また関連する改革推進と深化のために根本となる保証を提供する。

　2019年に施行された『中国共産党紀律検査機関監督執紀工作規則』と『監察機関監督執法工作規則』は、いずれも紀律検査・監察活動に対する党の指導力の強化を厳しく要求しており、紀律検査・監察活動の政治性を反映するものとなっている。党の紀律検査システムの改革、国家監察システムの改革、紀律検査・監察機構の改革を一体的に推進しながら、党内の監督と国家監察、紀律に基づく党内統治と法に基づく国家統治の有機的統一を実現しなければならない。各級の紀律委員会と監督委員会が職責を異にしながらも事務を統合することで、職能・人員・業務の深い融合を推進

するのである。組織の形式、職能の位置付け、政策決定の手続きから党の全面的な指導と全過程での指導を保証し、全面的で厳しい党内統治から各級の党委員会の政治的責任をいっそう強化させなければならない。

　第二に、紀律検査・監察活動の指導体制を整備することである。党の第18期中央委員会第3回全体会議では、党の紀律検査活動の二重指導体制の具体化・規範化・制度化を推進し、腐敗事件の調査・処罰は上級の紀律委員会の指導者を中心に、その発端となる処置と案件の調査・処罰は同級の党委員会へ報告するのと同時に、必ず上級の紀律委員会へも報告すべきことを明確に要求している。各級の紀律委員会は各級の紀律委員会の書記・副書記の指名と検討、上級の紀律委員会とその組織部門が中心となった要求を真摯に実行しなければならない。中央の一級党と国家機関の駐在機構に対する統一した管理を全面強化し、地方の紀律委員会を同級の党と国家駐在機構と同じく全面的にカバーできるよう整備しながら、中央が管理する企業、金融企業、党委員会書記・校長を中央管理に加えた大学や紀律検査・監察機構への指導と管理を強化し、国有の企業・事業単位の紀律検査・監察機構の監督作用も強化しなければならない。紀律検査・監察機構の指導体制をよりいっそう整備し、上級紀律委員会の下級紀律委員会に対する指導を強化する。

　第三に、紀律検査・監察活動の規範化した運営と質の高い発展を推進することである。習近平は紀律検査・監察システムとメカニズムの整備に対し、5方面の要求を提起している。すなわち改革の目標が偏ることなく、活動の機能が遅れを取ることなく、各規則が遅れを取ることなく、付帯する法規が遅れを取ることなく、協調のメカニズムが遅れを取ることのないようにしなければならない。紀律検査・監察機関は自己監督と自己規制を強化して模範を示し、法治・手続き・根拠の意識をしっかりと確立し、厳格に権限・規則・手続きに則って活動を展開するのである。例えば特約監察員制度の整備のように紀律検査・監察活動の流れを整合的に規範化し、

紀律検査・監察機関内の権力運行の監督制約を強化しなければならない。統一的な政策決定、一体的に運営される紀律執行の活動の仕組みを健全とし、紀律違反の嫌疑、職務違法、職務犯罪の問題に対し一体的な審査・調査を行って党紀と国法の「二つの物差し」を巧みに用いなければならない。監査法とセットになった法律・法規を制定し、監査法の中の原則的・包括的な規定を具体化し、系統化され整備された法規体系を整える必要がある。紀律検査・監察システムの改革に対する指導を強化し、対内的には部門を跨ぎ地域を跨ぐ統一した調整を強化し、対外的には反腐敗の国際的な協力を強化すべきである。

(3) 党内監督を中心とする各監督方式の連携

改革の全面的深化のより深い推進に伴って党と国家の監督制度の健全化は、システムが統合・協同して高い効果を得る新たな段階へと入った。習近平は「党内の監督でそのほかの監督をリードし、監督システムを整備してはじめて全面的な厳しい党内統治に強力な制度的保障を提供できる」[8]と指摘した。『決定』は「紀律監督、監察監督、駐在監督、巡視監督を統合した結びつきを推進し、人民代表大会監督、民主監督、行政監督、司法監督、大衆監督、世論監督の制度を健全化し、監査監督、統計監督の機能を発揮する」とし、「党内の監督を主導とし、各種の監督を有機的につなげ、相互に調整できるよう推進する」ことを要求している。これらの重要な任務を実行するには次の諸点が必要となる。

第一に、各種の監督を統合した結びつきの推進である。各種の監督は党と国家の監督システムの中でそれぞれ独自の作用を発揮している。紀律・監督は党内監督の基本スタイルである。事実によって厳正に処理する党の規約・規定・紀律の意識の喚起が重要である。監察・監督は、公権力を行使する全公職者への監督であり、全面的なカバーと有効性が重要である。駐在監督とは紀律委員会・監督委員会が直接に指導し、駐在グループに権

限を移譲して駐在機構を監督することであり、ここでは「駐在」の権威と優位性の発揮が重要となる。巡視監督は上級の党組織が管理する地方・部門・企業・事業単位の党組織に対する政治監督であり、問題の発見と整頓・改革の推進が重要となる。

　こういった各種の監督力を総合的に計画し、役割を分担し、責任を分担し、相互に連結し、また協同・協力し、持ちつ持たれつ、双方が利益となるような総合的かつ連動的な活動構造の構築に力を入れなければならない。紀律と法律のなめらかな連携、情報の共有・相互接続、事件の共同調査・協力、問題の整頓・改革の実行を重視し、各項目の監督の特徴と優位性を発揮すべきである。

　第二に、各種の監督制度を健全化し、機能監督の役割を発揮することである。各級の人民代表大会と常務委員会による質問、諮問、法執行の検査、活動報告の聴取・審議などの方法を通じた監督職権の履行を支持しなければならない。人民政治協商会議が規約に基づいて民主的な監督を行うことを支持し、民主党派と無党派の人々が提出した意見・批判・提案を重視する必要がある。行政機関の内部監督を充実させ、各級政府とその職員の法律に基づく行政を促進すべきである。また司法機関が法に基づき独立・公正に裁判権・監督権を行使する関連制度を健全化し、指導幹部の職務放棄・瀆職・職権の乱用などの防止と調査・処分をする必要がある。投書・陳情・摘発通報のルートを円滑にし、人民大衆による法に基づいた訴訟・告発・検挙の権利の行使を支持しなければならない。世論監督の作用を発揮し、典型的な事例を暴露して、警告の効果を果たす必要がある。監査監督・会計監督・統計監督にそなわる専門的な優位性については、紀律検査・監査機関と会計監査・統計部門との協力・統合した仕組みを整備する必要がある。

　第三に、党内監督を主導として各種の監督を有機的につなげ、相互に協調するように推進することである。またその一方では監督の内容そのもの

をつなげることを推進しなくてはならない。『中国共産党党内監督条例』は党内監督に関する8つの方面の主な内容を規定しているのだが、各々の監督はいずれもこの方面に焦点を合わせて力を発揮しなければならない。例えば清廉潔白に、自律的に、公平に権力を行使する状況での監督では、党内監督とそのほかの監督を結びつけて権力行使の根拠・過程・結果に対する監督を強化し、合規・合理・合法な権力運用を確保しなくてはならない。他方、監督形式の連結も推進しなければならない。党内監督の形式は主に巡視・巡察・党内の談話・指導幹部の述責述廉（権限と手順にしたがって職務を遂行し、民主集中制を堅持し、慎重な決定の下で実効果を得ているか）の報告・個人の関連事項の報告・重大事項の記録の関与や介入などがある。これらすべてがほかの監督方式と緊密に協力してこそ、党内の監督はスムーズに行える。各種監督の有機的なつながりを推進することで党内監督を主導とし、各種の監督形式を含んだ中国の特色ある社会主義監督制度を整備できる。

3．権力の配置と運営を制約するメカニズムの整備

　わが党は成立の日から権力の制約を高度に重視してきた。1945年、毛沢東は『連合政府論』の中で共産党員の権力行使は人民に対して責任を負うべきことを強調し、「誠心誠意人民に奉仕し、片時も大衆から離れるものであってはならない。すべては人民の利益から出発して、個人あるいは小さな集団の利益から出発するのではない。人民へ責任を負うことと党の指導機関へ責任を負うことは一致する。これらはわれわれの出発点である」[9] と述べている。改革開放の初期に鄧小平は「各級幹部の職権範囲と政治、生活待遇について各種の条例を制定する中で最も重要となるのは、専門機関が公正・厳格に権威を恐れることなく、私情を挟むことなく監督・検査を行うことである」[10] と指摘している。1997年の第15回党大

会報告では「改革を深化させ、監督の法制を整備し、法に基づいて権力行使を制約する仕組みを健全に確立する」と提起された。新中国の成立以降、党の全国代表大会の報告において権力制約の問題が提起されたのはこれがはじめてのことである。

2002年の第16回党大会の報告では、はじめて権力に対する制約と監督との併行が提案された。そこでは「権力に対する制約と監督を強化する」ことが強調されるのだが、このことは権力の監督を党が重視し、それと同時に権力そのものの制約の問題を重視していることを示している。第17回党大会の報告からは、注目点が権力構造と運行の仕組みの問題へと移り、政策決定権・執行権・監督権が互いに制約し合いつつ、また協調する権力構造と運行の仕組みを確立する、との提起がなされた。党の指導と推進の下で、権力の統制は一時的な処置から根本の処置へと転換しており、「単一の監督から制約と監督を共に重んずる系統的な統制への転換」[11]を実現している。

第18回党大会以来、習近平を核心とする党中央は、権力配置とその運行制約に関するシステムの建設を重視し、権力を制度の檻の中に閉じ込めることを求めてきた。党の第18期中央委員会第3回全体会議で採択された『改革の全面的深化における若干の重大な問題に関する中共中央の決定』では、「権力運行の制約とその監督の仕組みに関する強化」という一章を設けている。そこでは科学的な政策決定、断固とした執行、強力な監督を有した権力運行のシステムを構築すべきことを強調している。

党の第18期中央委員会第4回全体会議では、党の決定の中で「公権力」概念がはじめて提起され、「必ず公権力の規範と制約を重点とし、監督力の強化をすべき」ことを求めている。第19回党大会報告は、「権力の運行に対する制約と監督を強化し、人民に権力を監督させ、権力を良好な環境の下で運行させ、権力を制度の檻に閉じ込める」[12]よう要求している。党の第19期中央委員会第4回全体会議で採択された『決定』は「権力の

配置と制約に関する仕組みの整備」を要求し、また重点分野と重要なポイントについて具体的な配置を行い、全体的で、系統的なシステムの建設を重視している。これは権力運行の紀律に対する認識の深度を反映しており、権力の制約と監督の問題に対する革新的な探求といえる。

(1) 権力配置の整備

権力の制約・監督を強化するには、法に基づいて権力の帰属を確定しなければならない。習近平は「誰であれ人も法律を超えた絶対的権力を持ってはいないこと、誰であれ権力行使にあたっては人民に奉仕し、人民に責任を負い、自覚を持って人民の監督を受け入れなければならない」[13]と指摘している。『決定』は「法で定められた権力と責任を堅持し、業務によって権力を行使し、職位によって権力を設定し、級別によって権力を付与し、定期的な配置転換をする制度を健全化し、権力の境界を明確にし、仕事の流れを規範化し、権力の制約を強化する」ことを要求している。これらの重大任務を実行するには以下の諸点の把握が必要となる。

第一に、法で定められた権力と責任の堅持である。すべての公権力は人民から与えられたものであって、何ができ、何ができないのかは法に則って確定し行使されなければならない。鄧小平は特権現象を極度に憎み嫌っていた。「われわれが現在反対している特権とは、政治的、経済的に法律と制度の外にある権利である」[14]と述べ、権力の濫用を法律と教育を通じて制約すべだと考えていた。

2018年3月に新しく改正された『中華人民共和国憲法』は、国家監察委員会の具体的な職能・人員構成・指導の任期などを定めるが、これは権力と責任とを法で規定するという原則を強力に貫徹している。党と国家機構の改革をさらに深化させ、党と国家の指導体制を整備し、党と政府の主要指導幹部の職責と権限を規範化し、党と政府機関および内設機構の権力と職能を科学的に配置しなければならない。法律によって機構・職能・権

限・手続き・責任を定めることを推進しなくてはならない。およそ権力が授けられていない場合は権力から逸脱はできず、法の外に権力を設けることはできない。およそ権力が与えられた事項は必ず責任の所在を明確にし、責任をなすりつけて責任転嫁をするのは許されない。

　第二に、科学的な配置による権力の制度の健全化である。鄧小平は「権力の過度な集中は、社会主義の民主制度と党の民主集中制の実施を妨げ、社会主義建設の発展を妨げ、集団的な智恵の発揮を妨げる」[15] と指摘した。権力の合理的な分散を西洋の三権分立ではなく、異なる性格の権力を異なる主体が行使することで政策決定権・執行権・監督権を合理的に分業し、かつ協調的に制約する権力構造を構築しようと提案したのである。

　業務による権力の行使、職位による権力の設定、級別による権力の付与、定期的な配置転換制度を健全とし、権力が集中している部門や部署の権力を適度に分散し、重点部署の権力を複数の部署へと分散し、ある特定の級に集中する権力を複数の級へ合理的に分散し、ある特定の個人に集中している権力を複数人の行使へと分散すべきである。特に定期的な配置転換制度を厳格に実施し、権力が集中する部門と部署での業務が規定期限に達した場合は必ずポストの配置転換と在職の部署変更をし、利益集団や独立王国の形成を防止する必要がある。

　第三に、権力の境界と業務の流れの明確化である。反腐敗・クリーンな政治建設に関する法規・制度の建設は権力の授与・権力の行使・権力の制約を中心に権力の帰属を合理的に確定し、権力の境界を明確に区別しなくてはならない。業務の流れを整え、権力の行使の手段・順序・期限を明確に、具体的に、厳密に規定する必要がある。業務手続きの観念を強化して報告すべきは報告し、通知すべきは通知し、履行すべき職責は履行し、引き受けるべき責任は必ず引き受け、少しでも「かまどの上のオンドルを超える（あるべき手順や規則にしたがうことがない）」や「下種の後知恵」があってはならない。権力の境界と実行の流れを明確にすることで、各級

の指導幹部が行使すべき権力を規則にしたがって行使させ、上級が行使すべき権力を下級に行使させることなく、指導グループが集団で行使すべき権力をグループの成員個人にさせてはならない。自らが行使すべきではない権力は決して行使させてはいけないのである。

(2) 権力行使の公開メカニズムの整備

権力の制約・監督を強化し、権力行使の公開制度を整備しなければならない。習近平は「公開を強化し、地方各級政府とその業務部門における権力リスト制度を推進し、権力の運用の流れを法に基づいて公開し、権力を良好な環境の下で運用させ、オープンな中で広範な幹部・大衆に監督させ、権力の正しい行使を保証しなくてはならない」[16)] と指摘した。『決定』では、「権力と責任の透明性を堅持し、権力行使の公開を推進し、党務、政務、司法および各分野の事務処理の公開制度を整備し、権力の運行の詮索、遡及可能なフィードバックのメカニズムを確立する」ことを求めている。こうした重大な任務を実行するには以下の諸点の把握が必要となる。

第一に、権力と責任の透明性の堅持である。良好な環境ではなかったり、あるいは意図的にその環境がつくり出された中での権力運用は腐敗を引き起こす。権力をオープンに運用し、人民のありとあらゆる監督を受ける必要がある。こういった状況では権力と責任に関するリスト作成が非常に重要となるのは間違いない。党と国家機構の改革と機能調整の状況に結びつけて雑多な種類・膨大な数量・煩雑な手続きといった各種の権力と責任を系統的に整理し、できるだけ科学的な制定に努めて偏りがないように注意しなければならない。制定の過程で法に基づいた規則と公開の透明性の原則にしたがって末端の大衆、専門家・研究者、社会各界の意見を幅広く聞き、部門の権力・責任と民心とが向かうところの統一を実現すべきである。レベルを減らし、プロセスを最適化し、効率を高め、便利な処理という原則にしたがって機構の機能・法的な根拠・実施の主体・職責の権限・業務

のプロセス・監督の方法などを含む権力と責任リストを公開する必要がある。各級の幹部による最適な権力の運用の方法とは、権力の運用の公開化と規範化を推進し、公開をすることで公正を促進し、透明性で清廉潔白を保って権力の行使に裏工作の余地をなくすことである。

　第二に、事務の公開制度の整備である。公開を常態とし、非公開を例外とすることを堅持し、党務・政務・司法および各分野の事務の公開制度を推進すべきである。党務の公開の面では、各級党組織は党務の公開条例を厳格に執行し、党の指導活動や建設活動に関する状況を順序に則って党内と党外に向けて公開する。また政務の公開の面では、各級政府は政府情報の公開条例を厳格に実施し、政府の報道発表制度と情報公布制度を充実させるのである。そして司法の公開の面では、オープンな裁判制度を厳格に執行し、立件・法廷尋問・裁判基準・裁判理由・司法政務・訴訟サービスなどの公開を推進し、司法の公開の範囲と内容を拡張していく。

　このほかにも法律と規則に基づき工場業務の公開、村落の業務の公開、公共事業所の業務の公開を推進し、関連制度の保障を整備しなくてはならないだろう。その公表の内容については、かつてレーニンが述べたように「報告年度内に何をしたかを述べるのではなく、報告年度内に主要で根本となる政治的教訓を指摘しなければならない」[17]のである。

　第三に、権力運用に関するフィードバックメカニズムの構築である。権力運用の調査を可能とし、遡及可能性を実現することは、隠れた権力の公開化や顕在している権力の規範化を促すことを可能とし、権力の運用、特に政策決定権の行使の規範化にとって有効である。まずはビッグデータ、クラウドコンピューティング、人工知能といった「インターネット＋」の技術理念を運用し、党風・廉潔政治の建設と部門業務の職責とを結合して強大な権力運用の情報システムを確立しなくてはいけない。

　その次に「留痕（書類・写真・ビデオなどによる業務の実施状況の記録保存）」管理を強化し、権力の運用過程を全面的かつ客観的に記録する。

留痕の責任を明確にして内容の要素を細分化し、業務の手順を規範化し、一歩一歩留痕と全行程の記録を実現し、一連の業務を断つ痕跡の消失を効果的に防止しなければならない。

最後に留痕の情報を合理的に活用して、耐障害性の誤りを補正する仕組みを整えることである。留痕の情報は幹部の職務遂行における正確な記録であるために、元となる証拠の裏付けを提供してくれる。なお誤りを犯した幹部に対しては画一的な処理をしてはならない。「三つの区分」を実現し、広範な幹部による主体的な担当の行動を励まさなくてはならない。と同時に注意すべきは、留痕が形式主義に陥らないようにすることである。

(3) 責任を実行するメカニズムの整備

権力の制約と監督を強化するには、責任を実行するメカニズムの整備が必要となる。習近平は「責任をめぐる設制度を設計し、制度をめぐるシステムを構築し、上級の党組織による下級の党組織や党員、指導幹部への監督を強化し、責任が明確で、主体が明確で、制度が効果的で有効に行えるようにしなければならない」[18] と指摘した。『決定』では「権利と責任の統一を堅持し、権力運用の各段階をしっかりと凝視し、問題の発見、ずれの是正、的確な責任追及といった効果的な仕組みを整備し、権力による非生産的な経済利益の獲得・社会資源や地位の独占といった余地を押さえつけなければならない」ことを求めている。これらの重大な任務を実行するには以下の諸点が必要となる。

第一に、権力と責任の統一を堅持することである。マルクスは「義務のない権利もなく、権利のない義務もない」[19] と述べている。現代の民主法治社会では責任によって権力を制約し、法治の軌道の中で権力運用を保障することはごく一般的なやり方である。目下のところ、権力と責任の配置においては規定される権力が極めて多いのだが、明確な責任は少なくなっており、引いては責任を伴わない権力などといった現象がある。職責

の権限の設定を厳格とし、権力と責任のリスト制度を整備し、権力の運用を各段階で注視する必要がある。各部署と各種事項の責任主体を明確とし、事後での監督を事前・事中での監督へと変えて、原因に着目して予防と対応を行い、早い段階での小さな兆しを失くすことで監督のチェックを一歩前へと進め、実践の中で監督の実効を高めなければならない。有効な問責制度の執行を強化し、権力を濫用する汚職行為の追及だけでなく、権力を放棄しない職務遺棄行為も追及し、直接の指導責任も追及しながら、各級の党政機関と指導幹部が権力に慎重にあたって真摯に職務を遂行するように促さなくてはならない。

　第二に、誤りを認識し、これを是正する問責のメカニズムを整備することである。権力の授与・行使・制約などの段階で発生する問題を適宜発見する防犯の仕組み、そのずれを効果的に是正し整頓しながら改善する仕組みを整備して責任担当の追及の仕組みを強化し、鍵となる人物の適切な管轄や要所を押さえた取り締まり、時宜にかなった管理を確実にしなければならない。

　『中国共産党問責条例』では、目に余る失職・失責でもたらされた結果が深刻だった場合、その責任者に対して終身の責任追及をするように求めている。党の第18期中央委員会第4回全体会議では、「行政機関における重大な政策決定の合法性を審査する仕組みを確立し、重大な政策決定の終身責任追及制度と責任逆調査を確立する」[20]と発表している。

　現在、生態環境の分野で終身責任追及制度を実施しているが、より多くの分野で責任追及制度を確立することで指導幹部に精一杯の職務の遂行と法律に基づいた権限の行使を強く求めることができる。もちろんのこと、責任追及の対象者の合法的権益をしっかりと保障し、その影響期間が満了して態度が良好な幹部に対しては、幹部の選抜・任用規定に則って正常に彼らを用い、真の意味で「過去の過ちを教訓とし、過ちを繰り返さないよう」しなければならない。

第三に、権力による非生産的な経済利益の獲得・社会資源や地位の独占といった余地を押さえつけることである。現在、こういった権力を利用したレントシーキングは腐敗の新たな特徴の一つといえる。一部の公職者による入札への違法介入や「広報 (PR)」への協力、引いては捏造による直接参加などを通じた特定の関係企業や親友への利益供与はその代表である。

　権力を正しい軌道の上で運用するには、権力のレントシーキングの余地を抑圧しなければならない。権力監督の情報化を強力に推進し、電子政務の整備を充実させて「制度＋技術」という手段を運用し、リスク予防・対策の重要なポイントと要求を審査・監督管理などのプラットフォームに組み込むことで権力運用の全工程で記録が残るようにし、可視的で、調査可能で、制御可能で、調査可能で、摘発可能なものとしなければならない。民主集中制を真摯に執行し、集団指導と個人の役割・責任分担との結合を堅持し、指導部の政策決定の規則を厳格に執行し、「三重一大（重大事項の決定、重要幹部の任免、重大プロジェクトへの投資の決定、大額の資金使用）」の政策決定に対する監督の仕組みを整備しなければならない。特に主要な指導者と重要なポストへの監督を強化して、個人による権力の独断と「ワンマン」を防止するのである。

4.「腐敗させない、腐敗できない、腐敗したくない」メカニズムの構築

　腐敗への断固とした反対は、中国共産党と社会主義国家の性格によって決定された、わが党の一貫した政治的立場である。マルクス・エンゲルスは腐敗現象とは私有制と国家の同伴生物であり、プロレタリアートが「国家と国家機関が社会の公僕から社会の主人となるのを防ぐため」[21]には、選挙罷免制と俸給制を採用することで人々が昇進し財を成すことを防止できると指摘した。レーニンは政権を握った共産党にとって「最も深刻で恐

ろしい危険の一つは、大衆からの離脱」[22]であり、「欺瞞分子、官僚化分子、忠誠なく意志の弱い共産党員、そして「うわべを取り繕い」、内心では相変わらず以前のままのメンシェヴィキを党内から排除しなければならない」[23]と考え、文化建設の進行を主張し、共産主義思想によって党員・幹部を教育してきた。こうしたマルクス主義の古典作家による腐敗問題に関する探求は、社会主義国家における反腐敗闘争を推し進めるための理論的基礎と行動指針を提供している。

わが党は成立の日から反腐敗闘争を重視してきた。1932年から1934年かけてわが党は中央ソビエト区にて党史上初となる、大規模な腐敗処罰・汚職粛清運動を展開した。葉坪村（現江西省贛州市）ソビエト主席であった謝歩升に対して汚職による銃殺刑が執行され、彼は党の反腐敗史上初の死刑宣告を受けた「貪官」となった。党の第7期中央委員会第2回全体会議にて、毛沢東は全党同志へ党の執政後の腐敗現象を防止するよう訓戒し、そこでは「必ず同志たちに引き続き謙虚で、慎み深く、驕ることなく、急かすことのない気風を継続・維持させ、必ず同志たちに悪戦苦闘の気風を継続・維持させなければならない」[24]としている。

新中国の成立以降、われわれは法律制度の建設を一手に引き受け、思想・道徳の教育の堅持を一手に引き受け、一貫して揺るぎなく腐敗の反対とその処罰を確固としてきた。1992年、鄧小平は南方談話で「改革開放の全過程の中で腐敗に反対しなければならない」[25]と強調している。

1995年11月、最高人民検察院に汚職・賄賂防止総局が設立されたが、これはわが国の検察機関の横領・賄賂犯罪に対する処罰活動が専門化・正規化の軌道に乗ったことを示している。

2007年9月には国家腐敗予防局を設立し、監察部がその責任を兼ねることとなった。これはわが国ではじめて成立した国家レベルでの腐敗予防の専門機関であるのと同時に、腐敗予防の国際協力と国際援助の責任も担当している。

党の指導・推進の下、反腐敗活動は次第に専門化・法治化・規範化した発展の軌道へ入り、反腐敗の力は持続的に強化され、反腐敗の効果は絶えず高まっている。
　第18回党大会以来、習近平を核心とする党中央は全面的な厳しい党内統治の過程の中で、反腐敗闘争の基本の紀律に対する認識をよりいっそう深めている。
　2013年1月、習近平は党の第18期中央紀律委員会第2回全体会議にて「権力を制度の檻に閉じ込め、腐敗をさせない懲戒システム、腐敗ができない防犯システム、腐敗をしづらい保障システムを構築する」[26]と指摘している。党の第18期中央委員会第4回全体会議で採択された『法による国家統治の全面的推進における若干の重大な問題に関する中共中央の決定』は、「腐敗をさせない、腐敗ができない、腐敗をしたくないという効果的な仕組みを構築する」ことを明確に要求している。
　第19回党大会の報告では、「腐敗をさせないという抑止を強化し、腐敗ができないという檻にしっかりと縛り、腐敗をしたくないという自覚を強化する」と指摘している。
　2019年1月、習近平は第19期中央紀律委員会第3回全体会議の講話においてはじめて「末端と根本の兼治を徹底させ、根本解決の基礎を固め、腐敗をさせない、腐敗ができない、腐敗をしたくないことを一体的に推進しなければならない」[27]と提起した。
　党の第19期中央委員会第4回全体会議で採択された『決定』では「腐敗をさせない、腐敗ができない、腐敗をしたくない体制の仕組みを一体的に推進する」ことを要求し、系統的な集成、協同での高い効果を重視することは、反腐敗闘争の質とレベルの向上にとって有利になるとしている。

(1) 抑止としての「腐敗させない」
　腐敗をさせないことは前提である。処罰の力の強化を通じて強力な抑止

作用をつくって腐敗しようとする者がその境界から一歩も出られないようにし、腐敗ができない、腐敗をしたくない条件をつくり出す。習近平は「聖域なし・全面カバー・ゼロ容認を堅持し、厳重な抑制・強力な威圧・長期的な震撼を堅持し、贈賄側・収賄側双方の調査を堅持し、腐敗の存量を断固減らし、腐敗の増加を断固として抑制しなければならない」[28]と指摘した。『決定』では、「反腐敗闘争を揺るぎなく断固として推進し、政治問題と経済問題が入り交じる腐敗事件を断固として調査・処理し、「巻狩り」とこれに甘んじる利益の鎖を断固としてばっさりと断ち切り、政治とカネの取引関係を断固として打破する」とし、「反腐敗の国際協力を促進する」ことを求めている。これらの重大な任務を実行には以下の諸点の把握が必要である。

　第一に、「トラを打つ」、ゼロ容認を堅持することである。全面的な厳しい党内統治から奥深い発展を推進するには、第18回党大会以来、依然として畏敬の念を知らず、大人しくすることなく、手を引かない指導幹部に対し深く掘り下げて精査し、許すことなく厳しい処罰をすることである。政治問題と経済問題とが相互に絡み合う腐敗事件を重点的に調査・処理し、党内に個人勢力を育み、利益集団をつくり上げ、党と国家権力をかすめ取ろうと企む陰謀行為に断固たる打撃を与えなければならない。

　重点分野と重要部分での反腐敗の力を強め、「巻狩り」とそれに甘んじている利益の鎖を断固としてばっさりと断ち切り、政治とカネの取引の関係網を断固打破するのである。巡視で見つかった問題について調査・処理すべきは調査・処理し、免職すべきは免職する。現在の重要なポスト、さらにはこれから重用・抜擢される可能性のある若手幹部などといった、幹部自身の問題を手がかりに重点的に調査・処理すべきである。と同時に、問題のある抜擢を断固防止する。どれほどレベルが高くとも、誰が法律に触れても責任を追及して処分し、「刑は大夫に及ばず（刑法は官僚に適用されない）」という発言を打破するのである。

第二に、「ハエを打つ」手を緩めずに堅持することである。大衆は身の回りの腐敗と気風の問題を深く憎悪している。貧困脱却分野の腐敗と気風問題の特別管理を深く推進し、気風堅塁によって貧困脱却堅塁を促進しなくてはならない。民生分野の特定項目の整備を展開し、大衆の痛みや難点に焦点を当てて教育・医療、環境保護、食品・薬品の安全などの面で大衆の利益を侵害する問題を解決し、末端幹部の着服・横領・虚偽報告・水増し受給、転用・不正流用、親族の優先・友人のへの厚誼斡旋などの「小さな腐敗」を厳正に調査・処理する。

　反社会に関する腐敗と反社会勢力の「保護の傘」を深く掘り下げ、反社会勢力を庇護して黙認する腐敗分子を断固一掃し、「村のボス」やそのファミリーの反社会勢力と売春・賭博・違法薬物の背後にある腐敗行為を厳正に調査・処理する。大衆の身近な問題を身近な党組織で解決することを堅持し、問題の方向性と明確な目的意識を持った言動を強化し、分類して解決し、項目ごとに推進することが必要になる。監督検査・監督業務、直接検査・直接管理、通報による暴露の力を強め、検査を終えた問題の手がかりに対して抜き打ち検査と再検査を行い、職務怠慢や責任過失を再度厳しく追求する。

　第三に、「キツネ狩り」の歩みを止めずに堅持することである。世界規模での反腐敗ガバナンスに積極的に参加し、世界的な政党のハイレベルな対話に参加し、清廉潔白なシルクロードの建設を強化し、G20、アジア太平洋経済協力（APEC）、BRICS、中国・アフリカ協力フォーラムなどの多国間の枠組みの下での国際協力を推進し、グローバルな反腐敗の新秩序の構築を推進する。他国との引渡し条約や刑事司法の協力条約を積極的に締結し、職務に関わる犯罪の引渡しの協力を広く行うのである。

　こうした反腐敗の総合的な法執行の国際協力を強化し、反腐敗の資産追徴の特殊育成されたグループをつくり上げ、反腐敗の法執行に関する国際協力会議を開催し、米国や欧州などの重点国家と地域との実務協力を深め

ていき、海外へ逃亡した犯人を積極的に本国へと送還する。

　刑事の欠席裁判制度を整備して、海外逃亡した容疑者や被告人に対して強力な抑止力を形成する。引き続き「天網」行動を展開し、海外に逃亡した犯人へ自首を促す公告を発表し、逃亡しても必ず追跡し、とことんまで追い詰める確固たる決意を示すのである。反腐敗の対外宣伝をしっかりと行い、反腐敗のために良好な外部環境をつくり上げなくてはならない。

(2) 行動管理としての「腐敗できない」

　腐敗できないことは鍵である。監督と制約を強化し、制度の檻に縛りつけることで大胆にも腐敗しようとする者に隙を与えさせずに、腐敗をさせない、腐敗をしたくないという成果を強固とする。

　習近平は「権力を制度の檻に閉じ込めるには、まず檻をつくらなければならない。檻が緩すぎていたり、あるいは檻がよくともドアがよく閉まらず出入りが自由であれば、何の役にも立たない」[29]と指摘している。『決定』では、「末端と根本の兼治を深化させ、審査・監督・管理、法執行・司法、プロジェクト建設、資源開発、金融・クレジット、公共資源の取引、公共の財政支出などの重点分野における監督の仕組みの改革と制度の建設を推進し、反腐敗の国家立法を推進する」ことを要求している。これらの重大な任務の実行には以下の諸点の把握が必要である。

　第一に、制度の欠点を可能な限り迅速に補うことである。第18回党大会以降に調査・処分された案件から見れば、一部の指導幹部の失脚、特に窩案（権力を握った腐敗分子で構成された集団による権力に頼って不法に利益を得る「利益共同体」）が生じるのは、往々にして重大プロジェクト・重点分野・重要ポストと関わっている。そのためには必ず「ターゲッティング治療」を堅持し、権力が集中し、資金が密集し、資源の豊富な部門と業界への監督を強化し、審査・監督・管理、法執行・司法、プロジェクト建設、資源開発、金融・クレジット、公共資源の取引、公共の財政支

出などの重点分野に関する監督の仕組み改革と制度建設を推進し、腐敗が繁殖する土壌を根絶する必要がある。反腐敗の重点分野の把握によって反腐敗活動の全局をけん引し、反腐敗闘争の戦略的勝利を勝ち取ることができる。

　第二に、反腐敗の国家立法を推進することである。第18回党大会以来、反腐敗についての立法は大きな進展を遂げた。われわれは刑法・刑事訴訟法・国際刑事司法の協力法などの関連法律を改正・完備し、監査法を制定し、関連する法律解釈・監査解釈・司法解釈を実行に移し、反腐敗の国家法律体系を絶えず健全としてきた。と同時に、党内の監督条例・紀律処分条例・責任追及条例など一連の党内法規を制定・改正し、党内法規体系を絶えず完備している。依然として厳しく複雑な反腐敗闘争の情勢に直面している中で法治の力をよりいっそう発揮し、引き続き各種の党内法規と国家法律の健全な整備をしなくてはならない。第18回党大会以降の反腐敗闘争の成功経験を総括し、それを制度へと転化して法律とするだけでなく、中国古代における反腐敗の立法の成功経験を積極的に伝承しながら、また外国での反腐敗の手段を批判的に参考としなければならない。専門的かつ総合的な反腐敗の法律の制定を模索し、各種の法律条文に分散する反腐敗関連の規定を統合する。

(3) 自覚としての「腐敗したくない」

　腐敗をしたくないことは根本である。思想・道徳や党規と国の法律教育を強化することで党員幹部に思想の根源から腐敗の念をなくすようにし、腐敗をさせない、腐敗ができないという昇華を実現する。

　習近平は「反腐敗・クリーンな政治の建設の教育と廉潔政治文化の建設を強化して、指導幹部に理想と信念を確固とするように促し、共産主義者の高尚な品格と清廉潔白を固く守ることを維持し、拒腐防変（腐敗を拒み、人民の公僕から変わってはいけない）能力を高め、社会全体で清廉公

正・清廉潔白の価値理念を育成して、清風正気を発揚させなければならない」[30]と強調している。

『決定』では、「思想・道徳や党規と国家法律の教育を強化し、反腐敗闘争の圧勝を強固にし、発展する」ことを要求している。これらの重大な任務を実行には以下の諸点の把握が必要である。

第一に、拒腐防変の思想的堤防をしっかりと築くことである。理想と信念は指導幹部の精神の「カルシウム」であり、党規と国の法律は指導幹部の行為の「物差し」である。レーニンは、「政治の上で教養のある人は汚職や賄賂をしない」[31]と指摘した。理想と信念、党規と国の法律の意識はありもしないところから生まれるものではなく、「金剛不壊の身」を錬成するには必ず科学理論で頭脳を武装し、われわれの精神のふるさとを絶えず育成しなくてはならない。

マルクス・レーニン主義、毛沢東思想と中国の特色ある社会主義理論体系を深く学ばなくてはならないが、特に習近平による新時代の中国の特色ある社会主義思想は科学理論に対する理性的な同一認識、歴史法則に対する正しい認識、基本国情に対する正確な把握の上に理想と信念を打ち立てるものである。思想・道徳や党規と国の法律教育を強化し、関連する体制・仕組みを整備し、党員・幹部・公権力の行使者は理想・信念・目的を確固とし、紀律・規則を厳守し、公私の境界を厳正にし、家風・家での教育を厳格とし、世界観・人生観・価値観という「メインスイッチ」に関わる問題をしっかりと解決し、腐敗の誘惑の前でも「風雨でも動かず、山のように穏やか」でなくてはならない。

第二に、清廉公正・清廉潔白な文化の土壌を厚く重ねることである。習近平は「指導幹部は初心を忘れず、正しい道を固く守り、文化の自信を確固としなければならない」[32]と指摘する。文化の含蓄と滋養がなければ、奥深い信仰・信念に執着するのは難しい。中華の優秀な伝統文化・革命文化・社会主義の先進文化の中にある清廉潔白な文化を深く掘り下げて、そ

れを党員・幹部の政治的気概と政治的気骨を育成するために用いなくてはならない。

　忠誠実直、光明坦蕩（気風が透明・公正で、行動が率直にして二心なく、心にやましいことがない）、公道正派（公平的・客観的・合理的で、気風が規則的で、明るく、厳格的であること）、実事求是、艱苦奮闘（苦しい状況下でも一生懸命やり抜くこと）、清廉公正などの価値観を提唱・発揚し、旗印を鮮明にして関係学（不正な手段で人事関係を処理すること）、厚黒学（競争の理念にしたがって手段を選ぶことなく、また道義と法律を無視して成功を達成すること）、官場術（官吏社会でうまく立ち回るためのさまざまな手段）、「潜規則（闇ルール）」などの低俗で堕落した政治文化を排斥し、反対しなければならない。

　「初心を忘れず、使命を銘記する」というテーマの教育を深く行い、「清廉公正・清廉潔白を模範とする」社会の雰囲気をつくり出す。清廉な文化の発展によって指導幹部の人文素養と精神の境地を高め、卑俗を取り除き、低俗からは距離を置き、世俗に媚びることなく、自らの修養を高めて慎重に問題を処理し、自らの人格を尊重し絶えず仕事の修練を重ね、自らの本分を守り官職の倫理を堅持し、いつまでも共産党員の政治の本来のあるべき姿を永く保たねばならない。

　第三に、腐敗をさせない、腐敗ができない、腐敗をしたくない協同性を高めることである。習近平は「腐敗をさせない、腐敗ができない、腐敗をしたくないというのは、相互依存、相互促進の有機的な整体であり、その連動を統一的に計画することで全体の効果を強める必要がある」[33]と指摘した。

　腐敗をさせない、腐敗ができない、腐敗がしたくないという相互融合と関係の密接さは内因と外因、他律と自律という弁証関係を反映している。各級の反腐敗調整チームの建設を強化し、党委員会の統一的指導、紀律検査、監察、政治・法律、監査などの部門間が協力・連携した活動のプラッ

トフォームを構築しなければならない。「腐敗をさせない」を推進する過程の中で、「腐敗ができない」ことと「腐敗をしたくない」ことの機能の掘り下げに重点を置く。「腐敗ができない」を推進する過程の中で、「腐敗をさせない」ことと「腐敗したくない」ことの実践のつながりを重視する。「腐敗をしたくない」を推進する過程の中で、「腐敗をさせない」ことと「腐敗ができない」ことの制約の発揮を重視するわけである。関連制度を通じて警告教育の内容・方法・成果を固定化し、それら「三不」を一体的に推進するための重要な足がかりとするのである。

　監督・紀律執行の「四つの形態」は「三不」を一体的に推進する重要な手段であり、紀律・党紀・法律をつなげることで教育・警醒、懲戒・救済、処罰・抑止を兼ねそなえるものとする。監督・紀律執行の「四つの形態」の運用を深化させ、政治的効果、紀律・法律的効果、社会的効果の統一を実現する。「厳しさ」を基調としながら、これを長期にわたって堅持し、反腐敗闘争の圧倒的勝利を強固に発展させていくのである。

註
1) 習近平．一以貫之全面従厳治党強化対権力運行的制約和監督 為決勝全面建成小康社会決戦脱貧攻堅提供堅強保障．人民日報，2020-01-14（1）.
2) 中共中央文献研究室．十六大以来重要文献選編：上．北京：人民出版社，2005：144.
3) 中共中央文献研究室．習近平関于全面従厳治党論述摘編．北京：中央文献出版社，2016：213.
4) 鄧小平．鄧小平文選：第1巻．2版．北京：人民出版社，1994：270.
5) 毛沢東．毛沢東選集：第2巻．2版．北京：人民出版社，1991：526.
6) 習近平．把党的政治建設作為根本性建設 為党不断従勝利走向勝利提供重要保証．人民日報，2018-07-01（1）.
7) 習近平．持続深化国家監察体制改革 推進反腐敗工作法治化規範化．人民日報，2018-12-15（1）.
8) 中央文献研究室．習近平関于全面従厳治党論述摘編．北京：中央文献出版社，2016：213.
9) 毛沢東．毛沢東選集：第3巻．2版．北京：人民出版社，1991：1094-1095.

10）鄧小平．鄧小平文集：第2巻．2版．北京：人民出版社，1994：332．
11）侯志山．党和国家監督制度四十年再構築与転型．中国党政幹部フォーラム，2018（12）：52-55．
12）習近平．小康社会の全面的達成の決戦に勝利し，新時代の中国の特色ある社会主義の偉大な勝利を勝ち取ろう：中国共産党第十九回全国代表大会における報告．北京：人民出版社，2017：67．
13）習近平．習近平 国政運営を語る（日本語版）：第1巻．北京：外文出版社，2014：431．
14）鄧小平．鄧小平文選：第2巻．2版．北京：人民出版社，1994：332．
15）鄧小平．鄧小平文選：第2巻．2版．北京：人民出版社，1994：321．
16）中共中央文献研究室．習近平関于全面依法治国家論述摘編．北京：中央文献出版社，2015：60．
17）レーニン．レーニン選集：第4巻．3版．北京：人民出版社，2012：659．
18）習近平．在第十八届中央規律検査委員会第六次全体会議の講話．北京：人民出版社，2016：23．
19）マルクス，エンゲルス．マルクス・エンゲルス選集：第3巻．3版．北京：人民出版社，2012：172．
20）中国共産党第十八期中央委員会第四回全体会議公報．北京：人民出版社，2014：9．
21）マルクス，エンゲルス．マルクス・エンゲルス選集：第3巻．3版．北京：人民出版社，2012：55．
22）レーニン．レーニン選集：第4巻．3版．北京：人民出版社，2012：626．
23）習近平．堅持歴史唯物主義不断開闢当代中国馬克思主義発展新境界．求是，2020：564．
24）毛沢東．毛沢東選集：第4巻．2版．北京：人民出版社，1991：1438-1439．
25）鄧小平．鄧小平文選：第3巻．2版．北京：人民出版社，1993：379．
26）中共中央文献研究室．習近平全面従厳治党論述摘編．北京：中央文献出版社，2016：177．
27）習近平．取得全面従厳治党更大戦略性成果 鞏固発展反腐敗闘争圧倒制勝利．人民日報，2019-01-12（1）．
28）習近平．全面貫徹党的十九精神 以永遠在路上的執著把全面従厳治党引向深入．人民日報，2018-01-12（1）．
29）中共中央文献研究室．習近平全面従厳治党論述摘編．北京：中央文献出版社，2016：200．
30）中共中央文献研究室．習近平全面従厳治党論述摘編．北京：中央文献出版社，2016：176．
31）レーニン．レーニン選集：第4巻．3版．北京：人民出版社，2012：588．
32）習近平．増強全面従厳治党系統性創造性実効性．人民日報，2017-01-07（1）．
33）習近平．一以貫之全面従厳治党強化対権力運行的制約和監督 為決勝全面建成小康社会決

戦脱貧攻堅提供堅強保障. 人民日報, 2020-01-14（1）.

【編者略歴】

靳諾

中国人民大学党委員会書記、教授、博士後期課程指導教員。中国人民大学習近平新時代中国特色社会主義思想研究院理事長、国家発展・戦略研究院理事長。主な研究分野はマルクス主義理論、思想政治教育、高等教育管理。国家・省レベルの重点科学研究プロジェクト数十件を担当。重要な理論論文を100篇以上発表し、『治国理政新理念新思想新戦略研究叢書』（10巻版）など数十部の著作を執筆。

劉偉

中国人民大学学長、教授、博士後期課程指導教員。中国人民大学習近平新時代中国特色社会主義思想研究院理事長、国家発展・戦略研究院院長。主な研究分野は政治経済学における社会主義経済理論、制度経済学における遷移経済理論、発展経済学における産業構造の進化理論、経済成長および企業所有権。著書に『中国学者談新常態下経済増長』、『経済増長与結構演進：中国新時代以来的経験』などがある。

【監訳者略歴】

松本大輔

島根県松江市生まれ。奈良大学大学院文学研究科文化財史料学専攻博士前期課程修了。現在、南京信息工程大学文学院日語科外籍教師。専門は日本古代史。主要論文に「親王宣下・源氏賜姓制の基礎的考察―嵯峨源氏賜姓の検討を中心に―」（『日本歴史』829、2017年）、「高丘親王立太子の影響をめぐる政治動向―高丘皇太子と嵯峨天皇・大伴親王―」（『続日本紀研究』431、2023年）がある。

【訳者略歴】

劉琳

2010年北京第二外国語学院日本語学院修了（修士）。専攻は同時通訳。2016年北海道大学大学院文学研究科言語文学専攻博士後期課程修了。博士（文学）。現在、浙大城市学院外国語学院准教授、CATTI国際版試験（日本語）学術委員会委員。長年にわたって日中翻訳の教育と研究に携わる。翻訳書に『教師的語言力』（北京科学技術出版社、2021年）など11部があり、中国翻訳専門資格（レベル）試験用書『CATTI漢日詞彙手冊』（新世界出版社、2022年）など3冊の編集に従事。

現代中国研究叢書

民族復興の制度構想

2024年10月16日 初版第1刷発行

編　者	靳諾、劉偉
監　訳	松本大輔
訳　者	劉琳
発行者	向安全
発行所	株式会社 樹立社
	〒102-0082　東京都千代田区一番町15-20 フェニックスビル502
	TEL 03-6261-7896　FAX 03-6261-7897
	https://www.juritsusha.com
編　集	岩井峰人
印刷・製本	錦明印刷株式会社

ISBN 978-4-910326-04-7　C3031

《民族复兴的制度蓝图》© 2020 by China Renmin University Press Co.,Ltd.
Japanese copyright © 2024 by JURITSUSHA Co.,Ltd.
All rights reserved Original Chinese edition published by China Renmin University Press Co.,Ltd.
Japanese translation rights arranged with China Renmin University Press Co.,Ltd.
定価はカバーに表示してあります。
落丁・乱丁本は小社までお送りください。　送料小社負担にてお取り替えいたします。
本書の無断掲載・複写は、著作権法上での例外を除き禁じられています。